엄마가 모르는
아이마음

행동 사례를 통해 보는 내 아이의 속마음

Heart of a Child

엄마가 모르는 아이마음

원광아동상담센터 지음

prologue

마음속에 상처가 있는
아이들과 부모님들을 위해

원광아동상담센터 소장 이영애

저는 오랜 시간 상담과 방송을 통해 많은 아이들과 부모님들을 만나왔습니다. 저를 만난 첫 시간에 대부분의 아이들은 그동안 쌓아두었던 마음속의 어려움을 이야기하곤 합니다. 대부분 초등학교 때까지는 "엄마한테 자꾸 혼나요.", "공부가 재미없어요.", "학원 숙제가 너무 많아요.", "친구들이 따돌려요.", "친구랑 노는 것보다 혼자 있는 게 더 좋아요.", "동생이 내 말을 안 들어요.", "오빠가 때려요.", "선생님이 나만 혼내요.", "나는 잘하는 것이 없어요. 그래서 친구들이 나를 좋아하지 않는 것 같아요.", "아빠는 좀 무서워요. 주말에도 잠만 자고 나랑 안 놀아줘요." 등의 고민을 이야기합니다. 유치원에 다니는 아이들도 이런 고민에서 자유롭지 않습니다.

이런 어려움들은 사춘기로 넘어가면서 더 깊어지게 됩니다. 이 시기에 있는 아이들은 "정말 공부하기 싫어요.", "학교에 계속 지각하게 돼요.", "공부를 해도 성적이 잘 안 나와요.", "나를 이렇게 대하는

데 정말 제 엄마가 맞는지 의심이 돼요.", "정말 죽고 싶어서 학교 옥상에 올라갔다 왔어요.", "학교에만 가면 너무 긴장하고 있어서 집에 오면 녹초가 돼요.", "대학만 가면 저는 집을 나가서 혼자 살 거예요. 엄마, 아빠와는 같이 못 살겠어요.", "어릴 때부터 따돌림을 당했는데 지금도 여전히 힘들어요. 그냥 유학을 가버렸으면 좋겠어요." 등과 같은 어려움을 가슴 절절하게 쏟아내곤 합니다.

그러면 어머니들은 어떨까요? 양육이라는 과제 앞에서 마치 깊은 늪에 빠져 허우적거리다가 기진맥진하고 무기력해진 모습으로 자신의 어려움을 토로합니다. "산후 우울증이 심했어요. 아이를 먹이고 입히는 것 외에는 해준 것이 없어요. 어느 날 문득 제가 정신을 차리고 보니 아이가 벌써 3살이 되었더라고요. 아이가 다른 사람과 잘 어울리지 못하는 게 저 때문인 것 같아요.", "전 아이가 어렸을 때도 그렇게 예쁘지 않았어요. 그러다보니 아이가 계속 제 눈치만 살피고 끊임없이 자기를 사랑하느냐고 물어봐요.", "한 번 화가 나면 정말 제 자신도 통제가 되지 않아요. 그래서 어릴 때부터 아이를 많이 때렸어요.", "저는 아이를 정말 잘 키우고 싶어서 육아 방송을 자주 보고 전문가들이 하라는 대로 했어요. 육아 서적도 정말 많이 읽었어요. 그런데 왜 아이가 저를 이렇게 힘들게 할까요?", "아이가 사춘기가 되더니 저에게 욕도 하고, 물건도 던지고 때리기까지 합니다. 정말 어떻게 해야 할지 모르겠어요."…

사실 이들 가운데는 "난 정말 형편없는 아이가 되고 말겠어요," "난 정말 나쁜 엄마가 될 거예요."라고 결심한 사람은 단 한명도 없었습니다. 모든 아이들은 부모님께 사랑받고, 친구들과 잘 지내고, 해야 할 일을 잘 해내는 아이가 되고 싶어 했고, 모든 부모님들은 내 아이에게 가장 좋은 것을 줄 수 있는 좋은 부모가 되고 싶어 했습니다. 하지만 정작 현실은 이들이 꿈꾸던 것과는 많이 달랐습니다. 아이들과 부모님들은 서로 간에 얽혀버린 관계 때문에 상처받고, 아이들은 좌충우돌하는 자신의 모습에 절망하고, 부모님들은 항상 잘 못하고 있다는 죄책감과 무력감 속에 허우적거리고 있습니다. 왜 이런 일들이 생기는 걸까요?

이 모든 일의 가장 큰 원인은 '잘 모르기'때문입니다. 부모님은 자신이 아이에게 왜 이렇게 행동하는지 자신의 진짜 속마음을 잘 모르고, 아이에게는 왜 이런 행동이 나타나는지 알 수 있는 방법을 몰라 갈등은 깊어져만 갑니다. 어른들도 이런 상황인데 아직 어린 아이들은 어떨까요. 당연히 아이들 역시 자신의 마음과는 다르게 부적절한 행동을 하는 이유를 스스로 알아채기 어렵다보니 양육·훈육과 부모·자녀 관계는 자꾸 꼬여만 가게 됩니다. 한 번 예를 들어볼까요. 어릴 때부터 너무 까다롭고 예민해서 키우기 힘들었는데 여전히 편식이 심하고, 소리에 예민하고, 낯선 상황에 적응력이 떨어지고, 매주 만나는 할머니도 만날 때마다 어색해하고, 엄마 뒤로 숨는 등의 행동을 하는 아이를 어떻게 이해할 수 있겠습니까. 이런 행동의 원인이 단어조차 생소한 감각통합상의 문제일 가능성이 있다는 것은 짐작조차 하기 어려울 것입니다. 그러다 보니 처음에는 참다가 점차 아이에게 큰소리를 치고 화를 내게 됩니다. 다른 경우를 살펴볼까요. 아이가 아무리 지능이 좋아도 언어표현이 부족하면 의기소침해지고, 말보다는 행동으로 자신의 뜻과 감정을 표현하게 돼 부적절한 행동이 많아집니다. 이때 부모님이 "넌 똑똑한 애가 왜 말도 잘 못하고 이상한 행동을 하냐."고 꾸짖는 것만으로는 문제가 해결되지 않습니다. 또 어떤 아이들은 머리는 좋은데 문제 해결 능력이 부족해서, 잘하는 것과 못하는 것 간에 차이가 많아서, 또는 주의가 산만하기 때문에 자신의 능력을 좀처럼 발휘하지 못하기도 합니다.

이런 아이를 보고 있자면 속에서 화가 치밀지만 도대체 어떻게 대처해야 할지 알기 어려워 무력감을 느끼게 됩니다. 그렇다고 너무 엄격하게 훈육하다 보면 아이가 더 말을 안 듣게 되거나 반대로 너무 주눅이 들어 다른 사람 앞에서 아무 말도 못하는 태도를 갖기도 합니다. 반대로 엄마 자신이 어린 시절 받았던 상처 때문에 엄격하게 키우지 않고 마음껏 하도록 기회를 주었더니 오히려 통제가 잘 되지 않아 밖에서 계속 지적을 받는 천덕꾸러기가 되거나, 엄마 앞에서는 온갖 신경질은 다 부리지만 정작 밖에 나가면 아무 소리도 못하는 아이가 되기도 합니다. 이런 모습들을 보면 모두 다 '내 탓'같아 죄책감에 머리가 무거워지곤 하지요. 이런 부모님들은 저를 만나러 오셔서 "도대체 나보고 어떻게 하라는 거냐, 난 최선을 다했다."라며 억울한 마음이 들 때도 많다고 울먹이곤 합니다. 이처럼 부모님들은 아이를 직접 낳고 최선을 다해 키우려 애쓰지만 인간 발달과 심리 분야 전문가가 아니다 보니 아이들과의 관계에서 고전을 면치 못하게 됩니다. 사실 어찌 보면 이것은 전문가가 아닌 부모이기 때문에 겪을 수밖에 없는 어려움이지 않을까 합니다. 그러므로 아이에게 보다 따뜻하게 반응하고 적절하게 훈육하면서 문제를 잘 해결할 수 있는 가장 빠른 지름길은 우선 아이보다는 현명하고 능력 있는 부모님이 먼저 '알아가는 노력'을 기울여 주는 것입니다. 깊은 공감과 적절한 해결책은 진정한 '앎'으로부터 나오기 때문입니다.

이를 위해 상담 및 각 발달 영역의 전문가들은 일대일 상담을 통해 부모님께서 자녀에 대해 잘 알 수 있도록 돕고, 이를 기반으로 아이에게 맞는 적절한 해결책을 찾기 위해 함께 노력합니다. 하지만 모든 사람이 상담을 받을 수는 없습니다. 또, 마음 속 깊이 아이를 키우는 것에 적절한 도움을 받아서 매일 경험하는 막막함을 해결해보고 싶지만 막상 상담이라는 문턱을 넘기 어려워 망설이는 분들도 많이 계십니다.

이에 약 30년이라는 긴 시간동안 아동 심리 및 각 발달 영역의 전문가들이 함께 모여 이런 분들에게 어떤 도움을 드릴 수 있을까 고민하게 되었습니다. 그 결과 여러 상담 전문가들과 언어, 인지, 감각 통합 영역의 각 전문 치료사들이 함께 부모님들을 도울 수 있는 친절한 안내서를 만들어 보면 어떨까하고 결심을 하게 되었습니다. 사실, 이 책에서 다루고 있는 주제들은 그동안 본 상담 센터 홈페이지 상담실에 올라온 상담 사례 중 부모님들이 가장 궁금해하고, 도움을 받길 원했던 것들을 우선순위로 선정한 것입니다. 더불어 오랜 시간 상담을 통해 각 아동들과 부모님들을 도왔던 내용을 발달 영역과 문제행동별로 정리하여 부모님들이 자신에게 필요한 부분을 빨리 찾아볼 수 있도록 하였습니다.

우리가 직면하고 있는 대부분의 문제는 충분한 이해가 부족한 것으로부터 생겨납니다. 부디 이 책에 담긴 내용을 통해 부모님들께서 자신과 아이에 대한 진정한 '앎'이 커질 수 있기를, 그래서 이 책이 따뜻함 속에 아이를 만나고 좋은 관계를 맺는 부모님으로 성장하는 데 조금이라도 도움을 드릴 수 있게 되기를 간절히 소망합니다.

contents

prologue
마음속에 상처가 있는 아이들과 부모님들을 위해 … 4

Part 01
우리아이 제대로 크고 있는 건가요?

행동발달
- Q1 숨어서 배변을 하려고 해요 … 17
- Q2 눈을 맞추려고 하지 않아요 … 23
- Q3 밥을 먹으려고 하지 않아요 … 27
- Q4 씻는 것을 싫어해요 … 33

언어발달
- Q5 두 돌이 다 되어 가는데도 엄마, 아빠밖에 말하지 못해요 … 40
- Q6 다른 사람의 말에 반응이 없고, 말을 하려고 하지 않아요 … 50
- Q7 발음이 부정확해요 … 59
- Q8 말을 더듬어요 … 67
- Q9 또래보다 언어표현을 잘 못해요 … 74
- Q10 언어적 이해가 필요한 과목을 어려워해요 … 81

감각통합발달
- Q11 그네 타기를 너무 좋아하고, 끊임없이 몸을 움직여요 … 91
- Q12 높은 곳, 흔들리는 것에 겁이 너무 많아요 … 97
- Q13 묻는 것에 예민하고, 촉감에 까다로워요 … 104
- Q14 편식이 너무 심해요 … 112
- Q15 몸의 움직임이 둔하고 어눌하며 뻣뻣해요 … 120
- Q16 잠들고 깨는 것을 힘들어하고, 잠을 자주 설쳐요 … 126

Part 02
우리 아이 마음이 튼튼해지려면 어떻게 해야 하나요?

자존감
- Q17 자신을 사랑하는지 매번 확인해요 … 133
- Q18 항상 혼이 날까봐 전전긍긍해요 … 139
- Q19 자기 스스로 못나고 형편없다고 생각해요 … 146
- Q20 조금만 어려우면 쉽게 포기해버려요 … 152

사회성
- Q21 친구에게 자신의 물건을 가져다 줘요 … 158
- Q22 친구들과 어울리지를 못해요 … 163
- Q23 친구들을 괴롭혀요 … 168
- Q24 친구들과 놀 때 자기가 원하는 대로만 놀기 위해 고집을 부려요 … 174

도덕성
- Q25 다른 사람의 돈과 물건에 손을 대요 … 182
- Q26 책임감이 없고 약속을 안 지켜요 … 187
- Q27 거짓말을 해요 … 193

Part 03
상처입은 아이 마음 다독여줄 방법 없나요?

가족
- Q28 동생을 본 뒤 퇴행행동을 해요 … 201
- Q29 형제끼리 자꾸 싸우고 미워해요 … 206
- Q30 입양 사실을 어떻게 설명해야 하나요? … 212
- Q31 엄마, 아빠가 이혼했어요 217

불안
- Q32 학교에 안 가려고 해요 … 224
- Q33 성격이 소심해서인지 낯선 것은 무조건 거부해요 … 230
- Q34 손톱을 물어뜯는 아이, 이제는 발톱까지 물어뜯어요 … 235
- Q35 악몽을 자주 꾸고 자다가 자주 울어요 … 239

우울
- Q36 갑자기 눈물을 흘리거나 수시로 죽고 싶다고 이야기해요 … 244
- Q37 짜증을 내다가 금방 다시 웃어요 … 249
- Q38 수업시간에 멍하게 있고, 만사가 귀찮다고 해요 … 254
- Q39 재미있는 것이 하나도 없대요 … 258

Part 04
우리 아이 심리상태 괜찮은 건가요?

조절능력
- Q40 식당에서 막 뛰어다녀요 … 265
- Q41 어른들을 만나도 먼저, 그리고 밝게 인사하지 않아요 … 272
- Q42 자기가 먹은 것을 아무데나 버려요 … 278
- Q43 엄마와 약속한 시간을 지키지 않아요 … 284

성
- Q44 자위행위를 해요 … 294
- Q45 이성의 몸에 관심이 많아요 … 299
- Q46 성추행을 당했어요 … 304

학습
- Q47 글씨를 거꾸로 읽어요 … 310
- Q48 열심히 하는데도 성적이 안 나와요 … 316
- Q49 금방 끝낼 수 있는 일인데 몇 시간 걸려서 해요 … 322
- Q50 공부가 가장 큰 걱정거리라고 해요 … 327
- Q51 엄마를 포식자라고 생각해요 … 333
- Q52 시험기간이 되면 아이의 불안이 극도로 심해져요 … 339

Part 01
우리 아이 제대로 크고 있는 건가요?

행동발달

Q1 숨어서 배변을 하려고 해요
Q2 눈을 맞추려고 하지 않아요
Q3 밥을 먹으려고 하지 않아요
Q4 씻는 것을 싫어해요

언어발달

Q5 두 돌이 다 되어 가는데도 엄마, 아빠밖에 말하지 못해요
Q6 다른 사람의 말에 반응이 없고, 말을 하려고 하지 않아요
Q7 발음이 부정확해요
Q8 말을 더듬어요
Q9 또래보다 언어표현을 잘 못해요
Q10 언어적 이해가 필요한 과목을 어려워해요

감각 통합 발달

Q11 그네 타기를 너무 좋아하고, 끊임없이 몸을 움직여요
Q12 높은 곳, 흔들리는 것에 겁이 너무 많아요
Q13 묻는 것에 예민하고, 촉감에 까다로워요
Q14 편식이 너무 심해요
Q15 몸의 움직임이 둔하고 어눌하며 뻣뻣해요
Q16 잠들고 깨는 것을 힘들어하고, 잠을 자주 설쳐요

행동 발달

자녀가 출생해서 성장하는 과정을 지켜보는 것은 부모의 크나큰 행복 중 하나입니다. 이 세상의 모든 부모는 자녀가 건강하고 행복하게 자라길 소망합니다. 그러한 이유로 자녀의 행동을 통해 그 아이의 심리나 정서 그리고 인지까지 세심하게 관찰하고 싶어 하죠. 그리고 각 발달단계마다 나타나는 자녀의 행동이 시기적절하며, 긍정적일 때 부모들은 안심하게 됩니다.

이처럼 행동발달은 아이의 문제를 판단하는 첫 번째 관문이 됩니다. 정서적인 어려움을 언어로 표현하는 성인들과 달리 아이들은 언어표현이 서툴기 때문에 행동으로 감정을 표출하는 경우가 많습니다. 예를 들면 쉽게 짜증을 내거나 공격적인 행동을 보이는 등의 행동은 이면에 정서적 어려움이 자리 잡고 있다는 아이들의 표현인 셈입니다. 그러하기에 부모들은 아이가 보이는 행동에 세심하게 관심을 가져야 합니다. 지금부터 자녀에게 나타나는 행동들을 살펴보고, 그에 필요한 양육태도에 대해 알아보도록 하겠습니다.

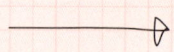

숨어서 배변을 하려고 해요

배변훈련이 시작되는 시기는 아이의 발달에서 중요한 의미를 지닙니다. 일반적으로는 18~24개월 사이, 배변을 조절할 수 있는 근육이 발달함에 따라 배변훈련이 시작됩니다. 배변훈련은 그동안 전적으로 부모의 도움을 받던 것에서 벗어나 스스로 방광과 괄약근을 조절해 배변을 처리해야 하는 과정을 통틀어 말하는데, 이때 부모님의 양육태도는 매우 중요합니다.

　프로이트의 〈정신분석이론〉에 의하면 '항문기'는 성적 욕구가 주로 항문에 집중하는 시기로 이 시기의 아이들은 항문이나 대변을 만지거나 냄새를 맡고, 변을 참거나 배설하는 등의 행위를 통해 쾌감을 경험한다고 이야기합니다. 또한 이 시기는 에릭슨의 〈자율성 발달〉과도 맞물리는 시기로 자녀의 성격발달에도 상당한 영향을 미칩니다. 이때 부모는 아이가 배변훈련에서 보이는 실수를 비난할 것이 아니라 여유와 인내로 격려해주어야 합니다. 만약 이 과정에서 아이를 비난하거나 재촉한다면 에릭슨의 주장대로 아이의 자율성보다는 수치심이나 회의감이 발달할 수 있으며, 그 이후의 발달에도 영향을 미치게 됩니다.

아이의 첫 배변훈련은 초보 부모들에게 더 어렵게 느껴지는 법입니다. 주변 지인들의 양육 경험을 통해 무작위로 정보를 수집하는 경우가 많기 때문에 혼란스러울 수도 있습니다. 하지만 배변훈련은 대체로 36개월이 넘어가면서 자연스럽게 마칠 수 있으므로 조바심을 내기보다는 여유와 인내를 갖는 태도가 필요합니다.

CASE

32개월 된 남자아이를 키우고 있습니다. 저희 아이는 행동발달이 빠른 편이었고, 말도 빨라서 조금 서둘러 18개월부터 대소변 훈련을 시작했습니다. 소변은 쉬하겠다고 먼저 얘기를 하는 편이라 수월했는데, 대변에 대해서는 그런 표현을 하지 않더군요. 그때는 제가 너무 서둘러서 그런가 했어요. 그런데 23개월부터 숨어서 배변을 하기 시작하더니 나중에는 지정 장소를 만들어 그곳에서만 변을 보네요.
보통 24개월부터 대소변 가리기를 한다기에 제가 조금 서둘렀나 싶어서 별 생각 없이 그냥 두었는데, 지금은 꼭 바지에만 변을 누려고 합니다. 아무리 타일러도 꼭 바지만 고집하고, 가끔 바지를 입히지 않으면 2~3일 동안 변을 보지 않다가 배가 아프면 어쩔 수 없는지 그때서야 숨어서 변을 봅니다. 이럴 땐 어떻게 대응을 해줘야 하는지 너무 난감합니다.

우리 아이 마음 터치

일반적으로는 배변훈련 시 대변을 먼저 가리고 그 다음 소변을 가리게 되는데, 사례의 아이는 대변보다 소변을 먼저 가리게 된 경우입니다. 아이는 3세 정도가 되면 자율성이 발달하게 되면서 뭐든 스스로 하겠다는 욕구를 보입니다. 이 시기에 배변훈련도 함께 시작하게 되는데, 다른 생활습관과 달리 배변훈련은 오랜 시간에 걸쳐 습득되는 것이기 때문에 부모님의 일관성 있는 태도가 중요합니다.

사례의 아이처럼 지정된 장소, 주로 문 뒤나 구석을 찾는 경우는 심리적으로 불안하거나 애착의 대상이 불분명할 때, 혹은 양육자가 깨끗함에 대한 강박을 보일 때, 배변을 마치 자기 몸의 일부가 떨어져 나가는 것으로 받아들여 두려움을 보일 때에 나타납니다. 냄새나고 더럽다는 생각에 다른 사람이 보지 못하는 곳에서 해결하려는 것일 수도 있습니다. 따라서 숨어서 배변하려는 아이의 마음을 먼저 읽어주는 것이 필요합니다. 그에 따라 대처도 달라질 수 있기 때문이죠. 심리적 불안이나 수치스러움 때문에 나타나는 행동이라면 자연스러운 분위기를 조성하고 격려해주어 아이가 이 과정을 받아들일 수 있도록 해야 할 것입니다.

한편 양육태도와 관련해 부모의 강박적인 성향이 원인이라면 아이의 배변실수에 대해 다소 너그러워질 필요가 있습니다. 그렇다고 너무 늦게까지 배변훈련을 시키지 않는 것도 아이의 발달에 좋지 않습니다. 아이로 하여금 적절한 통제력이나 조절감을 갖도록 하는 데 방해가 되기 때문입니다. 이로 인해 인내심이 부족하고 충동적인 아이로 자랄 가능성이 큽니다. 이처럼 배변훈련 시기의 양육태도는 너무 지나쳐도, 혹은 너무 방관해서도 안 됩니다. 적절하게 수용하고 인내하는 부모님의 태도가 필요합니다.

만 4세가 지나서도 3개월 이상 대변과 관련한 문제가 발생한다면 '유분증'도 고려해 보아야 합니다. '유분증'이란 DSM-5의 배설장애에 속하는 것으로 적절하지 않은 곳에 의도적이던, 의도적이지 않던 반복적으로 대변을 보는 경우를 말합니다. 의도치 않게 유분증을 보이는 아이들은 대체로 수줍음이 많은 편이며, 난처한 일이 일어날 수 있는 상황을 자꾸 회피하려 하는 경향을 보입니다. 반면 고의적으로 행하는 아이들의 경우 반항성장애나 품행장애의 특징이 나타나기도 합니다. 따라서 만 4세가 지나서도 이러한 행동이 반복된다면 먼저 병원에 내방해 의학적 소견이 있는지 살펴보고, 심리적인 원인이라면 상담을 받아보는 것을 권합니다.

📣 엄마를 위한 행동 코칭

1 아이가 배변의사를 표현할 때를 빨리 알아차리고 규칙적인 시간을 체크하여 편안한 분위기를 만들어줍니다. 아이에게 배변훈련 경험은 당혹스러운 일일 수도 있습니다. 따라서 배변훈련 시기에는 양육자의 민감한 '알아차림'이 필요합니

다. 먼저 아이가 보이는 배변의사, 즉 가만히 서서 힘을 주거나 하는 등의 배변과 관련한 신호를 재빨리 인식해야 합니다. 다음으로 아이를 격려하며 자연스러운 분위기에서 아이가 배변을 하도록 합니다. 배변 시 함께 노래를 부르거나 배변과 관련한 재미있는 이야기를 해주는 등 즐거운 시간이 될 수 있도록 도와주는 것이 좋습니다. 또 배변을 마친 후 아이가 자신의 배변을 확인하고 물을 내리기 전 함께 인사를 하는 등의 행동을 통해 아이가 느낄 수 있는 불안감에 대처해주어야 합니다. 이런 경험은 아이로 하여금 배변이 자연스러운 현상이며 즐거운 일이구나 하고 인식할 수 있게 합니다.

2 아이들이 친근하게 다가갈 수 있는 배변기구들을 준비해 가까이에 두고 익숙해지게 합니다. 즉, 아이가 배변을 할 변기 주위에 좋아하는 인형이나 장난감 등을 놓아 필요할 때마다 자연스럽게 사용할 수 있도록 해주는 것입니다. 놀이를 통해 아이의 감정을 자연스럽게 표현할 수 있도록 해주는 것도 좋습니다. 예를 들면 인형을 가지고 역할놀이 식으로 배변놀이를 하면서 아이의 감정을 표현할 수 있도록 한다면 좀 더 자연스럽게 그 과정을 받아들일 수 있게 될 것입니다.

3 부모가 화장실 사용하는 모습을 보여준 뒤 아이도 따라 하도록 합니다. 배변훈련 시기는 사회적 인지발달도 함께 시작되는 시기입니다. 인지발달이 활발하게 진행되면서 아이들은

성인의 행동을 모방하고, 이를 통해 사회화를 이루어갑니다. 따라서 부모가 보여주는 행동의 모델링이 중요합니다. 부모가 먼저 자연스럽게 배변 과정을 반복해서 보여주면 자녀 또한 스스럼없이 그 행동을 몸에 익힐 수 있습니다.

4 아이의 성장을 기뻐하고 격려해주는 부모님의 마음을 보여주세요. 배변훈련 시기를 통해 아이는 상황에 적합한 행동을 하는 법을 배우게 됩니다. 즉, 이 시기에 조절감과 통제력을 키울 수 있다는 것입니다. 따라서 부모가 성장하는 과정을 함께 기뻐해주고 격려해주는 모습을 보여준다면 아이는 성취감과 함께 자신감까지 키울 수 있게 될 것입니다.

눈을 맞추려고 하지 않아요

아이와 엄마는 안아주기같은 신체접촉과 눈맞춤, 아이의 미소, 옹알이 등의 상호작용을 통해 애착을 형성해 갑니다. 엄마의 반응을 통해 엄마와 아이는 서로 이어지게 되죠. 즉, 신체접촉이나 눈맞춤 그리고 옹알이와 그에 대한 엄마의 반응은 애착을 형성하는 데 매우 중요한 요소들입니다.

그 중에서도 '눈맞춤'은 서로 간의 의사전달 수단이 되기 때문에 아이는 항상 엄마의 눈길을 찾고 이를 유지하려고 합니다. 실제로 애착실험을 통해 살펴봤을 때도 엄마가 아이를 미소와 사랑의 눈길로 바라볼 경우 아이는 엄마와의 눈맞춤을 유지하려 합니다. 하지만 엄마가 무표정하거나 부정적인 감정표현을 보일 때 아이는 엄마와의 눈맞춤을 회피하려는 것을 볼 수 있었습니다. 이처럼 눈맞춤은 성장 초기, 엄마와 아이의 애착의 질을 평가할 수 있는 수단이 됩니다. 만약 영아나 유아기 아이들과 눈맞춤이 잘 이루어지지 않는다면 검사를 통해 정확한 원인을 찾으려 하는 부모님의 대처가 필요합니다.

> **CASE**
>
> 21개월 된 남자아이입니다. 얼마 전 영유아 검사를 받았는데 대근육 항목을 제외한 나머지에서 낮은 점수가 나와 발달검사를 받아보라는 말을 들었습니다. 제일 걱정되는 부분은 물건이 있는 곳을 물을 때 한 번도 손가락으로 가리킨 적이 없다는 점입니다. 엄마가 "아빠 저기 오셨네."하고 가리켜도 제 손가락이 가리키는 곳을 보지 않아요. 더 걱정인 것은 눈맞춤을 잘 하지 않으며, 이름을 불러도 별다른 반응이 없다는 점입니다. 아이를 연년생으로 낳아 기르다 보니 자주 놀아주지 못하고 방치했다는 생각도 들고… 아이의 행동으로 인해 걱정이 많습니다. 주변 사람들 말로는 24개월 이전의 유아는 검사를 받아도 확실한 검사 결과를 얻을 수 없다고도 하던데… 어떻게 해야 하나요?

💗 우리 아이 마음 터치

대부분의 부모님들은 아이가 자라는 것을 보면서 '우리 아이가 잘 자라고 있는 걸까?', '다른 아이보다 느린건 아닐까?' 등의 걱정을 많이 합니다. 이로 인해 발달검사를 진행하는 경우도 종종 있습니다. 발달검사는 크게 선별검사와 진단검사로 나뉩니다. 먼저 선별검사를 통해 이상 징후가 발견될 경우, 정확한 진단을 위해 전문기관을 통한 진단검사를 진행하게 됩니다. 검사가 가능한 시기는 생후 4개월 이후부터이고, 선별검사를 통해 '양호', '발달지연의심', '추후검사필요'의 3단계로 판정이 됩니다.

발달지연을 의심할 수 있는 증상은 먼저 신생아~생후 6개월의 아이가 젖을 빠는 힘이 약하거나, 사지가 뻣뻣해 수유가 어려운 경우, 눈을 맞추지 않는 경우가 있습니다. 다음으로 생후 6~12개월의 아이가 목을 가누지 못하거나 다리에 힘이 없고, 엄마를 보고 웃지 않으며, 앉거나 기지 못하는 경우입니다. 또한 생후 12~36개월 아이가 서거나 걷지 못하고, 말이 늦거나 몸짓으로 의사소통이 되지 않을 경우, 이름을 불러도 돌아보지 않거나 혼자 노는 것을 좋아하고 어른의 말이나 행동을 흉내내지 않는다면 전문기관을 찾아가 보는 것이 필요합니다.

사례의 아이는 21개월 임에도 눈맞춤이 잘 안되고, 이름을 불러도 별다른 반응을 보이지 않으며, 선별검사에서 모두 낮은 평가를 받은 점으로 봤을 때 '반응성애착장애'나 '자폐스펙트럼장애'의 가능성도 고려해 봐야 합니다.

엄마를 위한 행동 코칭

1 **전문기관을 찾아 적기에 치료를 받아야 합니다.** 아이가 앞서 설명한 행동적 어려움을 보인다면 '시간이 지나면서 자연스럽게 개선될 거야.'라는 태도로 기다리기보다는 전문기관을 방문해 정확한 진단을 받아봐야 합니다. 그리고 진단과 함께 그에 맞는 치료 프로그램에 참여하는 것이 좋습니다. 실제로 검사에서는 부모님이 생각하는 것보다 경미한 진단이 내려질 경우도 있습니다. 그렇더라도 문제를 크게 키우는 것보다는 이른 시기에 적절한 대처를 하는 것이 더 낫습니다.

2 **부모님의 인내가 필요하기 때문에 부모 교육에 적극적으로 참여할 것을 추천합니다.** 발달의 어려움을 보이는 아이를 양육하는 경우 부모님이 가지게 되는 심리적 부담감은 매우 큽니다. 사회적·경제적 부담과 함께 '혹시 나 때문은 아닐까'하는 죄책감이나 책임감으로 인해 부모 역할을 감당하는 데 어려움을 느낄 수 있습니다. 이때 부모의 좌절감이나 스트레스를 적극적으로 다뤄줄 필요가 있습니다. 같은 어려움을 경험하고 있는 부모들과의 모임이나 그 밖의 여러 부모 교육에 참여하게 되면 정서적 지지를 얻을 수 있으며, 가정에서 실천할 수 있는 올바른 양육태도도 쉽게 익힐 수 있습니다. 또한 장기간 이루어질지도 모르는 치료 과정 중에 힘을 얻을 수도 있습니다.

밥을 먹으려고 하지 않아요

성장기 자녀들에게 있어 영양섭취는 발달과 매우 밀접한 관련이 있습니다. 대부분의 부모들은 아이가 밥을 먹지 않거나 편식을 하면 건강이나 발육에 문제가 생기지는 않을까 하는 걱정에 잔소리를 하거나 혼을 내기도 하고, 직접 떠먹여 주기도 합니다. 실제로 2~6세 아이의 위는 어른의 절반도 안 되는 크기이기 때문에 한꺼번에 많은 양을 먹을 수 없습니다. 그러므로 음식을 자주 섭취해줘야 합니다. 또한 음식을 먹는 행동은 정서와도 밀접한 관련이 있습니다. 먹는 것이 즐거울 수 있도록 곁에서 도와주어야 합니다. 특히 자율성이 발달하는 시기이기 때문에 부모가 억지로 밥을 먹이려고 한다면 식사시간이 즐겁지 않게 됩니다. 흘리거나 조금 먹더라도 아이 스스로 할 수 있도록 기회를 주세요.

밥을 먹는 것은 인간의 기본적인 욕구입니다. 그럼에도 밥을 잘 먹지 않는 아이들의 경우 그 원인은 다양합니다. 선천적으로 위장 기능이 약한 아이나 예민한 아이들은 밥 먹는 것이 즐겁지 않겠지요. 또한 비위가 약하거나 감각적인 문제로 음식물의 질감이나 냄새, 색 등에 민감하게 반응하는 경우도 있습니다. 앞에서 설명한 대로 정서와 관련한 요인으로 밥을 먹지 않으려는 경우도 있지요. 그러니 아이가 밥투정을 심하게 한다면 그 원인을 잘 살피고, 그에 맞는 적절한 대처를 해주어야 합니다.

CASE

32개월 된 아들과 14개월 된 딸을 둔 엄마입니다. 저희는 첫째 아이 밥을 먹일 때마다 전쟁을 치릅니다. 그러나 집에서와 다르게 어린이집에서 주는 점심은 잘 먹는다고 합니다. 비록 제자리에 앉아서 먹는 것은 아니지만 선생님이 떠먹여서라도 항상 밥은 다 먹는다고 하는데, 이상하게 집에만 오면 안 먹으려고 해요. 한 번 입에 넣으면 2~3분 동안 음식이 입 안에 있는 경우가 많습니다. 그러다 보니 밥 먹는 시간이 길어지게 되고, 저도 점점 짜증이 나 결국 화내면서 억지로 먹이기 일쑤입니다.

어떤 날은 밥을 너무 안 먹고 장난만 치길래 화가 난 나머지 소리를 크게 지르며 "너 먹지 마!"라고 소리치고 밥상을 치운 적도 있어요. 요즘 둘째 아이도 저한테 떨어지려고 하지 않아서 스트레스가 심해 저도 모르게 첫째 아이한테 화낼 때가 많아요.

우리 아이 마음 터치

유아기 아이를 양육하는 엄마들의 고민은 '식사'와 관련된 것들이 많습니다. 어릴 땐 우유도 잘 먹던 아이였는데 언젠가부터 잘 먹지 않으려 한다는 고민이 대부분입니다. 이 시기의 영양은 발달에 중요한 영향을 미칩니다. 신체발달과 뇌발달에도 마찬가지입니다. 그래서 엄마들은 강압적으로 먹어야 할 분량을 어떻게든 다 먹이려 합니다. 엄마가 밥그릇을 들고 아이를 따라다니는 장면은 흔히 볼 수 있습니다. 어떤 경우에는 아이에게 장난감을 잔뜩 줘 주의를 분산시킨 뒤 엄마가 떠먹여주며 영양을 섭취하게끔 하기도 합니다.

이는 식습관 형성에 있어 좋은 방법이 아닙니다. 이런 상황이 지속된다면 첫 번째로 아이는 먹는 일이 재미없는 일, 피하고 싶은 일이 될 수 있습니다. 또 엄마는 식사시간마다 아이의 짜증과 맞닥뜨리게 됩니다. 두 번째로 부모·자녀 간의 좋은 관계를 방해하게 됩니다. 이제 식탁은 가족의 전쟁터가 됩니다. 먹이려는 엄마와 도망 다니려는 아이로 인해 가족의 즐거운 식사시간은 온데간데없이 사라지고 맙니다. 이 과정에서 아이가 생각하는 엄마의 모습은 하기 싫은 일을 강요하는 사람으로 인식되기 쉽습니다. 나중에는 식사와 관련되지 않은 다른 일에서도 엄마의 요구를 무조건 피하려 들 수 있습니다.

하지만 자녀들이 다니고 있는 기관은 성격이 다릅니다. 정해진 식사시간이 있고, 그 시간에는 또래 친구들 모두 식사에 참여합니다. 게다가 돌아다니지도 않습니다. 모두 제자리에 앉아 직접 식사를 합니다. 이런 환경을 일관적으로 접해온 아이는 기관에 가면 제법 혼자서 식사를 해결합니다. 그러나 집에만 오면 이 일관성은 사라지고 다시 전쟁이 시작되는 겁니다. 아이의 이중적 행동이 심해지게 되면서 부모의 시름은 더욱 깊어지게 됩니다. 여기서 살펴볼 수 있는 것은 밥을 먹는 행동은 그 하나만의 문제로 끝나지 않는다는 것입니다. 그로 인해 자율성이나 주도성과 관련된 문제, 그리고 이중적인 행동을 보이는 것으로 확대가 되기 때문입니다. 이는 자녀의 건강한 정서발달에도 도움이 되지 않습니다.

사례의 경우 아이에게 밥을 먹이는 것에서 시작된 행동이 자녀에게 화를 내게 되는 관계 문제로 확대되었습니다. 어린이집에서는 밥을 잘 먹는데 가정에서 밥을 잘 먹지 않는다면 혹시 식사 시 부모의 강압적인 태도가 있었거나 아이의 자율성이나 주도성을 발휘하지 못하게 하는 분위기는 아니었는지 체크해봐야 합니다. 특히 사례에 나온 어머니의 경우 둘째가 아직 어려 첫째에게만 집중할 수 없는 상황인데 첫째까지 엄마에게 의존하게 되면서 부정적 감정을 경험하게 되었고, 끝내 화를 내고 말았습니다. 이럴 땐 아이와의 식사시간에 부모님도 함께 참여해 아이와 어린이집에서 있었던 일에 대해 대화를 나누며, 즐거운 식사시간이 될 수 있도록 만들어야 합니다. 물론 규칙을 정해 일관적으로 유지하는 일도 필요합니다.

📢 엄마를 위한 행동 코칭

1 **식사시간을 규칙적이고 즐거운 시간으로 경험하도록 해주어야 합니다.** 식사가 즐거운 시간이 될 때 아이는 밥 먹는 일에 적극적으로 참여하게 됩니다. 특히 이 시기는 자율성이나 주도성이 자라는 시기이기 때문에 스스로 할 수 있는 환경을 만들어주는 것이 중요합니다. 협응능력이 완전히 발달하지 않았기 때문에 음식을 많이 흘릴 수 있으며, 이로 인해 옷이 더럽혀질 수도, 정해진 양보다 조금 덜 먹을 수도 있습니다. 하지만 협응기술은 시간이 지나면서 개선될 수 있는 부분입니다. 조금 번거롭더라도 스스로 해결할 수 있게 함으로써 아이가 즐겁게 이 시간에 참여하게끔 만들어줘야 합니다.

2 **정해진 시간 내에 식사를 끝마칠 수 있도록 합니다.** 간혹 아이들 중에 돌아다니며 밥을 먹거나 시간을 오래 끌면서 식사하는 경우가 있습니다. 이때는 식사시간을 정해주고 시간 안에 식사를 마치지 못하더라도 식탁을 정리해야 합니다. 아이가 마음에 상처를 받지 않을까 걱정하거나 한참 클 때인데 성장에 영향을 미치는 것이 아닌가 하는 걱정으로 늦게까지 아이와 식사를 하게 되는 경우가 많습니다. 하지만 실제로 아이가 다니고 있는 기관에서도 정해진 시간에 식사를 하고, 그 시간이 지나면 다른 시간으로 전환되기 때문에 아이가 식사를 마칠 때까지 기다려 주지 않습니다. 중요한 것

은 일관성을 가지는 일입니다. 처음에는 지켜지지 않더라도 부모가 일관성을 가지고 행할 때 차차 행동의 개선을 경험할 수 있습니다.

3 **식사에 집중할 수 있는 분위기를 만들고, TV는 꺼주세요.** 놀이시간과 식사시간을 분리해준 뒤 아이가 놀이와 생활을 구분할 수 있도록 해야 합니다. 식사시간에는 식사에만 집중할 수 있도록 말입니다. 일부 아이들에게는 식사시간이 곧 놀이시간이 되는 경우가 종종 있습니다. 아이는 놀이를 하고, 엄마는 아이의 밥을 먹이는 경우지요. 그러나 식사태도와 관련하여 아이가 식사시간에 집중하여 참여하도록 도와주는 것은 식습관 형성에 도움을 줍니다. 이 시간에는 아이의 관심을 끌 수 있는 TV를 끄고, 장난감도 멀리 두어야 합니다. 어린 시절부터 올바른 행동이 습관처럼 몸에 밸 수 있도록 지도해주세요.

4 **놀이시간에 밥 먹는 놀이를 하며 아이의 마음을 알아보는 것도 좋습니다.** 아이들이 사회화를 자연스럽게 익힐 수 있는 수단이 바로 '놀이'입니다. 놀이를 통해 식사와 관련한 아이의 마음을 살펴보고, 알맞은 대처법을 모델링으로 보여주면 좋습니다. 식사와 관련한 책을 함께 읽는 것도 도움이 됩니다. 이런 자연스러운 모델링으로 인해 아이는 즐겁게 식사에 임할 수 있습니다.

씻는 것을 싫어해요

청결과 같은 생활습관은 유아기부터 형성됩니다. 이때 형성된 생활습관은 잘 바뀌지 않습니다. 특히 유아기는 인지적으로 생각을 하면서 행동하기보다는 습관적으로 행동하는 시기이기 때문에 생활습관에 대한 부모님의 교육이 절실히 필요한 시기입니다.

그런데 이 시기에 양치질, 세수하기, 머리감기, 목욕하기 등 청결과 관련한 행동에 대해 거부감을 표현하는 아이들이 있습니다. 매일 양치질이나 세수하기 등을 피하는 아이들과 그 때문에 애를 먹는 부모님의 모습, 그리 낯선 풍경은 아닐 것입니다. '물'이 아이들에게 즐거운 놀이의 도구가 될 수는 있지만 이 자극을 회피하려는 아이들도 있습니다. 이럴 때는 엄마가 아무리 청결의 중요성을 강조해도 아이는 씻기를 거부하게 됩니다. 하지만 청결은 건강과 직결되는 문제이며, 사회적 적응의 한 요소입니다. 부모님은 반드시 자연스럽게 아이가 청결한 생활습관을 기를 수 있도록 도와주어야 합니다.

> **CASE**
>
> 아이가 한 달 전부터 씻기를 정말 싫어합니다. 특히 목욕이나 머리 감는 것을 너무 힘들어 해 아이를 씻기는 것이 너무 힘들어요. 손발씻기와 같이 간단한 정도의 씻기는 어린이집에서나 외출 후에 집에 오자마자 늘 하던 것이었는데, 이젠 그마저도 잘 안하려고 합니다. 항상 씻자고 하면 싫다고 울고 떼를 쓰는데, 그래도 강제로 씻겨야 하는 건지 잘 모르겠어요. 너무 강제로 하게 되면 아이에게 안 좋은 영향을 미칠 것 같기도 하고요. 머리 감는 건 제가 아이의 귀에 물이 들어가지 않도록 조심히 씻겨주는 편이어서 늘 저한테만 머리를 감겨달라고 했었는데, 이젠 아예 물놀이 자체도 싫다고 하네요. 아무리 달래고 얼러도 소용이 없어요.

우리 아이 마음 터치

청결은 인간의 기본 생활습관 중 하나입니다. 중요한 것은 청결은 건강과 직결된다는 점입니다. 각종 유해한 세균이나 병균으로부터 질병을 예방하기 위해서는 먼저 청결해야 합니다. 실제로 청결하지 못한 환경에서 자라난 아이들은 각종 질병에 시달리는 경우가 많습니다. 따라서 질병 예방을 위한 청결 교육은 어린 시기부터 이루어져야 합니다.

청결은 사회적 적응과도 밀접한 관련이 있습니다. 우리도 경험했듯이 청결하고 깔끔한 사람들은 타인에게 호감을 줄 수 있습니다. 아이들도 마찬가지입니다. 청결하지 않은 아이보다 청결한 아이가 또래에게 인기가 많습니다. 이처럼 청결은 자신의 이미지와도 관련된 중요한 부분이기 때문에 부모님들은 청결을 생활화하려는 많은 노력들을 하게 됩니다. 그러나 이러한 습관을 위해 너무 강압적인 태도를 보이면 기대했던 것과는 반대의 결과를 보일 수 있습니다. 아이에게 왜 씻어야 하는지에 대한 충분한 인식부터 심어주어야 합니다.

특히 물놀이는 좋아하면서도 유독 씻는 것은 싫어하는 아이들이 많은데, 그 이유는 물이 무서워서가 아니라 눈이나 코에 물과 비눗물 등이 들어가면 따갑고 맵기 때문입니다. 이러한 경험을 하게 되면 아이는 자꾸만 씻지 않으려고 합니다. 또, 주로 놀이 이후나 잠자리에 들기 전에 씻게 되는데 즐거웠던 놀이를 중단함으로써 아직 놀고 싶은 마음이 남아 있거나, 졸리고 피곤할 때는 씻는 것을 귀찮다고 생각할 수 있습니다. 이때 아이들은 씻는 행동이 좋은 기분을 방해한다고 느낄 수도 있습니다. 그 밖에 비누의 미끈거리는 느낌이나 타월의 거친 느낌 등 감각적인 문제 때문에 싫어할 수도 있습니다. 이처럼 아이들이 씻기를 거부하는 데는 반드시 원인이 있습니다. 부모는 그것이 별일 아니라고 생각하겠지만 아이는 다르게 느낄 수 있기 때문에 아이가 왜 씻기를 거부하는지 그 이유부터 알아봐야 합니다.

사례는 잘 씻던 아이가 갑자기 안 씻으려고 하는 경우입니다. 따라서 아이에게 그럴만한 특별한 일이 있었는지 살펴봐야 합니다. 그러한 과정 없이 말을 안 듣는다고 강제로 씻긴다면 일시적으로는 효과가 있겠지만 아이는 자신의 마음을 몰라주는 부모에 대한 원망을 갖게 돼 관계가 나빠질 수 있습니다. 아직 아이들은 스스로 자신의 몸을 관리할 수 없습니다. 따라서 아이가 씻기 싫어하는 원인을 찾아 빨리 해결해 주는 것이 좋습니다.

📣 엄마를 위한 행동 코칭

1 **물과 친해지도록 도와주세요.** 아이들은 기본적으로 물을 좋아합니다. 물을 싫어하게 된 데에는 그만한 이유가 있을 것입니다. 물과 관련한 부정적인 경험을 한 경우, 예를 들면 머리를 감다가 비누가 눈에 들어가 따가웠다거나 물놀이를 하면서 미끄러졌던 경험 등이 있습니다. 또한 늘 씻는 일이 귀찮은 일이라는 경험을 하게 된 경우라면 우선 물과 친해질 수 있도록 도와주어야 합니다. 먼저 욕실 환경을 아이들이 좋아하는 분위기로 바꿔 주는 것도 방법입니다. 욕조에 아이들이 좋아하는 장난감 등을 넣고, 아이와 함께 재미있는 물놀이를 하는 것도 좋습니다.

2 **규칙적인 하루 일과를 통해 습관을 만들어줍니다.** 씻는 것이 습관화되기 위해서는 매일 일관적인 환경이 필요합니다. 밥을 먹고 나면 늘 양치질을 하고, 저녁이 되면 세수를 하는 등 매일의 환경을 일관성 있게 만들어 주세요. 강압적인 분위기보다는 왜 씻어야 하는지를 먼저 알 수 있도록 도와준다면 더 좋습니다. 또

요즘 서점에 가면 아이들의 일상생활 영역에 도움을 주는 많은 동화책이 있습니다. 그 책을 함께 읽으면서 씻는 것이 왜 중요하고 어떻게 씻어야 하는지를 배워보면 좋겠지요. 그렇게 되면 훨씬 즐겁게 씻는 행동을 반복할 것입니다.

3 감각이 예민한 아이라면 더욱 세심한 배려가 필요합니다. 유독 감각이 예민한 아이들이 있습니다. 이런 아이들은 비누의 향이나 촉감 등 많은 부분에서 예민한 반응을 보입니다. 목욕용품을 선택할 때 아이와 함께 골라보세요. 목욕 후 부모님과 함께 즐거운 촉각놀이를 하는 것도 좋습니다. 아이의 몸에 로션을 바를 때도 재미있는 놀이가 될 수 있도록 해보세요. 아이들에게 촉각이나 후각 등의 감각적 충족감을 경험하게 하면 그 행동을 자주 하려는 태도를 보일 것입니다. 부모의 강압적인 태도는 즉각적인 행동 결과를 보일지는 모르지만 장기적으로 생각할 때 아이의 내적 즐거움이나 동기를 잃게 하는 부작용이 있습니다. 그러니 아이가 스스로 할 수 있는 환경을 만들어 주는 것이 중요합니다.

4 연령에 맞는 청결 지도를 실시해야 합니다. 만 2세까지의 아이들은 규칙적이고 일관적으로 몸을 씻겨주되, 이때 왜 씻는지 언제 씻어야 하는지 알려주는 것이 좋습니다. 돌까지는 청결에 대한 구분이 없지만 돌 이후에는 점차 언제 씻어야 하는지 깨닫게 됩니다. 이때 물과 친해지게 하면서 규칙적인 시간에 아이들이 씻을

수 있도록 하고, 더러운 오물이 묻었을 때와 같이 왜 몸을 씻어야 하는지를 알려주는 등 부모님의 일관적인 환경 조성이 필요합니다.

만 3세의 경우라면 스스로 씻을 수 있도록 격려해주어야 합니다. 자율성이나 주도성이 발달하는 시기인 만큼 부모가 강압적으로 대처하게 되면 아이는 이 활동에 흥미를 잃어버립니다. 아이가 혼자서 양치질을 하거나 손을 씻는 것이 아직은 미숙할 수 있습니다. 하지만 <u>스스로</u> 할 수 있도록 도와주어야 합니다. 필요하다면 나중에 개입하세요. 이때 아이에게 즐거운 노래를 불러주거나 아이의 의견을 먼저 들어주는 것이 좋습니다. 만 4세 이상이 되면 혼자서 하는 습관을 길러주어야 합니다. 서툴더라도 혼자서 하는 습관을 들이세요. 필요하다면 청결과 관련한 동화나 동영상을 보여주며, 아이가 따라 할 수 있도록 해주는 것도 좋은 방법입니다.

언어 발달

태어나 아무 말도 못하던 아이들은 한 돌이 되어가면서 한 단어의 발화가 가능하고, 두 돌이 되면서부터는 두 단어를 연결하는 식의 문장 형태로 언어표현을 할 수 있게 됩니다. 만 3~4세가 되면 어른들과의 자연스런 대화가 가능하며, 만 4세 이후에는 점차 모국어의 습득이 완성됩니다.

연령별 단계에 맞는 아이들의 언어발달은 앞으로의 언어발달을 예측하게 할 수 있으며, 언어적인 의사소통 능력을 위한 자연스런 발달의 한 과정이기도 합니다. 따라서 아이의 언어발달이 정상적인 속도와 패턴으로 이루어지고 있는지 관심있게 살피는 것이 중요합니다. 또래 아동과 비슷한 속도로 발달하고 있는지, 비정상적인 발달 패턴이 보이지는 않는 지를 세심하게 살피고, 정상적인 발달이 아니라고 의심이 될 때는 전문가의 상담을 받는 것이 좋습니다.

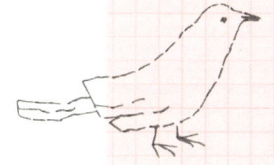
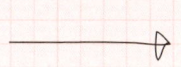

Q6 두 돌이 다 되어 가는데도 엄마, 아빠밖에 말하지 못해요

▶ **아이의 언어이해 발달과정**

아이가 처음 태어났을 때는 어른의 말을 전혀 이해하지 못합니다. 그러나 소리에 대한 반응이 점차 발달하여 생후 1~2개월 경에는 울다가 사람의 목소리가 들리면 조용해지기도 하고, 3~6개월 경에는 소리가 나는 쪽을 바라보기도 합니다. 6~9개월 경이 되면 아기는 자신에게 익숙하거나 이해가 가능한 상황에서의 몇 가지 표현을 이해하기 시작하고, 9개월이 지나면 되풀이되는 익숙한 지시(ex. 모자 써, 엄마가 어디 있지? 등)에 따르기도 합니다. 그리고 12개월 정도가 되면 물건이나 사람의 이름도 익숙한 상황과 상관없이 이해하게 됩니다.

돌이 지나면 아이에게 "컵 주세요."라고 말해도 알아듣고 행동할 수 있으며, "코가 어디 있어?"라는 질문에 적절하게 자신의 신체 부위를 가리키거나 사물을 지적하는 등 간단한 의문문에 대한 이해도 가능해집니다. 이것은 명사인 일상 사물을 이해하거나 익숙한 사람의 사진이나 그림을 보고 이해할 수 있기 때문입니다. 또한 일상적인 동사(ex. 먹어, 서, 앉아, 봐 등)도 이해할 수 있게 되어 "엄마 신발 가지고 와.", "의자에 앉아." 등과 같은 지시에 따를 수 있게 되며, "만지지 마.", "물 없어."와 같은 부정적인 의미도 이해할 수 있게 됩니다. 또한 '지금', '나중에'라는 시제의 의미도 알게 되며, 만 2세가 되면 아이가 이해하는 낱말은 약 500여 개에 이르게 됩니다.

▶아이의 언어표현 발달과정

아이들은 언어를 표현하기 전에 언어로 말하기 위한 단계의 기초를 쌓게 되는데, 주로 울음, 옹알이, 호흡, 발성 등으로 언어 소통의 방법을 연습하게 됩니다. 생후 3개월까지는 주로 울음 소리만으로 배고픔과 아픔, 화남을 표현합니다. 옹알이는 대체로 3~4개월 경에 시작되는데, 대개 5~6개월이면 상대방의 관심을 얻길 원하거나 싫음을 표현할 때, 혹은 욕구를 표현할 때 옹알이를 통해서 자신의 의사를 나타내기도 합니다. 하지만 아기에게 이러한 옹알이가 나타나는 시기에 자주 아프거나 주 양육자와 적절한 상호작용이 없으면 옹알이가 적어지고 늦어져서 자연스러운 언어발달에 지체를 가져올 수도 있습니다.

아이의 첫 말은 익숙한 가족(ex. 엄마, 아빠 등)이나 익숙한 사물(ex. 물, 우유, 맘마 등), 익숙한 동작어(ex. 봐, 줘, 가 등)로 시작되는데, 이는 대체로 돌 전후에 나타나며 15개월 정도가 되면 적어도 10개 정도의 단어로 언어표현을 하게 됩니다. 이 시기는 손짓, 몸짓과 단어를 함께 사용하면서 의사소통을 시작하고, 점차 단어를 결합해 상황에 맞게 말하기 시작합니다. 단어의 시기가 아닌 문장의 시기로 들어서게 되는 것입니다. 또한 두 개의 동사로 결합된 절(ex. 뛰어 가, 업고 가 등)을 사용하기도 합니다. 아직은 힘들지만 말로 자신의 생각을 표현하게 되고, 여러 단어를 결합해 상황에 맞게 말하는 것이 가능하게 됩니다. 놀랍게도 이 시기에는 약 200개의 명사를 표현할 수 있게 됩니다.

CASE

생후 29개월 된 남자아이입니다. 우리 아이는 옹알이만 주로 하고, '엄마', '아빠' 외에는 말을 거의 하지 않습니다. 지금까지 신체적인 발달에서 별다른 어려움은 없었고, 다른 사람과의 눈맞춤도 원활하여 상호작용에는 별다른 문제가 없는 듯 보입니다. 간단한 지시를 따르는 것도 가능하고 일상적인 단어는 이해하는 것 같은데, 원하는 것이 있을 때 "으응", "아잉", "저어" 등으로 소리를 내거나 원하는 물건을 손으로 가리키는 식으로 표현을 하고 있습니다. 저희 부부는 맞벌이를 하는 상태라서 주로 할머니가 아이를 봐주시는데, 혹시 언어적인 자극이 별로 없어서 그런 것은 아닐까 걱정이 됩니다.

우리 아이 마음 터치

치료실을 찾거나 언어치료 상담을 받으러 오는 아이들 중에는 사례처럼 언어를 이해하는 데는 큰 어려움이 없지만, 별다른 언어표현을 못하는 경우가 의외로 많습니다. 이런 경우에는 우선 아이와 함께 하는 놀이를 통해서 이해언어와 표현언어를 살펴보거나 부모의 보고를 통한 언어평가를 실시합니다. 이 과정을 통해 현재 아이의 언어발달 연령을 파악하고, 적절한 치료를 하게 됩니다.

사례와 같이 표현언어에만 문제가 있는 아이들의 일반적인 특징은 신체적인 발달에는 별다른 문제가 없으며, 청력도 정상이고 타인과의 눈맞춤 등과 같은 상호작용에도 어려움이 없다는 것입니다. 또한 의사소통 의향도 있어 다른 사람과 상호작용을 하려는 시도도 하곤 합니다. 엄마나 다른 사람이 하는 말도 이해하여 상황에 따라 적절한 행동을 할 수 있고, 두 돌 정도의 수준에서 가능한 지시 따르기도 가능합니다(ex. 휴지통에 휴지 넣어, 부엌에 가서 컵 가져와 등). 그러나 아이가 주로 내는 소리는 발성에 가까운 소리 지르기나 끙끙거리기이며 엄마, 아빠 단어 밖에 표현하지 못하고 있습니다. 이럴 경우 엄마는 전문가의 도움을 요청할 것인지에 대한 확신도 서지 않고, 가정에서 도와줄 수 있는 적절한 방법도 몰라 걱정만 하게 됩니다.

이 아이들은 표현언어에만 어려움이 있으므로 언어적 표현을 하도록 도와주는 것이 무엇보다 중요합니다. 현재의 표현언어 능력만을 살펴본다면 이 아이의 생활 연령은 두 돌 반 정도지만 표현언어

능력은 1년 정도 늦은 돌 전후의 등가연령에 해당됩니다. 언어평가 시 표현언어 발달지체로 진단될 것으로 예상됩니다.

  이해언어는 정상적인 발달수준을 따르고 있지만 표현언어가 돌 전후의 '한 낱말 단계'에 머무르는 단계이므로, '한 낱말 단계'에서부터 평균적인 발달을 하고 있는 또래 아동의 문장수준으로 발달을 촉진시켜주는 것이 무엇보다 중요합니다. 치료는 현재 아이가 할 수 있는 간단한 '소리내기'부터 시작해 일상적인 사물이나 친숙한 동물의 '의성어·의태어의 모방'과 '구강구조의 훈련 자극'으로 이어집니다. 과정은 아이의 자발적인 발성을 위한 기초적이고 구조적인 치료를 하는 것입니다. 자발적인 발성을 통한 낱말표현이 가능해지면 이번엔 낱말표현의 증가를 통한 문장 만들기 수준으로 치료가 진행됩니다. 아이는 이러한 단계를 거치면서 '한 낱말 단계'에서 '두 낱말 혹은 문장 만들기 단계'로 발달을 촉진할 수 있습니다.

  아이의 언어는 치료실의 구조화된 상황에서만 이루어지는 것은 아니므로 무엇보다도 가정에서의 지도가 가장 중요합니다. 아이가 흥미를 보이는 놀이나 활동을 통해 적극적인 언어의 자극을 받을 수 있도록 환경을 만들어 주는 것이 필요하지요. 따라서 아이의 부모님 혹은 아이의 주 양육자에게도 아이의 표현언어 촉진을 돕기 위한 교육을 받을 것을 권하고 있습니다.

엄마를 위한 행동 코칭

언어표현 촉진은 언어 치료실에서의 도움뿐만 아니라 무엇보다도 부모님이나 주 양육자의 가정 지도가 중요합니다. 가정 내에서의 언어지도 활동은 실제 상황 속에서 실시하는 것이 가장 효과적인데, 아이가 흥미를 보이는 신나고 즐거운 상황에서 이루어질 수 있도록 하는 것이 좋습니다. 보통 아이들은 첫 낱말을 산출하기 전에 낱말에 대한 이해가 우선되어야 하지만 사례처럼 사물의 이해와 지시 따르기 등의 이해언어에 별다른 어려움이 없는 경우에는 소리내기 발성 훈련을 통해서 표현언어의 발달 촉진을 도울 수 있습니다. 단계에 따라 가정에서 도움을 줄 수 있는 방법을 살펴보겠습니다.

첫 번째 단계

<u>옹알이와 같은 발성을 자극하고 격려 및 모방하도록 하는 활동</u>

- ▶ **발성놀이**: 아이의 자발적인 발성 증가시키기

  어떤 소리라도 아이가 발성한 소리를 따라 해주고, 가능하면 많은 발성을 할 수 있도록 유도합니다.

- ▶ **비누방울 놀이하기**: '후' 불기 혹은 '파' 등의 소리내기

  비누방울을 '후' 불거나 '파' 하고 소리 내 불면서 터트리게 합니다. 규칙적으로 '후' 소리를 먼저 낸 뒤, 다음으로 '파' 소리를 내게 합니다.

▶ **나팔 · 피리불기**

입 주변과 구강 근육의 운동을 도와줍니다.

두 번째 단계

자발적인 발성을 유도해 발성하고자 하는 의욕이 생기게 하는 활동

▶ **소리 모방을 위한 놀이하기**: 소리를 모방하기 위한 동작 및 놀이 활동

- 자동차 소리: 부응, 붕붕, 빵빵, 삐뽀 삐뽀
- 인사하기: 빠이빠이
- 북소리: 둥둥
- 동물의 의성어 소리: 멍멍, 야옹, 음메, 짹짹, 꿀꿀, 꽥꽥
- 대소변 누는 소리: 응가, 끙끙, 쉬이
- 총 쏘는 소리: 탕탕
- 종치는 소리 · 시계 소리: 땡땡, 째깍째깍
- 기차 소리: 칙칙폭폭

세 번째 단계

습득한 말소리를 바탕으로 아이의 흥미를 고려한 상황을 만들고, 그 말소리를 의미 있게 사용하도록 돕는 활동

▶ **낱말로 유도하기**: 아이가 낼 수 있는 말소리에 의미를 부여한 낱말을 사용하여 소리 낼 수 있게 도와줍니다.

- 아: 아이, 아기
- 오: 오이, 옷, 와
- 파: 아파, 파
- 차: 차, 타
- 고: 공, 코
- 해: 해, 후
- 이: 이, 입, 오이
- 바: 봐, 밥, 발
- 마: 마, 말
- 가: 가, 가자
- 다: 닭

발화 연습은 집에서도 해볼 수 있습니다. 부모는 이러한 방법으로 아이가 낼 수 있는 소리를 격려해주고, 아이가 무언가 소리를 내려고 할 때는 그 즉시 반응을 보여주어야 합니다. 아이가 완전하게 말하도록 기대하거나 요구하지 말고 조금씩 표현해도 칭찬해주어야 하는데, 이를 통해 아이에게 자신감을 심어줄 수 있으며 발성하고 표현하는 데 도움을 줄 수 있습니다.

네 번째 단계

낱말의 자발적인 표현 단계

▶ **엄마가 정확한 발성으로 반복하고 모방해주기**

점차 발성이 늘어가고 다양한 소리를 내기 시작하면서 일상적이고 익숙한 낱말을 표현하려고 하면 엄마는 정확한 발성으로 낱말의 소리를 반복해주면서 아이가 모방할 수 있도록 도와줍니다.

> ▶ 일상적인 명사에서 동사로 표현언어 확대하기

낱말을 지도할 때는 아이가 주로 접할 수 있는 익숙한 사물의 명칭(명사)부터 시작하고, 점차 아이가 할 수 있는 동작들의 명칭(동사)으로 확대해 나갑니다. 이러한 시도를 통해 아이는 표현언어를 조금씩 늘릴 수 있게 됩니다. 이는 아이가 모방하는 하나의 말소리에 의미를 부여해 낱말로 연결시켜주고, 의미있게 사용할 수 있는 낱말의 수를 증가시킬 수 있도록 도와주는 과정이기도 합니다.

다음은 아이를 지도할 때 고려해야 할 몇 가지 사항입니다.

1 아이가 흥미를 보이는 것 중심으로 시작해 다른 영역으로 점차 활동영역을 넓혀가는 것입니다. 이 단계는 낱말을 익히고 말의 길이를 늘려가는 과정이므로 정확한 발음이나 표현을 하도록 지나치게 강요하기보다는 격려와 칭찬으로 즐겁다고 느낄 수 있도록 만들어 주는 것이 중요합니다.

2 아이에게는 어른끼리의 대화보다 훨씬 단순하고 명확한 문장을 사용해 말해줘야 합니다. 되도록이면 아이 얼굴과 같은 높이에서 눈을 마주치며 말을 해주세요. 이러한 여러 가지 시도에도 불구하고 6개월 정도가 지날 때까지 별다른 변화가 없

다면 전문적인 도움을 받아보는 것을 고려하거나 아이의 발달 정도를 전체적으로 평가해보는 것도 필요합니다. 특히 표현보다는 이해의 측면이 더욱 중요한데, 두 돌 전이라도 아이의 언어적인 이해가 적절히 이루어지지 않을 경우에는 전문가의 상담을 받아보는 것도 한 방법입니다.

Q6 다른 사람의 말에 반응이 없고, 말을 하려고 하지 않아요

아이는 언어를 배우기 전부터 자신을 둘러싼 세계와 의사소통을 합니다. 태어나 첫 해 동안 아이는 엄마를 통해 사회적인 소통의 대화를 배우고, 이를 기반으로 언어를 습득하게 됩니다. 따라서 첫 단어를 사용하기 전부터 아이는 이미 자신의 의도를 보여줄 수 있으며, 자신이 향하는 방향을 가리키거나 다른 사람의 반응을 해석하고 이해하게 되는 것이지요. 아이가 겪게 되는 지속적인 환경적 자극들은 언어를 의사소통의 중요한 수단으로 잘 사용할 수 있게 이끌어줍니다. 그중에서도 엄마가 주는 언어자극은 아이의 언어발달에 매우 중요한 역할을 합니다.

CASE

만 3세가 막 지난 남자아이입니다. 그런데 아직까지도 엄마, 아빠 등의 말을 하지 못합니다. 게다가 엄마인 저하고도 제대로 눈을 마주치지 않고, 다른 사람의 말에도 반응하지 않는 것 같습니다. 요즘은 가끔씩 자신의 손을 오랫동안 바라본다든지 갑자기 원을 그리듯 빙글빙글 돈다든지 특이한 행동을 하기도 해 걱정이 됩니다. 저희는 아이가 어릴 때부터 맞벌이를 했기 때문에 아이의 양육자가 여러 번 바뀌었습니다. 이때는 단지 혼자 있는 것을 좋아하는 순한 아이인줄만 알았는데, 요즘은 또래보다 언어발달도 늦고 반응도 없어서 걱정이 됩니다. 제 기억으로는 아기일 때는 눈맞춤도 잘했고 상호작용도 잘 이루어졌던 것 같은데, 언젠가부터 눈맞춤도 없어지고 불러도 반응이 없으며, 상호작용이 전혀 안 되는 것 같습니다. 언제가 말문이 트이겠지 하고 기다리지만 아직까지 엄마, 아빠 라는 말도 제대로 못하고 있습니다.

💗 우리 아이 마음 터치

사례와 같이 아이에게 언어표현의 문제뿐 아니라 다른 사람과의 눈맞춤, 상호작용 등에 어려움이 있어서 치료실을 방문하는 부모님들이 많습니다. 이분들과 상담을 해보면 돌 전후에는 엄마가 부르면 바라보거나 노래를 부르면 쳐다보는 등 엄마와의 상호작용에 대해 반응이 있었으나 점점 다른 사람의 말에 반응이 없고, 상호작용도

전혀 이루어지지 않는 것 같다는 경우가 대부분입니다. 이런 아이들은 엄마, 아빠라는 말도 하지 못하고 가끔 지르는 소리나 울음으로 자신의 감정을 표현합니다. 그래서 부모님들은 혹시 아이가 자폐는 아닐지 걱정하기도 하지요. 이런 경우 다음의 사항들을 고려해보아야 합니다.

① 아이의 언어적 어려움이 선천적인 것인지, 후천적인 것인지에 대한 판별이 필요합니다. 사례와 같은 경우 우선 아이의 언어, 인지, 사회적인 상호작용의 어려움이 자폐적 성향에 의한 것인지, 아니면 정신지체, 뇌손상, 발달성 언어장애, 모성자극의 결핍 등에 의한 것인지 구별하는 것이 중요합니다. 생후 약 12개월 때까지는 엄마나 다른 사람과 상호작용이 있었다는 점, 맞벌이로 인해 주 양육자가 여러 번 바뀌었다는 점도 고려해보아야 합니다. 아이가 순해서 혼자 놀게 놔두기도 했다는 사실에도 주목한다면 선천적인 원인이라기보다는 환경적인 원인, 즉 모성자극 결핍에 의한 애착문제로 추정해 볼 수 있습니다.

② 애착은 아이의 언어발달에 중요한 영향을 미칩니다. 아이들은 태어나면서부터 끊임없이 주위환경으로부터 자극을 받게 되며, 감각이나 지각을 통해서 자기 주위의 세계를 탐험하고 인식합니다. 이러한 기초적인 자극은 언어발달을 촉진하여 다양한 자극에 반응할 수 있는 능력을 길러주게 됩니다. 유아기부터 이러한 탐색 활동이 이루어

지기 위해서는 다른 사람, 특히 엄마와의 유대감이 무엇보다 중요한데 이는 엄마로부터 시작된 사회성발달은 언어발달과도 깊은 관련이 있기 때문입니다. 아이는 다른 사람과의 관계 속에서 언어를 인식하고 배우며, 이렇게 습득된 언어를 통해서 상호작용을 하므로 언어가 발달되면 사회성도 더불어 발달됩니다.

③ 엄마의 적극적인 반응은 아이의 언어발달을 촉진시킵니다. 엄마는 아이와 눈을 맞추며 이야기 해주고, 옹알이에 적절하게 반응하는 등 아이가 보내는 신호에 적극적으로 반응해주어야 합니다. 아이는 엄마의 섬세한 보살핌 속에서 정서적인 안정감을 느끼며 사회성이 발달하는데, 이런 중요한 시기에 아이와 상호작용을 적절히 하지 않으면 엄마와의 정서적인 유대감이 맺어지지 않아 아이가 결핍을 느끼게 되고, 사례처럼 자폐 아동과 유사한 형태의 특성을 보이게 됩니다.

모성자극 결핍에 의한 유사 자폐증 아동은 일반 자폐증 아동과 비슷한 양상의 행동패턴(눈 마주침이 없으며 상호작용이 되지 않고 자발적인 언어표현이 없는 것)과 사회성, 인지, 언어적인 면에서 어려움을 나타냅니다. 기본적으로 언어는 상호작용의 결과물이기 때문에 언어로 표현하기 전에 다른 사람과 상호작용을 하고, 의사소통을 하기 위한 시도를 배우는 것이 무엇보다 중요합니다. 그러나 이 경우에도 적극적인 치료 없이는 정상적인 발달이 힘들기 때문에 전문가의 치료를 받아보는 것이 좋습니다. 무엇보다도 가장 중요한 것은 아이와 엄마의 상호작용을 위한 가정에서의 노력이라는 사실을 잊지 마세요.

 **엄마를 위한 행동 코칭**

사례의 아이가 의사소통의 의도를 갖게 하고 상호작용이 올바르게 이루어지게 하려면 전문가의 개입이 필요하겠지만 가정에서도 대답하기, 지시 따르기, 모방하기 등의 기본적인 행동 익히기를 실시함으로써 아이의 의사소통 능력을 향상시킬 수 있습니다. 의사소통 의도를 가지고 있지 않은 자폐아동의 경우에도 활용해보면 좋습니다. 기본적인 의사소통 계기를 갖게 할 수 있는 내용은 다음과 같습니다.

> ▶ 명칭 붙이기
>
> 가장 중요한 의사소통 능력 중 하나입니다. 모든 사물에는 명칭이 있다는 것을 일러주고 지속적으로 알려주며 아이로 하여금 직접 지적할 수 있도록 합니다.
>
> ex. 물: 목마를 때 마시는 것, "이건 목마를 때 마시는 물이야."
> 컵: 물 마실 때 사용하는 것, "이건 물 마시는 컵이야."

▶ 요청하기

원하는 물건을 가리키거나 손으로 끄는 동작 등의 신호를 말합니다.

▶ 지시 따르기

아이와 부모가 함께 생활하는데 필요한 지시사항들을 가르칩니다. 처음에는 '이리 와', '그만', '앉아' 등과 같이 한 가지 행동을 반복하다가 아이가 사물의 명칭과 행위를 익히면 좀 더 복잡한 행동을 요구하는 지시를 가르칩니다.

▶ 인사하기

다른 사람에게 상황에 맞게 인사하는 방법을 가르치고, 다른 사람의 인사에도 반응할 수 있도록 가르칩니다.

▶ 항의하기

자신의 의사를 분명하게 나타내는 것으로 '아니', '안돼' 등의 반응을 하는 것을 말합니다.

▶ 대답하기

질문이나 상황에 맞는 '예', '아니요' 등을 말하는 방법을 말합니다. 아이가 이러한 것들을 습득하게 되면 기본적인 의사소통 기능이 상당히 향상됩니다.

앞의 일반적인 내용 외에도 실제로 할 수 있는 의사소통 발달을 위한 지도 방법은 다음과 같습니다.

▶ 눈 맞추기

- 목표: 아이가 자신을 부르거나 자신에게 말하는 사람의 얼굴과 눈을 계속 보게 합니다.
- 진행:

① 간식시간에 아이와 함께 앉습니다.

② 아이가 간식을 보고 있으면 엄마는 아이의 이름을 부르면서 눈 밑에 간식을 들고 있습니다.

③ 아이가 엄마의 눈을 보면 즉시 간식을 주며 칭찬합니다.

④ 간식을 주기 전에 엄마와 눈을 오랫동안 맞추도록 점차 유도합니다.

⑤ 아이가 눈을 맞추지 않을 경우엔 손을 사용하여 아이의 얼굴을 엄마 쪽으로 돌리고, 눈을 맞추면 놓아줍니다.

▶ 이름에 반응하기

- 목표: 아이가 자신의 이름을 듣고 반응하게 합니다.
- 진행:

① 주기적으로 아이의 이름을 부릅니다.

② 아이가 엄마를 쳐다보면 박수를 쳐주거나 좋아하는 과자 등으로 보상해줍니다.

③ 아이가 반응하지 않는다면 아이의 시야 가까이에 서서 아이의 이름을 부릅니다.

④ 그래도 반응이 없으면 아이의 시야 가까운 곳에서 1분 간격으로 이름

을 부릅니다.

⑤ 아이가 반응하기 시작하면 점차 아이와 거리의 간격을 넓히면서 이름을 부릅니다.

⑥ 하루하루 생활을 통해 계속 강화해 나갑니다.

▶ **말로 된 지시 따르기**

– 목표: 말로 된 지시를 이해시킵니다.

– 진행:

① 엄마와 아빠가 아이와 함께 앉습니다.

② 엄마는 아빠에게 "아빠, 이리 와."라고 말하고, 아이가 보는 앞에서 과자를 줍니다.

③ 이번에는 아이의 이름을 부른 후에 "○○야, 이리 와."라고 말합니다.

④ 아이가 오면 과자를 줍니다.

⑤ 반응이 없으면 하루에 수차례 반복해서 관심을 끕니다.

⑥ 처음엔 가까이에서 하다가 점차 거리를 넓혀가면서 멀리 있는 엄마에게도 올 수 있도록 합니다.

▶ **다른 사람의 행동 모방하기**

– 목표: 다른 사람의 행동을 모방하는 것을 배우게 합니다.

– 진행:

① 엄마와 아이가 마주보고 앉고, 엄마는 천천히 박수를 칩니다.

② 아이의 손을 잡고 손뼉을 치게 합니다.

③ 엄마는 손뼉을 치는 행동을 반복합니다. 박수치는 동안 아이가 엄마를 쳐다보도록 합니다.
④ 아이가 모방하려는 시도를 보이면 손뼉을 완전하게 칠 수 있도록 도와준 뒤 즉시 과자로 보상해줍니다.
⑤ 아이가 이해하지 못하면 아이의 손을 잡고 반복적으로 지도해주며, 때때로 과자를 줍니다.

이러한 의사소통 증진을 위한 방법들은 가족 전체와 일반화가 이루어져야 합니다. 아이가 훈련을 시도하는 엄마에게만 반응하기보다는 아빠, 형제, 다른 가족들에게도 일반화가 이루어지는 것이 무엇보다 중요하다는 것입니다. 또한 이러한 활동은 간단한 의사소통을 습득해야 하는 어린 아이에게 적용되는 방법이므로 자유놀이와 같은 자연스러운 상황에서 서서히 유도하는 것이 좋습니다. 무엇보다 이러한 어려움을 가진 아이는 그동안 촉진되지 못한 정서적인 발달과 언어적인 발달을 동시에 진행해야 하기 때문에 부모와 아이 간의 적극적이고 애정어린 상호작용과 지속적인 관심이 중요합니다.

발음이 부정확해요

▶ **아동기의 조음음운 발달**

아기들은 언어 이전기(태어나서 언어를 산출하기 전)부터 말소리를 분별할 수 있는 능력이 있습니다. 보통 생후 2~4개월 정도면 목소리를 구분할 수 있게 됩니다. 친숙한 사람의 목소리와 낯선 목소리를 구분할 수 있고, 모국어의 친숙한 음소라든지 억양의 패턴도 익히게 되지요. 이러한 기초적인 우연한 학습에 의해서 말소리의 산출능력이 발달되어가며, 아기는 초기 옹알이 단계를 거쳐 음성놀이를 즐기게 되고 다양한 음절놀이와 발성연습을 통해 구어의 단계로 들어서게 됩니다.

처음 구어단계에서는 조음 오류가 많은 첫 낱말들을 사용하다가 점차 어휘나 문장의 길이가 완성되어가면서 음소의 정확도가 증가하게 되고, 말의 명료도가 명확해지게 됩니다. 한국어의 음소는 각각의 발달순서에 따라 몇 가지 단계들을 거치게 되는데, 만 6세가 되면 전체 모국어의 정확한 발성과 조음을 완전하게 습득할 수 있습니다. 예를 들면 /ㅍ, ㅁ, ㅇ/은 2~3세, /ㅂ/ 계열과 /ㄷ/ 계열은 3~5세, /ㅅ/ 계열은 5~6세 무렵 완전히 습득하는 등 일련의 발달단계를 거치는 것입니다. 그러나 이러한 조음의 발달은 신체적 또는 생리적인 원인에 의해서 어려움을 보일 수 있는 '기질적인' 원인과 신체적인 결함 없이 단순히 음소의 습득이 늦거나 잘못된 습관 등을 포함한 '기능적인' 원인에 의해 어려움을 겪기도 합니다.

CASE

만 6세가 된 우리 아이는 어려서부터 또래에 비해 말이 늦은 편이었습니다. 특히 발음이 부정확해서 아이가 무슨 말을 하면 여러 번 물어봐야 겨우 이해할 수 있습니다. 주 양육자인 저와 가족들도 가끔은 이해하기 힘들어서 의사소통이 안 되는 경우도 종종 있습니다. 게다가 유치원에 입학한 후에는 또래 아이들과의 의사소통 역시 적절히 이루어지지 않고 있는 것 같습니다. 그래서 다른 사람 앞에서 말하는 것을 꺼려하고, 혹시 자신이 말을 하면 친구들이 놀릴까 봐 두려움을 가져 말하는 것을 더 어려워하는 듯 보입니다. 저희 친정이나 시댁 부모님, 주변 사람들은 아이가 크면 자연스럽게 좋아진다고 해서 무작정 기다렸는데, 얼마 전에 유치원에서 친구들이 아이의 말이 이상하다고 놀리는 일까지 생겼습니다. 그날 이후로 아이가 유치원을 안 가겠다며 떼를 쓰는데 어떻게 해야 할지 모르겠습니다. 조음치료를 해야 할까요? 아이가 주로 어려워하는 발음들을 살펴보니 /ㅅ, ㅈ, ㄹ/이 들어간 말들을 잘 못하는 것 같습니다.

우리 아이 마음 터치

말소리의 발달은 다른 언어발달의 영역과 마찬가지로 학령기 즈음에 이르러서야 완전해집니다. 아이가 어떤 발음을 틀리게 발음한다고 해서 섣불리 조음장애라고 할 수는 없습니다. 하지만 아이와 연령이 비슷한 또래 아이 대부분이 정확하게 발음하는 말소리를 잘 발음하지 못할 때에는 조음장애의 가능성을 의심해 볼 수 있습니다. 따라서 아이가 조음장애인지 아닌지 판별하기 위해 아이의 해당 연령대에서 어떤 조음발달이 이루어지는지를 알아야 합니다. 이를 판별하기 위해 전문기관에 조음평가를 의뢰하기도 합니다.

사례의 아이와 같은 조음발달 지체는 크게 기질적인 원인과 기능적인 원인으로 나눌 수 있습니다. 기질적인 원인은 신체적 또는 생리적인 결함이 있어서 조음에 오류가 나타나는 경우로 뇌의 운동신경 손상, 정신지체, 청각장애, 구강기능장애 등에 의해 조음발달에 어려움을 보이는 경우입니다. 기능적인 원인은 특정한 신체적 결함 없이 해당 음소의 습득이 늦거나 음운체계에 대한 지식이 부족할 경우, 혹은 잘못된 방법으로 조음하는 경우를 말합니다. 대부분은 주로 기능적인 원인 중 하나인 환경적인 요인에 해당되는데, 이는 적절한 언어자극이 부족했거나 정상적인 음운 규칙을 제대로 습득하지 못했을 때 나타납니다. 아이들은 주위에서 들리는 말을 모방하면서 말을 배우는데, 아이에게 주어지는 언어자극이 부정확한 말이었을 경우에는 아이가 조음을 잘 습득하지 못하게 됩니다. 또한 아이가 틀린 발음을 했을 때 어떤 때는 고쳐주고 어떤 때는 그냥 두는 일관성 없는 부모의 태도와 같은 부적절한 보상으로 인해 조음에 어려움이 발생할 수도 있습니다. 그리고 이러한 조음장애의 대부분은 언어발달에 어려움이 있는 아이에게 동시에 수반되기도 합니다.

사례의 아이는 어려서부터 또래보다 언어발달이 늦은 편이고, 언어발달 지체와 더불어 말소리의 발달도 늦어져서 아직까지 조음이 완전하지 않았다고 했습니다. 좀 더 일찍 언어평가를 실시해 아이의 발달상태를 체크하고, 뒤처진 언어발달과 말소리의 발달을 촉진시켜 주었다면 또래와의 격차를 다소 줄일 수 있지 않았을까 생각됩니다.

보통 조음발달에 문제점을 지닌 아이들이 어려워하는 조음은 /ㅅ, ㅈ, ㄹ/ 계열입니다. 그 이유는 자음 중에서 가장 어려운 말소리가 마찰음 /ㅅ/, 파찰음 /ㅈ/, 그 다음이 유음 /ㄹ/이기 때문입니다. 음소도 해당 연령대에 따라 발달하는 시기가 있습니다. 마찰음 /ㅅ/은 3~4세 아이들도 곧잘 발음하지만, 일반적으로는 5세가 되어서야 완성됩니다. 6세 이후부터는 /ㅅ, ㅈ, ㄹ/ 음소를 95~100% 정도 습득할 수 있습니다. 즉, 3~4세 아이가 '사과'를 '다과' 혹은 '자과'라고 발음한다고 해서 조음장애라고 하지는 않지만, 만 6세가 넘은 아이가 '사과'를 '다과' 혹은 '자과'라고 발음했다면 조음장애의 가능성을 고려해보아야 합니다.

조음은 시간이 지나면서 자연스럽게 습득하게 되어 좋아지기도 하지만, 아이들이 조음의 어려움을 겪는 동안 친구들에게 놀림을 받는다거나 하면 다른 사람들 앞에서 말할 때 두려움을 갖게 될 수 있습니다. 그렇게 되면 조음의 고착화로 인해 치료를 받더라도 한동안 겪어야 할 어려움을 피할 수 없게 됩니다.

📣 엄마를 위한 행동 코칭

언어 전문가의 정확한 평가를 통해 조음치료를 받는 것이 가장 좋지만 가정에서 치료해보고자 할 때 도움이 될 수 있는 방법들을 소개하겠습니다. 모두 실제 치료실에서 언어 조음치료 시 행하는 것들로 집에서도 쉽게 따라해 볼 수 있습니다. 주의할 점은 아이가 하기 싫은 것을 억지로 시키거나 강요할 경우에는 아이가 말을 하지 않으려고 하거나 어려워하는 해당 조음을 회피해서 말하는 경우가 생길 수도 있다는 점입니다. 이 방법이 아이에게 심리적인 부담감을 주게 된다고 생각될 때는 하지 않는 것이 더 나을 수도 있습니다. 그러므로 아이가 부담을 갖지 않도록 놀이처럼 재미있게 응용해 가르쳐 보세요.

1 아이의 조음을 세심하게 살피고 특히 어려워하는 조음들의 목록을 적어봅니다. 조음에 문제가 있다고 해서 모든 조음을 다 발음하지 못하는 것은 아닙니다. 특정한 음소의 특정한 위치를 어려워하는 경우가 대부분입니다. 이는 일정한 패턴을 갖고 있는데, 예를 들면 /ㅅ, ㄹ/ 음소만 어려워하거나 특정한 위치(초성, 중성, 종성)에서만 어려워하는 경우입니다. 초성인 '사과'는 '다과'라고 틀리게 발음하지만, 어중 초성인 '의사'는 제대로 발음하는 것이지요. 엄마는 아이가 제대로 발음하지 못하는 말들을 주의 깊게 들어보고, 아이의 조음 목록을 적어보면 어떤 음소, 어떤 위치에서 어려움을 겪는지 파악할 수 있습니다.

2 잘못 조음된 음소의 차이점을 청각적으로 구별해 보게끔 합니다. 예를 들면 '사과'를 '다과'라고 발음하는 경우에 '사'와 '다'의 차이점을 청각적으로 구별해 들려줘 아이가 자신이 잘못 조음하고 있다는 것을 인식하게 하는 것입니다. 녹음기를 통해서 엄마가 낸 음소와 아이가 낸 음소의 차이점을 들려주는 방법도 좋습니다.

3 아이가 어려워하는 음소가 들어간 소리내기를 해봅니다. /ㅅ/음이 어려운 경우에는 /ㅅ/음이 포함된 의성어, 의태어를 찾아봅니다. 예를 들면 '손을 비벼요. 삭삭삭', '쉬를 해요, 쉬', '귓속말을 소곤소곤', '꼬리를 살랑살랑', '발소리 내지 말고 살금살

금', '농구공을 슛' 등이 있습니다. 이러한 소리들은 일상생활에서 많이 들을 수 있는 소리이므로 엄마의 올바른 발음을 아이에게 자주 들려주면서 따라 할 수 있게끔 합니다.

4 아이가 어려워하는 음소가 들어간 단어를 찾아보고 문장 만들기를 합니다. 아이가 어려워하는 음소가 들어있는 단어를 찾고, 목록을 만들어 연습을 해봅니다. 단어의 경우에도 각 위치(어두, 어중, 어미)에 따라 발음이 어려운 것들이 있으므로 어려워하는 위치나 제대로 발음하는 위치를 적절히 배합하여 자신감을 주면서 연습하도록 합니다.

- 단어 찾기
  - 초성에 /ㅅ/ 음소가 포함된 단어: 시계, 소, 수박, 사과, 신발
  - 어중에 /ㅅ/ 음소가 포함된 단어: 허수아비, 원숭이, 복숭아, 코스모스, 눈사람
  - 어미에 /ㅅ/ 음소가 포함된 단어: 시소, 우산, 사슴, 옥수수, 세수
- 문장 만들기
  - 수박이 시원하고 맛있어요.
  - 싫어, 싫어, 먹기 싫어.
  - 산, 산, 산, 산에다 나무를 심자.
  - 생일 선물을 받았어요.
  - 순이가 술래다, 어서 어서 숨자.

- 산소에 가서 성묘를 했어요.

앞서 설명한 단계별 연습(p.45 참고)은 첫 번째 단계에서 네 번째 단계까지 순서대로 진행하는 것이 좋습니다. 발음을 연습할 때는 먼저 엄마가 아이에게 바르게 말해주고, 그 후에 들려준 음을 모방하게 합니다. 아이가 글자를 익혔다면 글자를 보고 읽게 하는 것도 방법입니다. 매일 정해진 시간에 하는 것이 좋으나 아이가 피곤해하거나 하기 싫어할 경우에는 무리하게 시도하지 않도록 합니다. 엄마가 정조음해서 정확한 발음을 들려주는 것만으로도 효과를 얻을 수 있습니다.

그러나 심각한 조음의 문제가 있는 아이인 경우엔 적절한 평가와 전문적인 치료를 통해서 아이의 말소리 발달을 도와주는 것이 무엇보다 중요합니다. 앞에 나열된 방법들은 조음을 향상시키기 위한 방법의 일례로만 이해하는 것이 바람직합니다.

조음의 문제가 해결되었다고 해도 오랫동안 습관화되었던 조음의 오류가 남을 수가 있어 일반화가 어려운 경우도 많이 있습니다. 따라서 아이에게 조음의 문제가 있다고 생각할 경우에는 저절로 나아질 거라는 막연한 기대감보다 과감히 상담실의 문을 두드리는 것이 현명하다고 말할 수 있습니다.

말을 더듬어요

▶ **말더듬이의 이해**

아이들은 어려서부터 사회성, 정서발달, 인지발달 등과 함께 언어발달과 말(조음)의 발달이 이루어집니다. 이렇게 언어와 조음의 빠른 발달이 이루어지는 시기에 보통 '유창성(fluency)'이라고 하는 말소리의 편안한 흐름도 습득하게 됩니다. '유창성'이란 편안하게 물 흐르듯 말하는 능력을 말합니다. 그러나 이 시기에 정서 혹은 발달상의 여러 가지 복합적인 이유로 유창성에 어려움이 생기면 말을 더듬는 현상을 보이기도 합니다.

말더듬이를 모르는 사람은 없을 것입니다. 우리 주위에도 말을 더듬는 사람이 종종 있고, 정도의 차이는 있으나 보통 사람일지라도 일상 대화 중에 말을 더듬는 경우가 있기 때문입니다. 이러한 비유창성은 주로 언어발달 시기인 만 2~4세 사이에 시작되는데 대부분은 자연적으로 회복됩니다. 그러나 말을 더듬는 현상의 빈도수가 잦고, 아이가 이에 대한 심리적인 부담을 갖게 되어 말을 더듬는 증상이 지속될 경우에는 평가를 통해 '유창성 장애'를 진단받게 됩니다. 유창성 장애는 청소년기, 성인기까지 이어질 수 있는 말장애의 유형입니다. 원인부터가 꽤 복합적이고 그 진행에도 다양한 원인이 작용하기 때문에 정확한 진단과 평가를 통한 적절한 치료가 필수입니다.

CASE

초등학교 1학년 남자아이입니다. 아이가 지난 겨울부터 말을 심하게 더듬기 시작합니다. 주로 말을 시작할 때 첫 말을 여러 번 반복하거나, 첫 소리가 잘 안 나오기도 합니다. 어렸을 적부터 간간이 혹은 일정 기간 동안 더듬은 적이 있었지만 지금처럼 계속 더듬은 것은 아니었는데, 작년 겨울방학 무렵부터 올해 학교에 다니기 시작한 후로는 더 심해진 것 같습니다. 아이가 말을 심하게 더듬고 있다는 것을 주변에서 느끼기 시작한 시기도 작년 겨울 이후인 것 같아요. 지난 겨울부터 지금까지 약 10개월 동안 좋아지기는커녕 계속해서 더듬고 있습니다. 요즘은 친구들이 더듬는다고 놀려서인지 아이도 자기가 말을 더듬고 있다는 사실을 인식하고 있는 것 같습니다. 그래서 말할 때마다 더듬을까 봐 아이도 무척 긴장하는 듯 합니다.

책에서 보니 아이가 크면 자연스럽게 좋아진다고 하여 계속 기다렸는데 별 변화가 없습니다. 처음에 말더듬 증상이 심해졌을 때는 아이가 말을 더듬을 때마다 다시 말해보라고 하거나 천천히 숨을 쉬고 말하라는 등 주의를 주기도 했습니다. 그런데 점점 심해지고, 요즘은 더듬을 때 눈도 깜박거리며 고개를 돌리는 행동까지 합니다.

우리 아이 마음 터치

사례의 아이에게는 소리·음절의 반복과 부수행동, 회피행동이 나타나고 있습니다. 소리의 막힘이 보이며 말을 할 때 긴장을 하고, 말이 안 나올 때는 눈을 깜박거리거나 고개를 돌리는 행동까지 하는 등 비유창성이 관찰됩니다. 무엇보다도 아이가 자신이 말을 더듬고 있다는 문제를 인식하고 있고, 심리적으로 불안하거나 스트레스를 받는 상황에서는 말더듬 증상이 심해지는 등 심리적인 부담감까지 가지고 있어 언어발달상 나타나는 정상적인 비유창성의 형태가 아닌 치료가 필요한 말더듬 증상을 보인다고 판단됩니다. 게다가 부모님은 아이가 말을 더듬을 때마다 고쳐주려고 하였는데, 이러한 부모의 잘못된 지적방식이 증상을 악화시켜 심리적인 압박감과 불안감까지 야기하고 있음을 알 수 있습니다. 이 경우에는 치료사와 부모님의 지속적인 상담을 통한 가정에서의 지도가 중요합니다.

유창성 장애는 다양한 원인에 기인하며 그 진행과정 속에서도 여러 요인들이 복합적으로 작용하게 됩니다. 그렇기에 유창성 평가와 더불어 심리적, 말, 언어발달상의 다양한 평가를 병행하여 앞으로의 예후와 치료에 도움이 될 수 있도록 하는 것이 좋습니다. 아이가 갑자기 말을 더듬을 때는 언어발달상에서 일시적으로 오는 현상인지, 아니면 문제가 되는 말더듬 증상인지 구별하는 것이 중요합니다. 가정에서 이러한 구별을 한다는 것이 어려울 수는 있으나 위험 신호들을 잘 살펴서 비정상적인 비유창성이 확인된다면 적극적으로 전문가에게 도움을 요청해야 합니다. 이러한 위험 신호들은 한 가지씩 발견되거나 여러 가지가 한꺼번에 관찰되기도 합니다. 다음에서 아이의 말더듬 위험 신호들을 살펴보도록 하겠습니다.

① 2회 이상 말소리 또는 음절을 반복할 때입니다. 예를 들면 '엄마'라는 단어를 말하려 할 때 'ㅇㅇㅇ 어 어 어 엄마'라고 하거나, '사과'라는 단어를 말할 때 'ㅅㅅㅅ 사 사 사 사과'라고 말소리 하나를 여러 번 반복하는 경우입니다. 구나 단어의 반복과 더불어 작은 단위의 음소와 음절의 반복을 말합니다.

② 연장과 말소리의 막힘입니다. 말소리를 길게 끌거나 말이 막혀 시작이 안 될 때 즉, 말을 하려고 할 때 말소리가 전혀 나오지 않거나 말을 이어갈 수 없는 현상을 '말더듬의 막힘 현상'이라고 합니다.

③ 100개의 단어를 발음하는 중 말더듬는 횟수가 10회 이상일 때입니다.

④ 부수적인 행동입니다. 말이 잘 나오게 하려고 하는 행동으로 다양한 행동이 나타날 수 있는데, 예를 들면 눈을 깜빡이거나 고갯짓 등을 보이기도 합니다.

⑤ 회피와 두려움을 들 수 있습니다. 이는 아이가 말을 안 해버리거나 말이 막힐 때 아이가 두려움을 보이는 경우를 말합니다.

⑥ 불규칙한 말의 고저와 크기입니다. 갑자기 억양이 올라가거나 말소리가 커지는 경우를 말합니다.

⑦ 긴장되어 말이 안 나올 때 주먹을 쥐거나 특정 신체부위에 힘이 들어가는 경우입니다.

아이가 이와 같은 위험 신호들을 보일 때는 1~2가지 혹은 여러 가지가 동시에 나타날 수 있으며, 아이의 증상이 나아지기를 기다리기보다는 전문가를 찾아 정확한 평가와 상담을 거치고 이에 적절한 치료를 받기를 권합니다.

엄마를 위한 행동 코칭

모든 언어장애와 말장애는 전문가의 도움과 치료를 받는 것이 가장 좋습니다. 그러나 더 중요한 것은 가정에서의 지도입니다. 지금부터 가정에서 활용해볼 수 있는 말더듬 아이를 위한 지도법들을 소개합니다.

1 **말 더듬는 아이를 자연스럽게 대해줍니다.** 아이가 말을 더듬을 때 부모는 자연스러운 말과 행동으로 아이를 대해야 합니다. 이는 아이에게 무관심 하라는 것이 아니라 아이가 말을 더듬더라도 부모는 자연스럽게 행동하고 말해야 한다는 것입니다.

2 **아이의 말 더듬는 증상을 섣불리 고쳐주려고 해서는 안 됩니다.** 아이가 말을 더듬기 시작하면 부모들은 혹시나 계속 말을 더듬을까봐 걱정하고 긴장하게 됩니다. 따라서 '다시 해', '말해봐', '천천히 해봐', '크게 말해봐' 등 도움이 될 만한 지도를 하려고 합니다. 그러나 말더듬의 경우는 언어장애와 달리 부모나 가족이 말더듬을 직접 고쳐주려고 하면 오히려 역효과를 가져옵니다.

3 **아이에게 생각하고 놀 수 있는 시간과 여유를 줍니다.** 대부분 말더듬을 겪는 아이들은 심리적이나 환경적인 이유로 말더듬이 유발되거나 악화되는 경우가 많습니다. 아이 스스로 생

각하고 여유있게 생활할 수 있도록 세심하게 배려해 주는 것이 필요하며, 생활 속에서 긴장을 풀고 스트레스를 받지 않도록 도와주세요.

아동기는 신체 및 인지발달과 사회성의 발달이 이루어지면서 언어발달, 조음, 유창성 등이 종합적으로 완성되는 시기입니다. 이러한 시기에 유창성의 문제가 나타났을 때 그러한 문제가 발달상에 나타나는 자연스러운 현상인지, 아니면 치료를 요하는 말더듬 증상인지 분별하는 것이 중요합니다. 말더듬, 유창성 장애의 경우는 언어발달, 조음, 청각 기관의 문제, 가정에서의 의사소통 양상이나 스트레스 정도 등이 영향을 미칠 수 있으며, 이외에 가족력이나 주의집중 문제 등 다각적인 원인들을 종합해 보아야 합니다. 또한 유창성 문제의 조기진단과 올바른 지침으로 아이가 자칫 청소년기와 성인기를 통해 고통 받을 수도 있는 유창성의 문제로부터 벗어나도록 해야 합니다.

현재 치료 추세는 조기 중재와 치료를 통한 적극적인 치료를 권하고 있습니다. 따라서 유창성의 문제, 말더듬으로 고민하는 부모들은 시간이 지나면 좋아질 거라는 막연한 기대감보다는 정확한 평가와 진단을 통한 치료적인 접근을 간과해서는 안 될 것입니다.

또래보다 언어표현을 잘 못해요

▶ **단순언어장애(Specific Language Impairment)**

아이들은 만 5세가 되면 성인과 비슷한 언어수준에 이릅니다. 어른들과 대화가 가능하고, 은유적·추상적인 표현과 더불어 복잡한 언어형태를 습득하여 문법적으로 완벽한 모국어를 구사하기 시작합니다. 이러한 언어적인 능력은 초등학교 1학년 무렵에 절정을 이루게 됩니다. 대부분의 아이들은 주요 문법 형태소와 문장 구조를 배우게 되면서 보다 복잡한 형태의 문장을 이해하고 말하기 시작합니다. 복잡하고 자주 접하기 어려운 문장 형태는 만 6~7세가 되어서야 완전히 숙달되며, 초기 학령기에는 보다 고차원적인 형태의 문장들을 지속적으로 습득하게 됩니다.

그러나 기질적 혹은 기능적인 원인으로 인해 언어발달이 어려워 어려움을 겪는 아이들이 있습니다. 뇌성마비, 청각장애, 정신지체 등 기질적인 원인에 의한 언어발달이 어려운 아이들이 이에 속합니다.

또 다른 측면의 언어적인 어려움을 보이는 아이들도 있습니다. 이 아이들은 비구어적인 측면(지능, 사회성, 운동성, 청각)에서는 정상이지만 표준화된 언어검사에서는 표준편차 -1.25 이하로 측정됩니다. 이를 '단순언어장애'라고 합니다. 단순언어장애 아이들은 청력, 신경, 구강기능, 사회적 상호작용, 지능, 운동성 등은 모두 정상인데 언어적인 능력만 떨어지는 경우로 원인은 가족력을 들 수도 있으나 정확한 원인은 사실 알 수 없습니다. 실제 이런 아이들이 언어치료실을 찾아 언어 표준화 검사를 실시해보면 정상 범주의 -1.25 표준편차 이하에 해당되는 경우가 많아 언어치료를 권유받게 됩니다. 이러한 양상을 보이는 아이들의 언어적인 유형을 살펴보면 다음과 같습니다.

1. 다른 사람의 말을 듣고 이해하는 데에 어려움이 있습니다.
2. 또래보다 언어표현 능력이 저조합니다.
3. 문법적인 형태소를 사용하는데 어려움이 있습니다.
4. 문장구조 사용에 한계가 있어 단순한 문장만을 사용합니다.
5. 대화 기술은 물론이고 자신의 경험을 이야기하는 데에도 한계가 있습니다.

이러한 양상을 보이는 아이가 학령기에 들어서게 되면 언어학습장애 혹은 학습장애가 나타나기도 합니다.

CASE

만 5세가 넘은 남자아이인데, 또래보다 유독 언어적인 표현에 어려움이 있습니다. 예를 들면 유치원에서 있었던 일이나 친구들과 있었던 일을 물어봐도 적절하게 표현을 하지 못해서 유치원 전달사항을 다른 아이를 통해서 듣거나 선생님께 전화해야 하고, 말이 어눌하고 힘들어 유치원에서도 또래 관계 형성에 어려움이 있어 주로 혼자서 논다고 합니다. 아이는 어려서부터 또래보다 말문이 늦게 트였습니다. 그래서인지 다른 아이들이 문장으로 말할 때 단어 위주의 표현을 했고, 또래 아이들이 대화가 가능하기 시작할 때야 문장이 나오기 시작했던 것 같습니다. 신체발달은 정상이었고 말귀도 다 알아듣고 셈도 가능해서 별다른 걱정을 하진 않았습니다. 그런데 만 5세가 되어서도 정확한 문장 만들기가 되지 않고 단순한 문장만을 사용하고 있으며, 아직 조사도 헷갈려 하고 대화능력도 떨어지는 것 같습니다. 이럴 때 도와줄 수 있는 방법은 어떤 것이 있을까요?

💗 우리 아이 마음 터치

사례의 아이처럼 언어 외적인 능력 즉, 비구어적인 능력(청각, 신경, 구강기능, 사회적 상호작용, 지능, 운동성)은 모두 정상이나 유독 언어적인 측면에서만 어려움을 겪어 치료실을 찾게 되는 경우가 있습니다. 이러한 경우는 기질적인 원인(정신지체, 청각장애, 자폐성향, 뇌성마비)에 문제가 없음에도 표준화된 언어검사에서 표준편차 -1.25 이하에 해당되어 언어치료 대상으로 구분이 되며, 보통 언어치료 상의 진단명인 단순언어장애로 진단됩니다.

이 아이들은 기질적인 원인에 의한 아이보다는 언어치료의 도움을 받음으로써 점차 나아질 수 있는 가능성이 높고, 실제로 지속적인 치료를 통해 좋은 결과를 얻기도 합니다. 사례의 아이 역시 지속적인 치료와 상담, 가정에서의 적극적인 언어적 자극을 통해 수용언어의 어휘수가 상당히 호전되었으며, 언어적인 표현도 맥락에 따라 자발적으로 문장이 산출되는 등 치료적인 목표를 달성하기도 했습니다.

그러나 보통 가정에서는 아이를 도와줄 수 있는 방법을 잘 몰라서 답답해하거나 혼을 내거나 하는 등의 부정적인 피드백을 주게 돼 아이로 하여금 말하는 것에 대해 부담감을 더욱 가중시키는 경우가 많습니다. 게다가 정상의 지능인데다 사회성에도 문제가 없어 유치원 생활도 무난하며, 신체적인 어려움도 없기 때문에 굳이 치료실 문을 두드리는 일이 없습니다. 그리고 아이의 언어적인 어려움이 학령기까지 이어져 학교 생활뿐만 아니라 언어적인 학습에도 어려움이 나타나기 시작하면 그때서야 치료실을 방문하게 됩니다. 아이에게 문제가 생겼다고 판단되는 즉시 전문가의 도움을 받아 아이의 언어발달을 촉진시켜줘 아이가 받아왔던 심리적인 부담감을 완화시켜주세요.

엄마를 위한 행동 코칭

언어적인 어려움을 겪는 아이들에게 가장 중요한 것은 가정에서의 언어적 자극과 교육입니다. 아직 많은 시간을 부모와 함께 보내는 어린 아이일수록 부모가 형성해주는 언어적인 환경이야말로 발달에 도움을 줄 수 있는 가장 중요한 것이라고 해도 과언이 아닐 것입니다. 지금부터 가정에서 도움을 줄 수 있는 몇 가지 방법을 소개하도록 하겠습니다.

1 **일상생활 속에서 이야기를 만들도록 해줍니다.** 아이는 대부분의 시간을 집에서 엄마와 보내게 되므로 가정에서의 지도가 매우 중요합니다. 이는 책상에서 엄마와 함께 책을 읽는다고 해서 가능한 것은 아닙니다. 부엌에서 엄마가 식사를 준비할 때나 식탁에서 함께 밥을 먹을 때, 목욕을 할 때, 놀이터에서 놀 때, 거실에서 대화를 나눌 때, 엄마와 아이가 함께 물건을 사러 갔을 때 등 여러 가지 일상적인 상황 모두가 언어를 지도할 수 있는 좋은 환경이 될 수 있습니다. 실제 상황과 관련해 이야기를 만들어보고 표현하는 활동을 해보는 것입니다.

2 **이야기 듣기를 잘 할 수 있도록 도와줍니다.** 이야기를 듣는 경험은 아이의 언어발달, 인지발달, 사회성 발달을 위해 중요합니다. 아이는 자기보다 모국어에 익숙한 어른 또는 다른 아이

의 이야기를 들음으로써 언어가 발달됩니다. 따라서 부모님은 아이에게 동화책을 읽어줄 뿐만 아니라 부모의 생각이나 느낌까지 말해주며 아이에게 듣는 즐거움을 줄 수 있습니다. 여러 가지 현상이나 그날 있었던 일 등 다양한 이야기를 잘 들려주게 되면 효과적으로 언어발달을 촉진시킬 수 있습니다.

3 **말하는 경험을 가질 수 있도록 해줍니다.** 아이는 자기가 알고 있는 언어지식을 말로 표현함으로써 언어를 발달시킬 수 있으며, 상황을 멋대로 혹은 논리적인 순서에 맞게 나열해보는 경험을 통해 자신의 인지구조를 발달시킵니다. 또한 이야기 속의 주인공이 되어 사건들을 간접 체험함으로써 사회성을 발달시키고, 집단 속에서 자신의 감정을 적절하게 말로 표현할 수 있게 됩니다. 따라서 아이에게 자신감을 갖고 잘 표현하는 경험을 갖게 해주는 것이 필요하며, 부모는 아이가 이러한 경험을 할 수 있도록 다양한 여건을 제공해 주어야 합니다. 예를 들면 유치원에서 소풍을 다녀온 후에 소풍 가는 과정을 표현하게 한다거나, 동화책 속의 주인공이 되어 주인공 감정 이야기하기 등 다양한 방법으로 도와줄 수 있습니다.

언어적인 어려움을 가진 아이들의 원인을 추정하는 많은 연구들에서는 선천적인 원인을 가장 큰 이유로 꼽고 있습니다. 언어적인 어려움을 가진 아이의 부모 혹은 가정에서 대부분의 원인을 찾을 수 있으며, 이로 인한 부족한 환경적 자극이 그 원인이 되기도 합니다.

언어발달에 어려움을 겪는 아이의 부모를 만나보면 대다수가 아이에게 적합한 언어적인 자극을 줄 만한 환경이 아니었음을 알 수 있습니다. 아이의 언어는 부모의 거울이 되기도 하는 것임을 알고, 어려움에 처한 아이를 위한 부모의 적극적인 개입과 노력을 통해서 치료실에서의 치료만이 아니라 일반적인 상황에서의 자연스러운 대화가 궁극적인 목표임을 잘 알아야 할 것입니다.

언어적 이해가 필요한 과목을 어려워해요

▶**언어학습장애(Language Learning Disability)**

학습장애란 뇌손상이나 심각한 장애가 없고 청각·시각·운동신경의 문제가 없음에도 불구하고 특정한 정보를 처리하는 데 어려움이 있어 학습이 어려운 경우를 말합니다. 지능 및 인지의 발달은 정상의 범주에 들기도 하나 집중력의 문제나 부주의함을 보이기도 하며, 비슷한 소리의 낱말들 혹은 비슷한 문자와 낱말을 혼동하는 경우가 많습니다. 또는 방향, 순서, 이름 등을 기억하는 것과 낱말 찾기를 하는 것에도 어려움을 호소하는 것이 일반적입니다.

'언어학습장애'를 겪는 아이는 다른 영역(지능, 사회성, 운동감각)에 특별한 문제는 없으나 학령기까지 구어는 물론 읽기, 쓰기와 같은 언어영역에서 문제를 보입니다. 주로 일반적인 대화의 주고받음과 언어의 내용 형식, 언어규칙의 통합에 어려움을 나타내고 낮은 수준의 어휘력을 보입니다. 문자의 의미를 이해하는 능력이 부족한 탓에 고학년이 되면서부터 종종 쓰이는 복합적이고 비유적인 의미를 이해하는 것을 어려워하기도 합니다. 심한 경우에는 난독증(읽기장애), 난서증(쓰기장애) 등의 학습문제를 야기하기도 합니다.

CASE

초등학교 5학년인 남자아이입니다. 현재 학습적인 어려움 때문에 상담센터를 찾을까 고민 중입니다. 어려서부터 또래보다 말문이 늦게 트였으나 신체적인 발달은 또래 아이들과 별다른 차이가 없었습니다. 그런데 유독 한글 습득이 어려웠지요. 고학년이 되면서부터는 언어적인 이해력을 요하는 국어나 사회, 과학 등 다른 과목에서도 어려움을 겪으며, 학습부진을 보이고 있습니다. 친구들과도 대화의 맥을 잘 이어가지 못하고 다른 사람의 말의 의미를 제대로 파악하지 못하는 것 같습니다. 제가 보기에 문장의 표현이나 글쓰기 수준도 단순하고 간단한 선에서만 가능한 듯 보입니다. 앞으로 학습이 더욱 어려워질 테고, 청소년기에 들어서면 친구관계도 힘들어질 텐데 잘 대처할지 걱정됩니다.

💗 우리 아이 마음 터치

사례의 아이는 심리검사에서도 보통 정상적인 지능을 보이며 신체발달도 또래 수준과 같고, 다른 영역(운동, 청각, 시·지각)에도 별다른 문제가 없는데 유독 언어적인 이해와 표현에만 어려움을 나타내는 것으로 보아 단순언어장애였던 아이가 학령기에 들어서 언어학습장애의 형태를 보이는 것으로 간주할 수 있습니다.

이러한 언어학습장애를 겪는 아이는 어려서부터 또래보다 항상 낮은 발달 범주로 언어발달이 진행됐던 것이며, 학령기에 들어 고학년으로 성장했음에도 여전히 문법적으로 틀린 문장을 종종 사용하고 복잡한 문장을 이해하기 어려워합니다. 어휘도 한정된 범위 내에서 과도하게 사용하지요. 가지고 있는 어휘 목록이 적기 때문에 복합어와 이중어의 의미를 이해하기 어렵고, 문장을 만들 때에도 특별한 의미가 없는 간투사(ex. 음, 어)나 단문을 사용해 생각을 표현하곤 합니다. 대화를 하는 상황에서도 끼어들기, 지속하기, 대화 중에 주제 바꾸기 등이 어렵기 때문에 대화의 기술이 현저히 떨어지며, 대화 상대에 따라 화법을 바꾸는 것도 어렵습니다. 또한 이야기 혹은 학습 강의 주제에 대한 파악이 어려워 학교에서도 학습 부진을 겪고, 특히 언어적인 이해가 필요한 직접적으로 나타나지 않은 내용에 대한 추론을 하는 것에도 어려움을 느끼게 됩니다.

이런 어려움들은 학령전기(만 3~5세)와는 또 다른 양상을 갖게 됩니다. 학령기에 접어든 아이들에게는 학령전기의 어린 아이들에게 요구되는 의사소통 기술 외에 또 다른 능력이 요구되는데, 이때 언어를 통한 학습이 무엇보다도 중요합니다. 학년이 올라갈수록 언어문제는 사회성의 문제 및 학습의 문제와 밀접한 관련성을 가지므로, 언어학습이 어려운 언어학습장애 아이의 경우 지능 및 인지가 정상적인 범주일지라도 언어로 이루어진 학습에만은 어려움을 겪게 됩니다. 또한 또래 아이들과의 상호작용에 있어서도 어려움이 있어 따돌림을 당하거나 친구들과의 자연스런 교우관계가 형성되지 못해 정서적인 문제까지 겪게 되는 경우도 있습니다. 부모님들은 다른 장애 아동(ex. 정신지체, 자폐 등)과는 달리 아이에게 일반 또래들에게 거는 기대치를 요구하게 되며, 학교에서는 문제아나 학습부진아 등으로 여겨져 힘든 학교생활을 하게 되기도 합니다.

📢 엄마를 위한 행동 코칭

이러한 아이들은 치료적인 접근을 통해 많은 개선점을 찾을 수 있습니다. 가정에서 도와줄 수 있는 몇 가지 지도법들을 꾸준히 행한다면 더 좋은 치료 효과를 거둘 수도 있습니다.

1 **아이의 수준에 맞는 책을 골라 꾸준한 독서 습관을 기를 수 있도록 합니다.** 한글 습득이 어려웠고 수용언어와 표현언어의 어휘력도 낮은 아이를 장기적으로 도와줄 수 있는 방법은 꾸준한 독서입니다. 현재 아이의 읽기 유창성과 언어적인 이해도는 또래보다 낮을지라도 책을 통한 지속적인 언어학습을 통해 많은 도움을 줄 수 있습니다. 아이의 언어적인 이해 수준에 맞는 책을 골라 단계적으로 꾸준한 독서활동을 실시한다면 가정에서도 효과적인

치료적 성과를 거둘 수 있을 것입니다. 일정한 기간 동안 일정한 책의 양을 정해서 시행하면 더욱 효과적입니다(ex. 일주일에 책 2권 읽기 등 꾸준한 독서 활동하기 등).

2 **아이와의 일반적인 대화를 조금씩 늘려갑니다.** 언어학습장애 아이들은 일반적인 대화에서도 흐름을 놓치는 등 대화를 이어 나가는 것이 어렵습니다. 이러한 어려움들이 반복되면 다른 사람과 이야기하는 것을 주저하거나 두려움을 갖게 되고, 대화를 나누는 상황에서도 소심한 태도를 보이거나 아예 관심 없어 하는 모습을 보이게 됩니다. 이런 경우에는 가정에서 일정한 주제를 가지고, 가족과 이야기를 해보는 연습을 통해 다른 사람과 대화를 적절하게 하는 방법을 익힐 수 있도록 하는 것이 좋습니다. 대화를 통해 자기를 표현하는 방법을 자연스럽게 배울 수 있도록 도와주는 것이지요. 예를 들면 학교 급식시간에 밥을 먹었던 이야기, 좋아하는 게임 이야기 등 아이가 관심을 가질만한 영역과 주제를 선택해 일정한 시간을 정해놓고 대화를 하는 시간을 가져보는 것이 좋습니다. 그럼으로써 자기 자신을 표현하는 능력을 증진시키는 데에 도움을 받기도 하며, 아이의 정서에도 안정감을 줄 수 있게 됩니다.

3 **일기와 글쓰기를 통해 도움을 줍니다.** 일기는 학교생활 및 학습에서도 강조되는 쓰기영역입니다. 꾸준한 일기쓰기를 통해 자기의 생각을 정리하여 표현하는 능력을 키울 수 있으며, 쓰기

영역에도 도움을 받을 수 있습니다. 또한 주제를 정해 글쓰기를 하는 활동도 표현언어와 쓰기영역에 도움이 됩니다. 그러나 언어학습장애를 가진 아이들은 처음엔 생각을 표현하는 문장을 만드는 것에 어려움을 가지기 때문에 표현이 단순한 문장만으로 이루어질 수 있습니다. 그렇지만 반복과 훈련을 통해 표현의 영역은 물론이고, 쓰기 부분에서도 많은 개선점을 가질 수 있게 될 것입니다.

가정에서 아이를 도와줄 수 있는 앞의 방법들은 강압적이지 않은 즐거운 분위기에서 이루어져야 하며, 무엇보다 부모님이 인내심을 갖고 꾸준히 지도를 할 때에 효과적이다는 것을 강조하고 싶습니다. 가정에서의 지도와 함께 치료적인 접근을 통해 언어문제로 인한 학습부진과 또래 관계의 어려움 등을 겪는 아이들에게 적극적인 도움을 주어야 할 것으로 보입니다.

감각통합 발달

사람들은 끊임없이 감각을 받아들이고 그에 적절한 반응을 하면서 살아갑니다. 일상생활 자체가 감각처리의 연속이라고 해도 과언이 아니지요. 이렇게 우리의 신경계는 쉴 새 없이 들어오는 다양한 감각정보를 적절하게 받아들여 조직화하는데, 이 과정을 '감각통합'이라고 합니다. 감각통합이 잘 되는 아이들은 환경에 따라 적합한 '적응행동'을 보이기 때문에 아이들이 연령에 따라 알맞은 적응행동을 드러내고 있다면 감각통합이 잘 이루어지고 있음을 짐작할 수 있습니다.

하지만 감각통합에 어려움이 있는 아이라면 시시각각 바뀌는 환경에서의 다양한 감각자극을 받아들이고 적절히 반응할 수 없어 행동문제를 보이게 됩니다. 그로 인해 양육하는데 어려움을 겪기도 하지요. 지금부터 감각통합발달 중 대표적인 감각인 전정감각, 촉각, 운동실행, 각성조절과 관련해 가장 많이 대두되는 문제점들을 살펴보고, 그에 따른 올바른 해결방법을 제시해보도록 하겠습니다.

전정감각

아이들은 엄마 뱃속에서부터 성인이 되기까지 끊임없는 움직임을 통해 발달해 갑니다. 성장하는 동안 뒤집고, 기고, 서고, 뛰는 등 계속해서 새로운 움직임을 배우는 것은 아이들이 잘 크고 있음을 보여주는 지표이기도 합니다. '전정감각'은 이렇게 정상적으로 운동발달을 이루기 위해서 반드시 필요한 정보입니다.

'전정감각'이란 귀 안쪽에 있는 세반고리관과 이석기라는 구조를 통해 발생되어 뇌에 전달됩니다. 우리는 무의식적으로 입력되는 전정감각 정보를 통해 중력을 기준으로 한 바른 머리 자세를 인식할 수 있고 기울어지거나, 회전하거나 또는 직선 방향으로 움직인다면 어느 방향으로 얼마나 빨리 움직이는지에 대한 정보를 얻을 수 있습니다. 이러한 전정감각 정보에 눈, 목 등 여러 신체기관으로부터의 정보가 더해져 우리는 몸의 균형을 유지하거나 상황에 맞게 적절한 자세를 취할 수 있는 것입니다. 또한 근육의 긴장도를 형성하거나 신체의 양측을 협응하고, 청각·언어 처리를 돕거나 시공간적인 정보를 처리하며 사물에 대한 안구 움직임을 조절하는 등 다양한 역할에 기여합니다. 아이들은 이처럼 중요한 역할을 하는 전정감각계의 발달을 즐겁게 느끼고, 일정 부분 자발적으로 발달시켜 갑니다.

연령대별 전정감각계의 발달 과정

• 3~6개월

스스로 구르기를 하면서 몸이 회전하는 감각을 느낄 수 있고, 엎드린 자세에서 중력의 반대 방향으로 고개를 들 수 있습니다.

• 6~18개월

고개를 높이 들고, 유지하고, 배밀이를 하고, 앉고, 기고, 서는 동작을 배웁니다. 이 과정에서 중력을 바탕으로 한 전정감각의 변화에 적응하게 됩니다.

• 18개월~3세

속도감을 느끼고 배우게 되면서 앉았다가 일어서기, 걷기를 보다 빠르게 할 수 있으며 넘어진 후에도 손을 이용해 재빨리 일어날 수 있게 됩니다. 이 또래의 아이들은 실제로 기어 오르고 달리는 활동을 매우 좋아하게 됩니다.

• 3~4세

움직이려는 욕구가 커져 미끄럼틀 타기, 그네 타기, 달리기 등을 아주 좋아하게 됩니다.

• 4~8세

학령기 전의 아이는 연령이 올라감에 따라 얼음땡과 같은 간단한

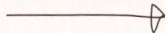

규칙이 포함되는 게임이나 만들기 활동 등이 전체 놀이에서 차지하는 비중이 서서히 늘어나게 됩니다. 바깥놀이를 할 때는 자전거타기와 같이 익숙해지는 데 연습이 필요한 활동에 대한 욕구가 늘어납니다.

· 8~12세

초등학교 저학년 아이들은 축구, 줄넘기와 같은 활동은 물론 빨리 달리기나 더 세게 자전거 타기에 도전하고, 보다 강한 감각을 느낄 수 있는 놀이동산을 매우 즐거워하게 됩니다.

· 13세 이상

사춘기부터 성인에 이르기까지는 앉아서 공부를 하거나 컴퓨터 하기, 주변 사람들과 이야기를 나누는데 더 많은 시간을 할애하고 이러한 시간들을 좋아합니다. 이 연령에서의 전정감각을 찾으려는 활동은 놀이보다는 스포츠나 모험적인 활동을 통해 나타나게 됩니다.

※ 참고 도서
[Helping Hyperactive kids-A sensory intergration approach] Lynn J. 외 1명 지음

Q11 그네 타기를 너무 좋아하고, 끊임없이 몸을 움직여요

CASE

7살 아들을 둔 엄마입니다. 하루도 빠짐없이 바깥놀이를 하고 있습니다. 그런데 늘 위험하게 놀려고 해 걱정입니다. 그네 타기와 회전기구를 즐겨 타는데, 그 정도가 다른 아이들에 비해 심해 보입니다. 저렇게 놀다가 다치진 않을까 걱정되고, 우리 아이 때문에 다른 아이가 다칠까 봐도 걱정이 됩니다. 몸을 가만히 두지 못해서 집에서 밥을 먹거나 TV를 보는 동안에도 몸을 흔들흔들거리고, 가구 위에 올라가서 뛰어내리는 일이 잦아 어른들에게 혼나거나 지적을 받지만 고쳐지지 않습니다. 유치원에서도 위험하게 노는 탓에 선생님에게 자주 지적을 받아요. 잘 넘어지고 다른 아이들과 부딪혀서 친구들과의 문제도 지속적으로 발생한다고 합니다.

💗 우리 아이 마음 터치

사례의 아이는 전정감각 활동에 있어 추구하고자 하는 성향이 두드러집니다. 아이들의 뇌는 전정감각 활동이 재미있다고 느껴지면 그것을 계속하도록 프로그램 되어 있습니다. 그러니 사례의 아이처럼 아이들이 몸을 많이 움직이며 놀고 싶어 하는 것은 어느 정도 당연한 모습이지요. 물론 개인에 따라 정도의 차이는 있습니다. 즉, 아이가 노는 것을 좋아하는 모습으로만 감각통합에 문제가 있다고 판단하는 것은 위험하다는 것이지요.

사례의 아이 역시 전정감각 활동을 충분히 실행하고 있는데, 아이의 어머니나 유치원 선생님의 보고를 통해 또래보다 균형능력이나 자세조절 등의 전정감각계 기능이 미숙하다는 것을 파악할 수 있습니다. 이로 인해 안전에 대한 문제까지 거론되고 있는 것을 보니 빠른 조치가 필요할 것 같습니다. 뿐만 아니라 아이가 몸을 흔들거리거나 뛰어내리는 등의 감각을 추구하기 위한 행동이 일상생활을 유지하는 데 영향을 주거나 사회적으로 수용 가능한 수준을 넘을 경우에도 감각통합의 문제를 고려해볼 필요가 있습니다.

아이들마다 뇌가 감각을 인식하는 역치는 각자 다릅니다. '감각 역치'가 너무 높은 아이의 경우에는 일반적인 수준의 놀이를 통해서 발생하는 전정감각의 양이 자신의 역치에 미치지 못할 수도 있고, 받아들인 감각정보를 100% 효율적으로 처리하지 못하는 문제가 발생할 수도 있습니다.

다음의 항목 중 과반수 이상에 해당된다면 아이에게 전정감각 처리 관련해 문제가 있음을 의심해 볼 수 있습니다. 물론 그 기준이 모호하다고 느껴진다면 전문가의 도움을 받아 판단하는 것이 가장 좋습니다.

- ☐ 회전하고, 그네를 타고, 구르는 놀이를 자주 하는데 그 시간이 길고 정도가 과한 편이다.
- ☐ 다른 아이들보다 회전 놀이를 하고 난 후에도 어지러움을 잘 느끼지 않는 것 같다.
- ☐ 균형능력이 떨어져 보인다.
- ☐ 놀이기구를 활용할 때 어딘지 모르게 자세가 어색하고, 자주 넘어지는 등 위험해 보인다.
- ☐ 평소와 달리 움직이는 놀이를 할 때 과도하게 흥분하거나 주체하지 못한다.
- ☐ 움직임이 많고 부산하지만, 자주 넘어지고 막상 운동을 시키면 잘 못한다.
- ☐ 등이 구부정하거나, 턱을 괴고 앉거나, 늘 어딘가에 기대려고 하는 등 자세가 좋지 않다.
- ☐ 빨리 움직이는 사물을 눈으로 따라 보거나, 천천히 지속해서 보는 것이 잘 안 되고, 안구의 움직임이 불안정해 보인다.
- ☐ 몸이 흐느적거리고 힘이 없어 보인다.

 **엄마를 위한 행동 코칭**

1 **아이의 입장에서 이해합니다.** 주의를 주어도 아이의 행동이 변하지 않는 것을 반복적으로 경험한 부모들은 아이가 자신을 일부러 골탕 먹이려 한다고 느끼기도 합니다. 하지만 아이들의 신경계는 아직 발달하는 과정에 있고, 부족한 부분을 충족하려는 뇌의 지시에 의해 감각을 찾기 위한 놀이를 하는 것임을 이해해 주어야 합니다.

2 **안전하게 하되 실외에서 충분히 감각 활동을 할 수 있도록 도와줍니다.** 아이의 움직임 반경이 넓고 과격해 실내에서 놀이를 수용할 수 없다면, 아이의 나이와 원하는 놀이 욕구를 고려한 뒤 시간을 정해 충분한 양의 실외 활동을 허락해주세요. 이때 감각의 보고라고 불리는 놀이터를 충분히 활용하는 것이 좋습니다. 사람이 많은 놀이터에서 놀 때 다른 아이들과 부딪히는 등의 문제가 생길까 염려된다면 한적한 지역이나 한가한 시간대에 놀이터를 이용하세요. 또한 아이의 나이와 흥미에 따라 운동을 규칙적으로 시켜보는 것도 좋습니다.

3 **일상생활 중 적절한 시간에 적절한 감각 활동을 할 수 있도록 해줍니다.** 아이가 필요한 감각 활동을 통해 중추신경계의 감각처리가 안정화되면 보다 나은 일상생활(ex. 학교 생활

하기, 밥 먹기, 숙제하기, 가족과 대화하기, 친구들과 어울려 놀기 등)이 가능해집니다. 그러니 일상생활에 영향을 주는 감각 활동의 종류와 적절한 시간대를 관찰해 보는 것이 좋습니다. 예를 들어 하교 후 30분 이상 그네놀이를 함으로써 이후에 하는 방과후 활동에 보다 집중할 수 있습니다. 또는 실내에서 숙제를 하거나 밥을 먹기 전 침대에서 충분히 뛰게 하거나 실내용 트램펄린을 이용해 충분히 점프하는 것이 도움이 될 수도 있습니다.

4 **능동적인 신체 활동이 좋습니다.** 감각 활동을 선택할 때는 수동적인 활동보다 능동적으로 아이가 직접 주도할 수 있는 활동이나 놀이기구, 운동을 하게 해야 합니다. 보다 강한 자극을 위해 놀이동산에서 기구를 타거나 그네를 스스로 발 굴려 탈 수 없는 아이를 위해 밀어주는 것 또한 훌륭한 감각 활동이지만 스스로 움직이는 방법을 찾아내거나 직접 몸을 움직여 감각놀이에 참여할 수 있도록 하는 것이 신경계의 감각처리 활성화에 더 효과적입니다. 또한 아이의 나이와 운동능력 수준을 고려하여, 스케이트, 자전거 타기 등 다소 도전적이고 균형감각을 요하는 활동과 공놀이나 목표물 맞추기 등 눈과 머리, 손의 협응동작이 필요한 활동을 함께 하는 것이 좋습니다.

5 **일상생활 속에서 힘든 활동을 경험할 수 있도록 해줍니다.** 관절이나 근육을 이용하는 힘든 활동, 예를 들면 무거운

짐 나르기, 철봉에 매달리기, 묵직한 가방 메고 산책하기, 등산하기, 계단으로 오르내리기, 걸레로 바닥 닦기 등을 할 때 발생하는 고유수용감각은 신경계에서 전정감각이 잘 처리될 수 있도록 돕습니다. 일상생활 속에서 관절이나 근육을 사용하는 저항감 있는 활동을 할 수 있도록 기회를 자주 만들어 주세요.

6 과도하게 흥분한 아이를 진정시킬 때는 다음의 활동을 시켜보세요.

- 묵직한 가방 등을 무릎 위에 올려놓고 앉기
- 어깨 눌러주기
- 가슴이 압박되도록 꼭 안아주거나 샌드위치 놀이하기
- 빨대를 이용해 차가운 물 마시기
- 불기 활동(ex. 풍선, 비누방울, 촛불 등)
- 깊고 천천히 호흡하고, 공기를 가득 들이마시기
- 쿠션을 끌어 안거나 그 위에 드러눕기
- 빈백에 앉거나 엎드려 쉬기
- 껌이나 젤리 등 꼭꼭 씹을 수 있는 간식 먹기
- 천천히 호흡하면서 스트레칭하기

높은 곳, 흔들리는 것에 겁이 너무 많아요

CASE

책보는 것을 가장 좋아하는 초등학교 1학년 남자아이입니다. 나가 노는 것을 썩 좋아하지는 않지만 데리고 나가면 열심히 뛰어 놀고 활발한 편입니다. 하지만 겁이 너무 많아요. 놀이터나 학교 운동장에서 놀 때 보면 다른 아이들은 그네를 타거나 구름사다리를 건너는 등 기구를 이용해 적극적으로 노는데, 우리 아들은 잡기놀이나 모래놀이, 수풀에서 곤충잡기에만 흥미를 보입니다. 아직도 높은 계단을 내려올 때는 옆에 난간을 잡고 내려오면서 무서워하고요. 별로 높지 않은 계단이라도 뛰지를 못해요. 어릴 때는 보행기나 유모차를 싫어해 주로 안고 다녔고, 걸음마 떼는 것을 너무 무서워해서 17개월이 되어서야 걷기 시작했습니다. 학교에서는 체육시간에 참여가 저조하고, 담당 교사로부터 또래보다 운동기능이 떨어진다는 이야기를 듣습니다. 우리 아이 왜 그러는 거죠? 도와줄 방법이 없을까요?

💗 우리 아이 마음 터치

사례의 아이는 전정감각에 과민한 반응을 보이는 경우라고 할 수 있습니다. 전정감각에 과민한 아이들은 중력을 기준으로 몸이나 머리가 흔들리거나 기울어지거나 회전하는 등 익숙하지 않은 움직임의 변화를 인식하면, 그것을 불편하게 느끼거나 공포 또는 불안을 느끼기도 합니다. 감각통합에서는 이를 '중력불안'이라고 합니다. 전정감각 처리가 원활할 경우에는 머리의 위치나 자세가 바뀌어도 그에 따른 자세 변화가 안정적으로 이루어집니다. 오히려 사람들은 레저 활동이나 놀이기구 등을 개발하여 일반적인 수준보다 강하고 다양한 전정감각의 변화를 즐기는 모습을 보입니다. 그런데 이를 무섭고 불편한 감각으로 느끼는 것은 전정감각이 귀에서 뇌의 여러 영역으로 전달되는 과정에서 적절히 조절되지 않고, 이것이 부정적인 정서와 연결되기 때문인 것으로 알려져 있습니다.

전정감각 처리에 어려움을 겪는 경우 아이들마다 보이는 양상은 다양하고, 정도의 차이는 있지만 대개는 전정감각 활동을 피하려 합니다. 그로 인해 전정감각 처리와 함께 발달하는 자세 조절 능력이나 안구 움직임 조절, 근긴장도 조절, 균형능력을 발달시킬 수 있는 기회도 줄어들게 됩니다. 운동을 잘 못하는 아이, 겁이 많은 아이로 비춰질 수 있으며 스스로도 신체 활동 시에 부정적인 경험을 반복하게 됨으로써 자신감이 낮아지거나 원만한 또래 관계를 형성하는 데 걸림돌이 되기도 합니다. 그러므로 전문가와 함께 그 수준을 객관적으로 파악하고, 아이에게 적절한 접근 방법을 결정하는 것이 중요합니다. 다음의 항목 중 과반수 이상에 해당된다면 전문가의 상담을 받아보는 것을 권합니다.

- ☐ 놀이터 기구 타는 것을 좋아하지 않는다(ex. 그네, 시소, 미끄럼틀 등).
- ☐ 몸을 움직이는 놀이를 할 때 지나치게 조심스럽고 앉아서 노는 것을 선호한다.
- ☐ 높은 곳에 올라가거나, 뛰거나, 계단 내려가기를 무서워한다.
- ☐ 시선 처리가 어색하고 움직이는 공을 따라 보고 잡거나 받아내는 데 어려움을 느낀다.
- ☐ 안전한 곳에서도 뛰지 못한다.
- ☐ 엘리베이터나 에스컬레이터를 탈 때 무서워하거나 불편해하고 울렁증을 느끼기도 한다.
- ☐ 신체 활동을 할 때 어른으로부터 늘 도움 받기를 원한다.
- ☐ 또래에 비해 쉽게 지치거나 약해 보이는 편이다.
- ☐ 몸이 기울어지거나 움직일 때 몸에 힘이 많이 들어가며, 움직임이 어색하고 뻣뻣해 보인다.
- ☐ 균형잡기가 필요한 활동을 잘 하지 않으려는 경향이 있고, 실제로도 잘 못한다.
- ☐ 체육 활동에 마지못해 참여하는 편이고 못한다는 이야기를 자주 듣는다.

📢 엄마를 위한 행동 코칭

1 근육이나 관절을 사용하는 활동이나 압박자극을 함께 해줍니다. 아이가 두려워하는 놀이 시 근육이나 관절에 힘을 주거나 몸통을 압박하는 자극을 함께 제공하면 이것이 전정감각의 처리를 도와 안정감과 편안함을 느끼게 할 수 있습니다. 무서운 그네를 엄마와 안고 타거나 엎드려 자신이 발로 밀면서 탈 때 덜 무서워하는 것도 이런 이유 때문입니다. 일반 그네를 무서워한다면 좋아하는 담요로 그네를 만들어 준 뒤 안정적이고 지속적인 압박을 느끼며 그네를 탈 수 있게 하는 것도 좋습니다.

2 아이가 능동적으로 시도할 수 있도록 도와줍니다. 우리의 뇌는 수동적으로 주어진 감각자극을 처리할 때보다 자발적으로 움직여 나타나는 감각을 받아들일 때 훨씬 더 효율적인 처리가 이루어진다고 합니다. 견디다 보면 익숙해질 거라는 생각에 아이로 하여금 참고 견디도록 하는 것은 결코 좋은 방법이 아닙니다. 오히려 공포심이 커지고 각인될 수 있으므로 주의해야 합니다. 대신 아이가 스스로 시작할 수 있도록 난이도를 조정해 주세요. 예를 들면 그네의 높이를 낮춰줘 발이 땅에 닿고 탈 수 있게 하거나, 아이가 먼저 요청할 때까지 그네를 밀어주지 않는 등 스스로 작은 흔들림에 적응하고 자신감이 생길 수 있도록 기다려 주는 것이 좋습니다. 자신감이 생기면 아이 스스로 난이도를 높여 시도할 것입니다.

3 **밖으로 자주 나가서 놀아줍니다.** 몸을 움직여 노는 것을 별로 좋아하지 않는 아이라면 집에서만 놀려고 하는 경우가 많을 것입니다. 엄마는 집에서라도 몸을 움직이며 놀게 하려고 다양한 제안을 해보지만 아이는 선뜻 참여하지 않을 수도 있습니다. 이럴 때는 간단한 산책이나 쇼핑을 핑계로 실외로 나가서 몸을 움직이고 약간의 고유수용감각 활동을 하는 것이 도움이 됩니다. 기회가 된다면 집에 오는 길에 놀이터에 들르거나 오르내리는 길을 경유하거나 달리기를 제안해보는 것도 좋습니다.

4 **다른 놀이를 동시에 하게 함으로써 주의를 분산시켜 줍니다.** 그네를 무서워하는 아이에게 그네를 태워주고 가만히 지켜보기만 한다면 아이는 불안한 느낌에 더 집중하게 됩니다. 이럴 땐 그네를 타면서 동시에 비누방울을 터트리게 한다거나, 함께 노래 부르기, 먼나라 여행가기 등의 놀이를 함께 함으로써 불안한 활동에 대한 주의를 분산시키고, 즐거운 놀이 과정을 통해 자연스럽게 전정감각을 받아들일 수 있도록 도와주세요. 아이가 '학령기 전~학령기'에 해당된다면 그네의 강약을 단계별로 정해 스스로 높은 단계에 도전할 수 있도록 하는 것도 좋습니다.

촉각

사람은 피부에 있는 작은 감각세포들을 통해 받아들인 다양한 '촉각' 정보로 환경을 인식합니다. 누군가가 자신을 만졌을 때 어디를 만졌는지, 센지 부드러운지, 따뜻한지 차가운지를 알아차리고 상황에 맞게 반응하지요. 식탁에 앉아 밥을 먹는 일상적인 순간에도 손, 입, 혀와 같은 신체부위를 통해 식탁, 숟가락, 음식 등의 사물에 대한 많은 촉각 정보를 받아들이게 됩니다. 덕분에 우리는 바르게 앉아 숟가락을 사용해 입에 음식물을 넣고 식사를 할 수 있는 것입니다. 이처럼 촉각은 우리가 생활하는 동안 적절하게 기능하는 데 큰 영향을 주는 중요한 감각계입니다.

촉각계는 크게 두 가지 기능을 가지고 있습니다. 하나는 우리 몸을 보호하기 위한 '보호계'이고, 또 다른 하나는 형태나 재질 등을 변별하기 위한 '구별계'입니다. 예를 들면 안이 보이지 않는 검은 상자 속에 손을 넣고 어떤 동물인지 알아맞혀야 하는 게임 벌칙을 수행 중이라고 가정해봅시다. 손을 넣는 순간부터 불안하고 신경이 곤두서며, 손끝에 무언가가 스치면 그것이 무엇인지 확인하기도 전에 손을 빼고 소스라치게 놀랄 것입니다. 이때 우리 몸에서 '보호계'가 주로 작용하는데, 부정적인 정서적 감정과 밀접한 연관이 있습니다.

또 다른 예로 보이지 않는 자신의 가방 속에 손을 넣고 사라진 열쇠를 찾는 상황을 생각해 봅시다. 이때는 불안하거나 긴장할 필요는 없지만 납작하며 한쪽이 길쭉하고 거칠거칠한 금속 재질의 열쇠를 찾기 위해 손의 감각에 집중하게 될 것입니다. 이때는 앞의 상황과 달리 '구별계'가 주로 작용합니다.

신생아부터 성인 모두 두 감각체계가 함께 작동합니다. 신생아나 유아는 생존을 위한 보호계가 더 바쁘게 일을 하지만 아이가 성장함에 따라서 촉각 정보를 통해 환경에 대해 배워야 할 것들이 다양해지게 되고, 구별계가 점차 많이 작용하게 됩니다. 즉, 학령기에 가까운 나이가 되면 보호계보다 구별계를 현저하게 많이 사용하게 되면서 전보다 섬세하고 세밀한 작업이 가능해지는 것입니다.

이 두 가지 기능의 자연스럽고 적절한 균형이 이루어져야만 우리의 생활 속에서 촉각 정보가 잘 활용될 수 있습니다.

묻는 것에 예민하고, 촉감에 까다로워요

CASE

4살짜리 딸을 둔 엄마입니다. 우리 아이는 어려서부터 예민해서 다루기가 무척 까다로웠는데, 안을 때도 폭 안기지 않고 제게서 멀찌감치 떨어지려는 듯 뻣뻣한 자세로 안깁니다. 특히 목욕하고 옷을 갈아입을 때는 한바탕 전쟁이 일어납니다. 무엇 하나 쉽게 넘어가지 않으며 요구사항도 많고, 로션을 바르거나 털 소재의 옷 입는 것도 싫어하고, 신발은 계절에 맞지도 않는 자신이 편하고 익숙한 한 가지 종류만 신고, 양말도 솔기를 정리해 주어야만 신으려고 합니다. 모자를 쓰거나 목도리 하는 것은 포기한 지 오래고, 머리카락을 자르는 것도 쉽지 않습니다. 그리고 친구들이 실수로 부딪히거나 건드리는 것을 위협적으로 느끼는지 가까이 다가오는 친구를 밀치거나 때리는 일이 종종 있었으며, 친구들이 많은 놀이터에서는 선뜻 놀지 못하고 적응하는 데 시간이 한참 걸립니다.

우리 아이 마음 터치

앞서 우리 몸의 촉각 체계는 '보호계'와 '구별계'의 두 가지 기능을 가지고 있다고 언급한 바 있습니다. 이 두 기능은 상황에 따라 적절하게 균형을 이루면서 작용하지요. 하지만 이러한 균형이 무너지면 보호계가 과도하게 작용해 실제로는 해롭지 않은 감각자극에 대해 부정적인 반응을 보이거나 회피하려고 하는데, 이를 '촉각 방어'라고 합니다. 사례의 경우는 바로 '촉각 방어'에 해당된다고 볼 수 있습니다. 해롭지 않은 친구들의 접촉이나 감촉에 대해 민감하게 반응했던 것도 보호계가 과도하게 작용하기 때문에 나타난 행동입니다. 또한 작은 감각을 과도하게 큰 자극으로 인식하는 등 감각조절이 어려워지게 되어 '싫다', '불편하다'라는 부정적인 감정이 생기고, 공격적으로 반응하거나 회피하려는 반응을 보이게 되는 것입니다. 이러한 부정적 반응은 또래를 포함한 타인과의 관계 형성에 어려움을 갖게 만들고, 연령에 따른 적절한 신체놀이의 참여를 방해하며 침착하지 못한 채 과도하게 불안해 하는 등 정서적 문제까지 동반할 수 있습니다.

또한 촉각 탐색을 회피함에 따라 소근육 발달의 지연을 야기할 수도 있습니다. 하지만 감각 탐색의 경험이 적은 어린 아이들일수록 보호계가 더 많이 활성화되고, 자아가 형성되어 자기 주장을 할 수 있는 시기부터는 사소한 일상생활에 까다롭게 자기 의견을 내세우기도 합니다. 즉, 어린 아이들의 경우 어느 정도의 촉각적인 까다로움은 정상적인 발달 과정에 해당하므로 섣부르게 판단하고 불안해할 필요는 없다는 얘기지요. 하지만 아래 항목 중 과반수 이상에 해당된다면 전문가의 평가를 고려해 보는 것이 좋습니다.

☐ 기저귀를 갈아주거나 옷을 갈아 입힐 때 힘들어 한다.

☐ 꽉 안아주는 것을 싫어하고, 안아주려고 하면 빠져나가려 하거나 뻗친다.

☐ 안겨있어도 폭 안기지 않고 어정쩡하게 있거나 몸에 힘을 주고 있는 것처럼 보인다.

☐ 손에 묻는 지저분한 놀이나 끈적거리는 느낌을 싫어한다.

☐ 머리 감기, 세수하기, 샤워나 목욕하기 등을 싫어한다.

☐ 잔디, 모래 등 익숙치 않은 질감의 바닥에서는 맨발걷기를 거부하거나 까치발로 걷기도 한다.

☐ 누군가가 만지거나 다른 사람과 닿는 것에 예민한 편이다.

☐ 특정 형태의 옷을 입기 힘들어한다(ex. 폴라티, 목 가까이에 단추가 있는 옷, 레이스가 있는 옷, 꽉 끼는 옷 등).

☐ 붐비고 복잡한 환경이나 그룹 활동을 힘들어하는 편이다.

☐ 특정 옷의 재질이나, 옷 속의 상표 때문에 옷이 불편하다고 불평하거나 신경질 내는 일이 많다.

☐ 짧은 소매의 옷이나 반바지 입는 것을 싫어한다.

☐ 친하지 않은 사람이 안아주거나, 만지거나, 가까이 다가오는 것을 싫

어한다.
- ☐ 가볍게 부딪히거나 살짝 긁힌 정도의 통증에도 과민하게 반응하는 편이다.
- ☐ 가볍게 스치는 감각은 싫어하지만 어딘가에 부딪히거나, 매달리거나, 세게 안아주기 등의 감각은 좋아하고 자주 원한다.
- ☐ 손이 지저분해 지거나 옷이 젖는 활동에는 참여하려고 하지 않는다 (ex. 찰흙놀이, 풀, 물감, 물총놀이 등).

촉각 방어 외에도 촉각과 관계된 감각통합 문제 중에는 촉각 자극에 대해 지나치게 둔한 모습을 나타내는 경우도 있습니다. 이렇게 촉각에 대한 감각역치가 지나치게 높아 자신의 몸에 대한 촉각 정보를 제대로 인식하지 못하는 경우, 상황에 적절하게 몸을 사용하는 데 필요한 신체상이 충분히 형성되지 못하여 행동이 어눌하거나 비효율적일 수 있습니다. 이와 관련하여 일상생활에서 보일 수 있는 모습은 아래와 같습니다.

- 부딪히거나 떨어지거나 주사를 맞을 때 통증에 둔감한 편이다.
- 얼굴이나 손에 뭐가 묻거나, 입은 옷이 꼬이고 말려 있어도 잘 알아차리지 못한다.
- 멍이 들거나 다쳐도 다른 사람이 알려주기 전에 잘 알아차리지

못한다.
- 강하게 만지고, 강하게 안기고, 강하게 부딪히는 것을 좋아한다.
- 자신을 꼬집거나 때리는 등의 자해 행동을 할 때가 있다.

 **엄마를 위한 행동 코칭**

1 불필요한 접촉은 삼가고, 아이가 다음 행동을 예상할 수 있도록 해주세요. 접촉을 불편해 하는 아이에게 불필요하게 가벼운 접촉을 자주 하는 것은 좋지 않습니다. 어른에게는 친근함의 표현일지 모르나, 아이에게는 불편함을 가중시킬 수 있기 때문입니다. 꼭 필요한 상황이라면 "○○아, 얼굴에 뭐가 묻었네, 떼어줄까?", "이것 봐, 옷이 꼬였구나. 도와줄까?"와 같이 말로 상황을 확인시켜 스스로 해결할 수 있게 하거나, 만질 것이라는 언지를 주어 앞으로의 상황을 예측할 수 있게 하는 것이 좋습니다.

2 지그시 누르는 압력으로 접촉해주세요. 촉각이 예민한 아이를 배려하기 위해 가볍게 살짝 만지면 오히려 아이가 더욱 자극적으로 느낄 수 있습니다. 손가락 끝으로 만지기보다는 손바닥 전체나 팔뚝 등을 활용하는 것이 더 좋습니다.

3 **깊은 심부압박 감각 활동을 할 수 있도록 해주세요.** 깊은 심부압박 자극은 안정된 느낌과 진정효과를 제공하고, 자극적인 촉각을 상쇄시키는 경향이 있습니다. 촉각 방어가 있는 아이가 다른 사람과 스치거나 누군가가 만진 자리를 손으로 문지르거나, 일부러 강한 압박 자극을 받으려 주변에 몸을 부딪히는 것은 이런 이유 때문입니다. 그러므로 즐거운 놀이나 가족과의 적절한 스킨십을 통해 일상 속에서 심부압박 자극을 받을 수 있는 기회를 마련해주는 것이 중요합니다. 친근한 가족이 몸 전체를 꼭 안아주는 것, 로션이나 오일로 적당한 압력을 주어 마사지하는 것(아이가 거부한다면 생략해도 좋습니다.), 푹신한 이불 등에 온몸으로 구르거나 이불로 돌돌 말아 압박감을 주는 김밥말이 놀이, 쿠션이나 이불을 이용해서 눌러주는 샌드위치 놀이 등이 대표적인 심부압박 활동입니다.

4 **일상생활에서 아이가 중심이 되는 다양한 촉각놀이를 경험할 수 있도록 해주세요.** 일상에서 할 수 있는 촉각놀이는 너무나도 많습니다. 찰흙이나 점토, 모래풀, 페이스페인팅 재료 등의 놀잇감을 이용할 수도 있고, 식사준비 시간에 두부 으깨기나 계란 풀기, 동그랑땡 반죽 섞기는 물론 동그랑땡 만드는 과정을 함께 할 수도 있습니다. 집에서 구할 수 있는 콩이나 쌀 등을 활용한 놀이도 좋지요. 또는 목욕시간을 활용해 몸에 물감을 묻혀 재미있는 그림을 그리거나, 머드 등을 이용한 촉각놀이도 좋습니다. 물론 모래사장이나 놀이터, 수영장 등 실외에서 접할 수 있는 다양한 감각 활동은

더할 나위 없이 풍부한 촉각 활동을 포함합니다.

이렇게 다양한 촉각 활동을 경험하는 데 있어 가장 중요한 요소는 아이가 능동적이고 자발적으로 참여해야 한다는 데 있습니다. 어른들이 "괜찮으니 해봐라."라고 강요하는 것은 아이에게는 별로 힘이 되지 않고 오히려 그 불편함을 더 의식하게 만드는 결과를 가져옵니다. 어른들이나 또래 친구들이 직접 즐겁게 하는 모습을 보고 아이 스스로 '재미있겠다. 나도 한번 해볼까?'하는 마음이 들 수 있도록 환경을 만들어주세요. 처음부터 과감하게 시도하기 어렵다면 비닐장갑을 끼거나 원할 때 씻을 수 있도록 하는 등 조금씩 천천히 시작하는 것도 좋습니다.

5 **근육과 관절을 쓰는 힘든 활동을 많이 할 수 있도록 해주세요.** 근육을 수축하고 관절을 움직이는 활동을 할 때 발생하는 '고유수용감각'은 진정작용을 하고, 촉각 정보의 조직화를 돕는 것으로 알려져 있습니다. 경사로 오르기, 무거운 짐 나르기, 사다리나 정글짐 오르기, 기어다니기, 트램플린 뛰기 등은 대표적인 고유수용감각 활동입니다. 연령에 맞는 신체놀이 및 운동에 참여하거나 일상생활 속 다양한 활동을 통해 고유수용감각을 충분히 받아들이도록 한다면 촉각이 예민한 아이들에게 큰 도움이 될 것입니다.

6 **유치원이나 학교 등 단체 활동 기관의 교사가 아이의 특성을 이해할 수 있게 해주세요.** 촉각 방어 양상을 보이

는 아이에게 유치원이나 학교처럼 집단 활동을 하는 장소는 불편하고 성가신 자극이 많은 곳입니다. 그래서 과도하게 긴장하거나 짜증을 내고 공격적으로 반응하는 등 산만한 행동을 보이기도 하지요. 이때 아이를 불편하게 하는 요소들을 사전에 차단하거나 최소화 할 수 있다면 아이는 힘든 환경에 보다 쉽게 적응하고 적절하게 반응할 수 있습니다. 예를 들면 줄을 설 때 아이를 맨 뒤에 서게 한다면 다른 아이가 갑자기 장난을 치거나 만지는 등의 예측할 수 없는 상황이 일어날 가능성을 줄여줄 수 있습니다. 또한 편안한 의자를 사용하도록 허락하는 등 아이의 특성과 상황에 맞게 교사가 대처해줄 수도 있습니다.

편식이 너무 심해요

CASE

4살 아들을 둔 엄마입니다. 우리 아이는 엄마 젖꼭지를 물거나, 젖병 젖꼭지 무는 것도 쉽지 않았고 이유식도 까다롭게 먹었습니다. 부드러운 쌀죽은 수월했지만 고기나 채소 같은 건더기가 씹히면 모두 뱉어냈어요. 다른 아이들은 돌 전후까지 손에 잡히는 건 무엇이든 입에 넣어본다고 하던데 우리 아이는 장난감 같은 것을 입에 넣거나 하는 모습도 본 적이 거의 없었습니다. 심지어 유아용 나팔이나 비누방울도 직접 부는 것에는 관심이 없고, 엄마가 해주는 것만 좋아해서 흥미를 붙이기까지 시간이 오래 걸렸습니다. 지금은 편식도 심한 편인데 부드러운 두부나 국에 말은 밥은 좋아하지만 꼭꼭 씹지 않고 삼키는 경우가 많아 자꾸 지적을 하게 됩니다. 아삭거리는 채소나 질긴 고기는 잘 먹지 않으며, 혹시 먹더라도 입에 물고 있거나 삼키려다가 토하기도 합니다. 또 양치질을 할 때마다 실랑이를 하느라 힘이 드네요.

우리 아이 마음 터치

얼굴은 생존과 밀접하게 연관되어 있는 부위입니다. 다른 신체 부위보다 감각수용기가 더 많이 분포되어 있기 때문에 아이들의 경우 간혹 민감한 반응을 보이는 경우가 있습니다. 특히 입에는 음식의 질감이나 맛, 온도 등을 파악하기 위한 여러 감각수용기가 있는데, 그 중 혀에 있는 미뢰라는 감각수용기는 성인보다 아이에게 훨씬 더 많아서 음식의 질감이나 맛에 더 예민하게 반응하게 됩니다. 그러므로 아이가 낯선 음식을 경험할 때 개인의 선호도에 따라 약간의 편식이 나타나는 것은 일반적인 과정 중 하나입니다.

사례의 아이와 같이 일반적인 수준의 구강자극에도 과민하게 반응하고 거부하는 경우를 '구강 방어'라고 말하는데, 이것은 앞서 설명한 촉각 방어의 한 형태라고 볼 수 있습니다. 일반적인 수준의 편식이라면 연령이 올라가면서 혀 속의 미뢰 수가 줄어들고 신경계의 감각처리가 향상되면서 자연스럽게 나아지는 경우도 있지만, 구강 방어가 심한 경우 먹을 수 있는 음식물의 종류가 크게 제한되어 영양의 불균형을 초래하기도 합니다. 또한 양치질에 대한 거부로 구강 관리가 제대로 이루어지지 못하는 경우가 많습니다. 다음 항목 중 과반수 이상에 해당된다면 전문가의 도움을 받는 것이 좋겠습니다.

☐ 특정 질감의 음식을 먹지 못한다(ex. 물컹물컹한 것, 고기같이 많이 씹어야 하는 것, 채소같이 아삭한 것 등).
☐ 양치질할 때 매우 괴로워한다.
☐ 풍선, 나팔, 비누방울 등 입에 물고 노는 장난감을 가지고 놀려고 하지 않는다.
☐ 음식을 먹으면서 쉽게 구역질한다.
☐ 새로운 음식을 시도하기 너무 어렵다.
☐ 과일 또는 과일향이 나는 음식을 먹지 않는다.
☐ 치과 검진 시 극단적인 거부감 및 공포감을 나타낸다.

엄마를 위한 행동 코칭

1 촉각 방어를 낮추기 위한 심부압박 활동, 다양한 촉각놀이, 근육을 쓰는 힘든 활동 등을 많이 해주세요.
구강방어는 신체 전반에서 보여지는 촉각 방어의 한 형태인 만큼 신체 전반의 촉각 처리를 향상시키기 위한 노력이 필요합니다. 즉, 구강 방어의 완화를 위해서는 전반적인 촉각 방어를 위한 노력도 함께 해주어야 한다는 것입니다. 심부압박 활동, 다양한 촉각놀이, 근육을 쓰는 힘든 활동 등을 통해 느껴지는 안정된 감각이 뇌로 전달되면 이는 뇌에서의 전반적인 촉각 처리 향상을 돕고, 결과적으로 구강 방어 개선에도 도움이 될 것입니다.

2 **다양한 구강 활동을 경험하게 해주세요.** 비누방울 놀이나 불기도구를 활용한 놀이를 함께 하는 것이 좋습니다. 불면 소리가 나는 것도 있고 불빛이 나거나 빙글빙글 돌아가기도 하는 등 다양한 불기도구가 판매되고 있습니다. 그중에서 아이의 감각적 선호도와 잘 맞는 것을 선택해 놀이에 활용하는 것이 좋습니다. 또한 탁구공을 불어서 책상에서 떨어트리거나 물속에 빨대를 넣고 불어 방울이 올라오게 하는 놀이를 함께 할 수도 있습니다. 거울을 보면서 우스꽝스러운 얼굴 표정이나 입과 혀 모양을 따라 하게끔 하는 것도 좋은 안면 구강 활동입니다.

3 **구강 주변을 포함한 얼굴 마사지를 해주세요.** 손가락이나 거즈, 마사지솔 등으로 식사나 양치질 전 수시로 마사지를 해줍니다. 이마, 볼, 입 주변, 구강 안쪽, 잇몸을 부드럽게 꾹꾹 눌러주면 됩니다. 이마와 볼부터 시작해 턱, 입술을 거쳐 구강 내로 들어가듯 구강과 먼 곳에서부터 점차적으로 가까운 곳으로 촉각자극을 주는 것이 좋습니다. 전동칫솔은 좋은 마사지 도구 중 하나인데 만약 아이가 다른 사람의 손이 닿는 것을 거부한다면 직접 전동칫솔을 구강 주변에 대고 있게 하거나, 구강 내에서 작동시켜 가지고 놀게 하는 것도 좋은 방법입니다.

4 **구강 주변 및 얼굴에 즐거운 촉각놀이를 해주세요.** 신체 전반에 했던 촉각놀이 중 가능한 것들은 얼굴 주변에 적용해 얼굴 주변으로 들어오는 촉각자극을 즐거운 정서와 함께 경험할 수 있도록 하는 것이 좋습니다. 셰이빙폼이나 휘핑크림을 이용해 면도놀이나 화장놀이를 할 수도 있고, 무독성 페이스 페인팅 물감으로 다양한 동물을 그려볼 수도 있습니다.

5 **음식의 형태나 조리법을 바꿔 보세요.** 눈에 보이지 않게 잘게 다지거나, 아이들이 좋아하는 튀김으로 만들거나, 삶거나 쪄서 부드러운 형태로 만드는 등 아이의 기호에 맞게 다양한 조리법을 시도해 보는 것이 필요합니다. 이렇게 다른 형태의 음식을 먹는 것에 성공했다면 싫어하던 음식의 향이나 맛에 조금씩 익숙해지게 되어 원상태의 음식에도 차츰 적응할 수 있게 됩니다.

운동실행

우리의 신경계는 자신의 몸이나 환경으로부터 감각정보를 받아들이고 처리하며, 그에 따르는 적절한 움직임으로 반응을 하게 되는데 이러한 움직임을 '실행'이라고 합니다.

살아가면서 보이는 크고 작은 움직임 모두 신경계가 감각을 잘 처리한 결과물이며, 이것은 연령에 따라 차등적으로 발달합니다. 연령별로 일상생활에서 나타내는 실행 발달 과제에는 다음과 같은 것들이 있습니다.

- 1~2세
  - 몸 전체의 움직임이 덜 분화되었고, 걸음마를 시작한다.
  - 장난감을 쥐고 놓는 단순한 방식으로 감각을 탐색한다.
  - 빨대로 빨 수 있다.
  - 양말 벗기, 똑딱이 단추 떼기, 신발 신기, 신발 벗기를 할 수 있다.
- 3세
  - 양발 모아 뛰기, 공 던지기, 한발 서기, 매달리기, 세발자전거 타기를 할 수 있다.
  - 모양 따라 그리기, 만들기, 모방하기를 할 수 있다.
  - 물속에 담근 빨대를(마시지 않고) 불어서 거품 만들기를 할 수 있다.

- 바지 벗기를 할 수 있다.

• 4세
- 한발 뛰기, 그네 굴려 타기를 할 수 있다.
- 연필, 크레용 사용을 보다 능숙하게 할 수 있다.
- 젓가락 사용법이 발달된다.
- 앞 단추를 열 수 있다.
- 코를 풀 수 있다.

• 5세
- 리듬감 있게 뛰며 앞으로 갈 수 있다(ex. 스키핑(skipping), 스머프 뛰기 등).
- 율동, 손 유희를 따라 할 수 있고, 종이접기를 시작할 수 있다.
- 상의를 입거나 손가락장갑을 낄 수 있다.
- 대변 뒷정리를 할 수 있고, 제법 능숙하게 목욕을 할 수 있다.

• 6세
- 여러 방향으로 점프하기, 줄넘기, 네발자전거 타기, 양 손발을 교차로 움직이기를 할 수 있다.
- 좌우 구별되게 손 움직임을 할 수 있다.
- 후크단추를 끼울 수 있다.
- 손으로 수건 등을 짤 수 있다.

이 같은 과제의 적절한 실행을 위해서는 다양한 감각이 종합적으로 잘 통합되어야 하는데, 앞서 언급한 바 있는 전정감각, 촉각뿐 아니라 고유수용감각이 함께 중요한 영향을 미칩니다.

'고유수용감각'이란 근육, 관절, 인대, 힘줄에 감각수용기가 있어 신체 부위의 움직임과 위치에 대한 정보를 주는 감각입니다. 눈으로 보지 않고도 관절을 원하는 만큼 구부리고, 필요한 만큼 적절한 힘을 조절할 수 있는 것도 고유수용감각이 제 역할을 잘 하고 있기에 가능한 일입니다. 이렇듯 고유수용감각은 신체에 대한 인식을 높이고, 운동조절 및 운동계획을 하는 데 결정적인 역할을 합니다. 또한 촉각과 전정감각 정보와 긴밀히 연결되어 움직임 실행과 운동계획을 가능하게 합니다.

고유수용감각과 촉각의 감각통합을 통해 사물의 형태와 내 몸의 위치를 동시에 인식하고 적절하게 행동할 수 있는데 물이 얼마나 들었을지 모르는 컵을 들어서 마시는 것, 글씨를 쓰기 위해 연필을 효율적으로 잡는 것, 다양한 재질과 무게의 젓가락을 그때마다 효율적으로 사용하는 것과 같은 일상적인 행동을 하는 데 아주 중요한 역할을 합니다.

고유수용감각과 전정감각의 감각통합을 통해 움직이는 동안 머리와 신체의 위치 정보를 동시에 파악할 수 있으며, 공을 던지거나 잡기, 계단 올라가기와 같은 활동도 영향을 받게 됩니다.

몸의 움직임이 둔하고
어눌하며 뻣뻣해요

CASE

운동신경이 너무 없는 7살 아들 때문에 고민입니다. 유치원 발표회에서 율동을 따라 하거나 친구들과 공놀이를 하면 우스꽝스러운 장면이 자주 연출됩니다. 굴러가는 공을 차려다가 타이밍이 안 맞아 헛발질하기 일쑤고, 공을 앞으로 던졌는데 뒤로 날아가거나 율동을 할 때도 리듬감이 전혀 없어 박자가 맞지 않거나 움직임을 따라 하는 것을 어려워합니다. 또 팔, 다리 양쪽을 동시에 또는 교대로 움직이는 줄넘기나 수영은 아이에게 너무 어려운 과제입니다. 손으로 하는 활동에도 서툰 편입니다. 연필을 사용하여 글씨를 쓸 때 힘을 너무 많이 줘 연필심이 부러지거나 공책이 찢어지는 경우가 많고, 젓가락질을 연습하는 것 역시 어려워합니다.

💗 우리 아이 마음 터치

사례의 아이는 촉각과 고유수용감각, 전정감각이 통합된 감각처리가 원활하지 않은 경우입니다. 촉각 및 고유수용감각이 잘 발달되면 뇌 속에 우리 몸 구석구석에 대한 지도가 잘 형성됩니다. 일일이 눈으로 확인하지 않아도 내 몸의 어느 부분을 물체나 대상과 접촉하고, 어떻게 움직여야 할지 계획하는 것이 쉬워지지요. 자신의 움직임이 의도한 결과와 다르다면 촉각 및 고유수용감각 정보를 활용해 재수정할 수도 있습니다. 즉, 신체를 효율적으로 사용하는 방법을 보다 빠르게 학습할 수 있는 것입니다. 촉각 및 전정감각이 잘 발달하면 머리와 신체 간의 유연한 자세조절뿐만 아니라 눈과 손을 협응해야 하는 활동, 신체 양측을 협응하는 활동 등에 유연하게 대처할 수 있습니다. 날아오는 공을 양손으로 잡아내거나, 팔다리를 리듬에 맞게 움직여야 하는 PT 체조, 줄넘기 등은 이러한 감각발달이 잘 이루어졌을 때 가능한 대표적인 활동의 예입니다.

이러한 감각처리에 어려움을 보이는 원인은 유전, 타고난 기질적인 영향, 환경 등 다양하지만 앞에 언급된 촉각 및 전정감각 처리의 어려움으로 인해 신체 활동을 회피하게 되고, 그래서 2차적인 영향으로 실행의 문제를 동반하는 경우도 많이 있습니다. 실행의 어려움을 보이는 아이는 어렸을 때부터 반복적으로 실패 경험을 해왔고, 지적을 많이 받았기 때문에 낮은 자존감을 지닌 경우가 많습니다. 특히 소극적인 아이의 경우 매사에 자신감이 없고 "난 못하겠어요.", "잘 안 돼요.", "어려울 것 같아요."라는 말을 입에 달고 살거나 자신이 잘 안 되는 것을 드러내지 않기 위해 "시시해요.", "너무 쉬워서 안할래요."라는 말로 회피하기도 합니다. 대신 본인이 잘하거나 자신 있는 어려운 수학문제를 내미는 경우도 있습니다. 이러한 실행문제는 아이의 성장과정에서 정서적인 위축감, 원만한 또래 관계 형성의 어려움, 지능발달의 불균형 등을 가져올 수 있으므로 전문가의 도움을 받아 접근하는 것이 필요합니다. 다음의 항목 중 과반수 이상에 해당된다면 전문가의 상담을 권합니다.

☐ 자전거를 탈 때 양발로 페달 미는 것을 어려워한다.

☐ 계단을 오르내릴 때 발을 번갈아 옮기는 것을 주저하거나 어려워한다.

☐ 새로운 동작을 따라하고 배우는 데 시간이 오래 걸리고 어려워하는 편이다.

☐ 몸의 오른쪽과 왼쪽을 헷갈린다.

☐ 너무 세게 다루거나 얼마만큼 힘주어 다뤄야 할지 몰라서 의도치 않게 장난감을 잘 망가뜨린다.

☐ 체육이나 스포츠 활동에 마지못해 참여하는 편이며, 앉아서 하는 활동을 더 선호한다.

☐ 박자에 맞춰 손으로 장단을 맞추는 손 유희를 어려워한다.

☐ 공놀이나 신체놀이를 할 때 타이밍을 잘 못 맞춘다.

☐ 움직일 때 몸에 힘이 많이 들어가는 것 같고, 움직임이 어색하고 서툴다.

□ 정글짐 오르내리기, 장애물 넘기, 원통 굴리기 등을 할 때 손발의 협응이 어색하고 서툴다.

□ 늘 자신에게 익숙하고 자신 있는 놀이만 하려고 한다.

□ 무언가를 시키면 순서가 뒤바뀌거나 효율적인 방법을 찾지 못해 뒤죽박죽되는 경향이 있다.

□ 친구들의 놀이를 관찰만 하고 직접 하지는 않으려고 한다(시시하거나 재미없다고 비하해버리기도 한다.).

엄마를 위한 행동 코칭

1 **성공 경험을 할 수 있도록 단계를 나누고 난이도를 조정해줍니다.** 실행의 어려움을 겪는 아이들은 반복적인 실패 경험으로 인해 정서적으로 위축되어 있으며 자신감이 부족합니다. 아이가 할 수 있는 수준의 쉬운 것부터 시작해 함께 기뻐하고 격려해주며 성공을 경험하고 자신감을 키울 수 있도록 도와주세요. 자신감과 수행능력의 향상도에 따라 난이도를 조금씩 높여주면 됩니다. 경우에 따라서는 환경을 조정해주거나 직접적으로 신체적인 도움을 주어 난이도를 맞춰줄 수도 있습니다. 예를 들면 앞구르기를 어려워하는 아이를 위해 머리와 다리를 만져 좀 더 쉽게 구를 수 있도록 도와주거나, 야구를 할 때 작은 공을 치는 것을 어려워한다면 큰

공으로 바꾸어 주는 방법 등이 있습니다.

2 **신체를 통한 감각 활동을 풍부하게 경험할 수 있도록 해줍니다.** 아이의 원활한 움직임을 위해 반드시 필요한 촉각, 전정감각(자세), 고유수용감각(신체 위치)을 활성화 시킬 수 있는 감각활동을 다양하게 경험할 수 있도록 해주는 것이 좋습니다.

3 **공간을 인식하고 순서대로 움직임을 계획해야 하는 활동이나 타이밍과 리듬감이 요구되는 활동을 할 수 있도록 해줍니다.** 사방치기, 고무줄놀이, 연속 장애물넘기와 같이 공간 내에서 내 몸의 위치와 움직임을 연속적으로 계획해야 하는 활동은 아이의 운동 실행 발달에 도움이 됩니다. 또한 놀이터에 있는 놀이 구조물과 같이 장애물을 통과하고 위아래로 오르내리는 활동들은 아이로 하여금 자신의 신체를 공간에서 어떻게 움직일지 배울 수 있게 합니다.

4 **단계를 인지하고 연속적으로 계획할 수 있는 활동을 합니다.** 책가방 정리하기, 우유로 시리얼 만들기, 샌드위치 만들기, 수공예 만들기와 같이 단계를 인지하고 연속적으로 행동을 계획할 수 있는 활동을 할 수 있게끔 함으로써 스스로 단계를 조직화하고 계획하는 능력을 향상시켜주는 것이 좋습니다. 아이가 혼란스럽고 어려워한다면 과제의 단계를 적절히 나눠 도움을 주는 것이 필요합니다.

각성조절

밤 사이 숙면을 취하는 것은 낮 동안 아이의 생활 전반에 큰 영향을 끼칩니다. 잠이 부족하면 아이는 기분, 행동, 자기조절에 영향을 받게 되며, 아이가 깨어있는 동안 놀이하고, 먹고, 상호작용하는 일상생활의 수행 전반에 모두 부정적인 영향을 끼칩니다. 심지어 아이의 가족에까지 영향을 주게 됩니다. 여기서 숙면은 안정적인 각성조절과 수면사이클에 영향을 받습니다.

'각성수준'이란 우리의 의식이 깨어있는 정도를 말합니다. 잠을 자는 동안에는 하루 중 각성수준이 가장 낮아, 작은 소리나 접촉이 있더라도 쉽게 깨지 않고 깊은 잠을 잘 수 있습니다. 잠이 깨면 촉각, 시각, 청각 등 환경으로부터 들어오는 다양한 감각자극으로 인해 활동을 유지할 수 있을 정도로 각성수준이 올라가고, 놀이를 하거나 집중해야 하는 과제가 주어지는 등의 상황에 따라 각성수준은 올라갔다 내려갔다를 반복하게 됩니다. 다시 밤이 되면 자극의 양이 줄어들고 각성수준이 낮아지면서 깊은 수면을 위한 준비를 하게 되는 것이 정상적인 각성조절이라고 할 수 있습니다.

잠들고 깨는 것을 힘들어하고, 잠을 자주 설쳐요

Q16

> **CASE**
>
> 4살짜리 여자아이를 둔 엄마입니다. 예민한 아이라서 아기 때도 계속 안아서 재워줘야 했고, 아주 작은 소리에도 쉽게 깨서 조심스럽게 키웠습니다. 좀 크면 나아질 줄 알았는데, 두 돌이 지나도 낮잠을 자기 어려워하고 밤에도 재우는데 30분에서 1시간씩 걸립니다. 밤에도 여전히 두세 번은 깨서 엄마를 찾거나 이유 없이 우는 경우가 많습니다. 밤에 잠을 충분히 못 자서인지 낮에 짜증을 많이 부리고, 체구도 작은 편인 것 같아 걱정입니다.

💗 우리 아이 마음 터치

사례의 아이는 각성조절에 어려움을 겪고 있는 것으로 보입니다. 밤에는 각성수준이 충분히 낮아지지 않아 잠을 설치게 되고, 낮에는 각성수준이 높거나 불안정하여 상황에 맞지 않게 들뜨고 흥분해 있거나 멍하게 됩니다. 그러면 놀이나 학습과 같이 각기 다른 상황에 맞는 각성수준을 유지하는 데 어려움을 겪게 되어 일상생활에 방해가 됩니다. 가령 작은 자극에도 과하게 흥분하고 들떠있어 밥먹기 등의 활동을 할 때 필요한 수준의 집중을 보이기 어렵거나 친구들과 놀이를 할 때 의욕이 없고 축 쳐져 있는 등의 문제가 나타날 수 있습니다.

엄마를 위한 행동 코칭

다음은 각성조절을 돕고 규칙적인 수면사이클을 찾기 위한 방법입니다. 같은 방법이라 하더라도 아이에 따라 반응이 다를 수 있으니 다양하게 시도해보고 아이에게 맞는 방법을 찾는 것이 필요합니다.

1 **규칙적인 운동을 할 수 있도록 합니다.** 규칙적인 운동은 규칙적인 수면사이클을 만드는 데 도움이 됩니다. 아이에게 신체놀이는 다양한 감각을 받아들일 수 있는 좋은 운동이므로 낮에는 일정한 시간 동안 충분히 놀 수 있도록 하는 것이 좋습니다. 예를 들면 아이가 그네 타기, 시소 타기, 암벽 등반, 사다리 오르기, 미끄럼틀 오르내리기, 매달리기, 달리기 등을 원한다면 충분히 할 수 있도록 둡니다. 단, 늦은 시간의 과도한 신체 활동은 경우에 따라 각성수준을

높일 수 있으므로 아이의 반응을 살펴가며 피하는 것이 좋습니다.

2 **지나치게 많은 감각은 오히려 해가 될 수 있습니다.**
아이에 따라 감당할 수 없는 수준 이상으로 운동을 하거나, 가족이나 친구 모임 등을 통해 지나치게 많은 양의 감각을 경험하는 경우는 오히려 깊은 수면을 방해할 수 있습니다. 여러 시행착오와 관찰을 통해 아이의 깊은 수면을 돕는 적절한 정도의 감각의 양을 파악하고, 균형을 맞춰 주는 것이 필요합니다.

3 **취침 전에 각성수준을 낮춰 줄 수 있는 압박감각 및 편안한 촉각자극을 제공합니다.** 지그시 피부를 누르는 압박감은 아이에게 안정감을 제공하고 각성수준을 낮추는 역할을 합니다. 팔, 다리에 깊은 압박감을 느낄 수 있도록 손이나 쿠션을 이용해 눌러주거나 잠들기 전 3분 정도 척추를 따라 등을 천천히 문질러주는 것도 좋습니다. 묵직하고 푹신한 쿠션을 몸 주변에 기대어 주거나 무게감 있는 담요나 이불로 덮어 안정감을 주면 편안함을 느끼고 쉽게 잠이 들기도 합니다. 아이에 따라 꽉 끼는 옷을 편안해 한다면 달라붙는 잠옷을 선택하는 것도 좋습니다.

또한 각 관절을 압박해주는 마사지도 좋습니다. 가능하면 취침 전 따뜻한 물에 목욕을 하고 오일이나 로션 등으로 마사지를 해주는 것도 도움이 됩니다. 로션이나 오일을 싫어한다면 좋아하는 재질의 옷을 입히고 옷 위에서 마사지를 해주는 것도 좋습니다. 아이에 따라서는 목욕시간이 놀이시간이 되어 실제로는 과한 자극을 받고 오히려 각성수준이 높아지는 경우도 있는데, 이럴 때는 목욕시간을 이른 저녁이나 오후로 옮겨주는 것이 좋습니다.

4 **너무 늦은 시간의 낮잠은 피합니다.** 낮잠을 자는 유아의 경우에는 낮잠시간을 점심 이후로 하고, 늦은 시간의 낮잠은 피하는 것이 좋습니다. 만약 늦은 오후에 자고 싶어한다면 실외로 나가 산책을 하는 등 움직임을 유도하여 깨어있도록 하고 이른 시간에 잘 수 있도록 합니다.

5 **취침 전에 수면을 위한 환경을 조성합니다.** 취침 약 2시간 전부터 수면을 위한 준비를 시작합니다. 스크린을 통한 영상물은 가급적 삼가고 차분한 음악을 듣게 하거나, 전체적인 실내조명의 조도를 낮추고 낮은 톤의 목소리로 느리게 이야기하는 것이 도움됩니다.

6 **잠옷을 스스로 선택하게 해줍니다.** 예민한 아이의 경우 잠옷이나 침구가 불편해서 잠을 깨기도 합니다. 아이가 원하는 소재와 스타일의 잠옷으로 스스로 선택할 수 있도록 하는 것이 좋습니다.

Part 02

우리 아이 마음이 튼튼해지려면 어떻게 해야 하나요?

자존감

Q17 자신을 사랑하는지 매번 확인해요
Q18 항상 혼이 날까봐 전전긍긍해요
Q19 자기 스스로 못나고 형편없다고 생각해요
Q20 조금만 어려우면 쉽게 포기해버려요

사회성

Q21 친구에게 자신의 물건을 가져다 줘요
Q22 친구들과 어울리지를 못해요
Q23 친구들을 괴롭혀요
Q24 친구들과 놀 때 자기가 원하는 대로만 놀기 위해 고집을 부려요

도덕성

Q25 다른 사람의 돈과 물건에 손을 대요
Q26 책임감이 없고 약속을 안 지켜요
Q27 거짓말을 해요

자존감

최근 부모님들의 마음을 사로잡은 육아 키워드가 있다면 바로 '자존감'일 것입니다. 자존감은 크게 자신이 이 세상에서 가치 있는 존재라고 믿는 '자기가치감', 어려움이 와도 해결할 수 있을 것이라고 믿는 '유능감', 그것이 잘 되지 않는다고 해도 자신에 대한 호감을 잃지 않는 '자신에 대한 호감'으로 나눌 수 있습니다.

이런 마음의 힘이 갖추어진 아이들은 자신의 모습을 있는 그대로 잘 수용할 수 있게 되고, 다른 사람의 눈치를 살피느라 위축되지 않으며, 큰 좌절이 와도 이를 건강하게 극복해나갈 수 있게 됩니다. 그러므로 자존감은 '마음의 건강지킴이'라고도 볼 수 있습니다.

자존감은 부모님과의 상호작용을 통해 형성되고 발달됩니다. 자존감 형성에 어려움을 겪었던 아이들의 사례를 통해 부모님들이 가정에서 아이들의 자존감을 어떻게 키워주고 지켜줘야 하는지 살펴보겠습니다.

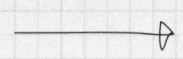

자신을 사랑하는지 매번 확인해요

자존감을 형성하는 첫 번째 구성요소는 바로 '자기가치감'입니다. 이것은 '나는 사랑받기 위해 태어났고, 충분히 사랑받을 가치가 있는 존재'라고 확신하는 마음으로 자신의 존재에 타당성을 부여해주며, 자신에게 생기는 어려움에 당당하게 맞서서 문제를 해결해나가고자 하는 동기를 만들어줍니다.

그렇다면 아이들은 언제부터 이런 가치감을 가지게 될까요? 태어날 때부터 '짠! 나 좀 봐주세요. 나 멋지지 않아요?', '나는 사랑받기에 충분한 존재예요.'라는 믿음이 있다면 얼마나 좋겠습니까만은 이런 믿음은 자신에게 중요한 사람들과의 상호작용을 통해 만들어지는 것입니다. 제일 먼저 아이에게 중요한 사람을 꼽으라면 당연히 엄마를 꼽겠지요. 엄마와의 건강한 상호작용 속에서 아이들은 자신의 존재에 대해 소중함을 알아가게 됩니다. 그러므로 혹시 아이가 끊임없이 사랑을 확인하고, 나보다 동생을 더 사랑하면 어떻게 하나 감시하거나 엄마가 조금만 섭섭하게 대해도 사랑을 잃은 아이처럼 의기소침해진다면 '나는 소중한 사람이고 충분히 사랑받을 만한 가치가 있다.'는 자기가치감이 부족하다는 신호를 보내는 것일 수 있습니다.

CASE

우리 아이는 어릴 때부터 조금만 혼을 내도 금방 의기소침해지고, 제 주변을 맴돌면서 "엄마 나 사랑해?"라고 자주 묻곤 했습니다. 동생이 생긴 이후에는 더욱 심해져 제가 동생을 보면서 웃고 있으면 어느 순간엔가 멀리서 힐끔거리면서 쳐다보고 있는 아이의 눈초리가 느껴지기도 합니다. 매번 "그럼 사랑하지."라고 대답하는 것도 지치는데, 대답을 해주지 않으면 뾰로통해져 눈도 잘 마주치려 하지 않습니다. 이제 6살이 다 되어 가는데 왜 이렇게 엄마의 사랑을 계속 확인할까요?

물론 제가 첫 아이를 낳고 산후우울증이 심해서 먹이고, 입히고, 재우는 것도 간신히 할 정도로 힘이 들어 아이와 많이 못 놀아주었습니다. 어느 날 문득 정신을 차리고 보니 아이는 이미 3살이 되어 있더군요. 그때부터 열심히 놀아주려고 했는데, 그만 동생이 태어나는 바람에 첫 아이는 또다시 뒷전으로 밀려나게 되었습니다. 항상 아이에게 미안한 마음이 있지만, 점점 신경질적으로 변해가고 끊임없이 사랑을 확인하는 아이에게 저도 조금씩 화가 나고 지쳐갑니다.

우리 아이 마음 터치

사례의 아이에게 지금 필요한 것은 '나는 지금 충분히 사랑 받고 있고, 또 사랑 받을 가치가 있다.'고 느끼는 가치감입니다. 이 아이에게는 왜 이런 자기가치감이 생기지 않은 것일까요? 산후우울증은 아기를 낳은 엄마라면 통과의례처럼 겪게 되는 증상으로 보통 출산 후 6개월 정도가 지나면 우울한 감정에서 벗어나 아이 양육에 좀 더 몰입할 수 있게 됩니다. 하지만 경우에 따라서는 이런 우울한 감정이 길어지기도 합니다. 물론 가장 힘든 사람은 엄마 자신이겠지만, 이로 인해 큰 타격을 받는 것은 아이입니다.

아이는 생후 1년 동안 엄마의 도움 없이 혼자서 먹을 수도, 입을 수도, 움직일 수도 없습니다. 이런 시기를 '절대적인 의존기간'이라고 합니다. 이때 아이들은 이 거대한 세상에서 살아남기 위해 부단히 애쓰게 되는데, 엄마가 아이에게 늘 안정된 태도로 아이의 정서를 잘 이해해주고 따뜻한 반응을 해주면 아이는 '아, 이 사람은 내가 진짜 필요한 것을 해주는구나.'라고 느끼게 됩니다. 이러한 일들이 규칙적으로 반복되면 '아, 앞으로도 나는 잘 보호받을 수 있겠구나. 안심해도 되겠다.'라고 확신하게 되지요. 이러한 확신을 '안전감'이라고 하며, 이것이 기반이 되어 애착이 형성되고 더 나아가 자존감의 뿌리가 만들어집니다. 아직 아이의 눈에는 자신이 어떤 모습인지 보이지 않고, 자신이 누구인지도 알지 못합니다. 그러나 엄마의 눈빛, 얼굴 표정, 목소리, 손길을 통해 '나는 지금 환영 받고 있구나.', '나는 지금 거부당하고 있구나.'라는 것을 알아차리게 됩니다. 또 이런 과정을 통해 자신이 가치 있는 존재인지 아닌지 깊이 느끼게 되지요.

사례의 엄마는 이런 중요한 시기에 우울감에 빠져 아이를 잘 돌보지 못했다고 했습니다. 우울은 심리적인 블랙홀을 만들어 끊임없이 자신의 내면에만 몰입하게 만듭니다. 아이가 절대적으로 보호 받고 정서적으로 돌봄을 받아야 하는 시기에 엄마가 자신의 무거운 감정을 주체하지 못해 자신의 내면에만 몰입해 있었다면, 아이는 안정감을 기반으로 한 건강한 자기가치감 형성에 어려움을 겪었을 것입니다. 설상가상으로 엄마가 어느 정도 우울에서 벗어나 아이와 안정된 애착을 형성하려고 했지만 바로 동생을 임신하게 되어 그 기회가 또 다시 무산되고 말았습니다. 아이의 입장에서는 동생을 견제해야 하고, 엄마의 사랑도 얻어야 하는 더 복잡한 갈등 속에 놓이게 되었으니 무척이나 고단해진 셈이지요.

일반적으로 동생에게 사랑을 뺏겼다고 생각하는 아이들은 엄마의 관심을 되돌리기 위해 아기처럼 행동하거나, 말을 듣지 않거나, 동생을 안으려고 하면 갑자기 자기를 안아달라고 하는 등의 행동을 해서 사랑을 받기보다는 오히려 혼이 나는 경우가 많습니다. 그러나 사례의 아이는 이러한 적극적인 구애 행동도 하지 못하고 멀리서 쳐다보기만 하는 것으로 보아 엄마와의 애착 기반이 훨씬 더 약하다는 것을 알 수 있습니다.

엄마가 이렇게 힘들어할 때 아빠의 중재는 무엇보다도 좋은 보약입니다. 엄마와의 관계가 너무 끈끈해서 엄마와 분리가 되지 않아도 문제가 되고, 반대로 아이가 엄마의 사랑에 대한 확신이 부족해도 문제가 생깁니다. 이러한 관계를 정리해주고 질서를 잡아주는 것이 바로 아빠의 역할입니다. 아빠가 엄마의 상황을 이해하고 좀 더 엄마를 위로하고 격려하면서 육아에 동참해주었다면 아이는 더 건강한 자기가치감을 가질 수 있었으리라 생각됩니다.

엄마를 위한 행동 코칭

1 아이에게만 집중하는 시간을 마련합니다. 아이는 엄마가 자신에게만 온전히 집중하는, 즉 엄마를 혼자 독차지해보는 경험이 필요합니다. 하루에 일정시간을 정해서 그 시간 동안은 전화가 와도 받지 말고, 오로지 아이하고만 놀이하는 시간을 가져보시기 바랍니다. 며칠만 지나도 아이의 달라진 모습을 확인할 수 있을 것입니다. 그리고 아이가 '나 사랑해?'라고 자꾸 확인하려고 하면, '넌 나에게 특별하고, 이 세상 어느 누구와도 바꿀 수 없는 소중한 아이'라고 말해줌으로써 확실하게 자기가치감을 심어주는 것이 필요합니다.

2 동생과 협동하는 활동을 만들어줍니다. 동생이 경쟁자가 아니라 함께 협동해서 좋은 결과를 낼 수 있는 존재라는 것을 알게 되면 아이들의 불타오르는 경쟁심이 한층 누그러질 수 있습니다. 동생과의 관계는 부모하기 나름입니다.

3 **아빠가 좀 더 적극적으로 육아에 참여해주세요.** 아빠가 아이와 놀이하는 시간을 충분히 가질 수 있도록 합니다. 이때는 아빠만이 해줄 수 있는 놀이를 선택하는 것이 좋습니다. 주로 바깥놀이나 보드게임 중심의 놀이를 시도해보세요.

항상 혼이 날까봐 전전긍긍해요

어느 순간부터 부모님의 눈치를 살피고 있는 아이를 보면 부모님의 마음이 복잡해지기 시작합니다. 특히 조금만 어려워도 쉽게 포기하거나 혼이 날까봐 전전긍긍하는 아이를 보면 '내가 잘못 키웠나?', '내 아이가 뭔가 부족한가?' 등 여러 가지 생각에 잠기게 되지요. 대부분 이런 아이들은 자신에게 스스로 할 수 있는 능력이 있고, 그것을 잘해낼 자신이 있다는 '유능감'이 부족합니다. '유능감'은 자존감에 포함되는 두 번째 구성요소입니다. 자존감 중에서 유능감이 높은 아이는 어떤 일이 주어졌을 때 '이거 한 번 해볼까? 하면 재미있겠는데.'라는 마음으로 시작하지만, 유능감이 부족한 아이는 '헉, 이거 잘못하면 혼이 날 텐데…….', '내가 잘못해서 다른 사람들이 비웃으면 어떻게 하지?'라는 마음에 시달리게 됩니다. 그렇게 되면 아이들은 진짜 자신이 좋아하는 일을 즐겁고 행복하게 하지 못하고, 끊임없이 다른 사람의 평가를 의식하면서 일을 해내게 되는 경우가 많습니다. 또한 자신이 진정 원하는 일을 하기보다 칭찬받을 수 있고, 좋은 평가를 받을 수 있는 일 위주로 하게 됩니다.

> **CASE**
>
> 저는 아이가 버릇없이 구는 것이 너무 싫어서 그동안 엄격하게 키워왔습니다. 아이 아빠도 저와 비슷해서 엄격하게 버릇을 고쳐주는 편입니다. 그래서인지 3세가 되면서부터 아이는 뭔가를 하려고 할 때마다 눈치를 살피고, "엄마, 나 이거 해도 돼?"라고 묻기 일쑤입니다. "나 우유 먹어도 돼?"라고 묻는 것은 보통이고, 심지어는 "엄마, 나 똥 싸도 돼?"라고까지 묻습니다. 하루는 제가 아주 친절하게 "왜 이런 것까지 엄마한테 물어?"라고 했더니, "엄마한테 혼날까봐."라고 대답하는 아이의 모습에 뒤통수를 한대 맞은 것 같은 충격을 받았습니다. 예의바른 아이로 키우려고 했던 것이 오히려 눈치만 살피는 아이로 키운 것 같아 마음이 무겁습니다.

💗 우리 아이 마음 터치

사례의 아이에게 부족한 것은 바로 '자신에 대한 유능감'입니다. 이 유능감이 형성되지 못한 이유는 부부 모두 아이에게 너무 엄격한 양육태도를 보였기 때문입니다. 유능감을 지닌 아이는 실패를 잘 견뎌

낼 수 있는 마음의 힘을 가지고 있습니다. 마음의 힘은 성공이나 실패의 경험을 했을 때 주변에서 보이는 반응을 통해 만들어집니다. 성공했을 때는 격려해주고, 실패했을 때는 위로해주는 따뜻한 과정을 통해 아이들 마음속에는 '잘 못해도 큰일나는 건 아니네. 그렇다면 다음엔 다른 방법으로 도전해볼까?'라는 동기가 생기게 되지요. 그러나 성공했을 때는 과도하게 칭찬을 해주고, 실패했을 때는 차갑고 냉정하게 대했다면 아이는 '실패했다가는 살아남을 수 없겠구나.'라고 생각하게 됩니다.

또 다른 이유는 아이의 자율성이 많이 침해받았다는 것입니다. 일반적으로 아이들은 만 2세가 되면서부터 '스스로 하려는 시도'를 하게 됩니다. 이것 또한 자존감 발달의 신호탄이 될 수 있습니다. 스스로 하고 성공해보는 경험, 실패를 했어도 주변의 따뜻한 격려를 받으면서 다시 시도해 성공해보는 경험 등은 아이의 유능감을 키우는 데 좋은 기초공사가 됩니다. 그러나 아이가 실패하면 상처받을까봐 아니면 오히려 엄마가 뒷처리해야 할 일이 많아질 것 같아서 엄마가 무엇이든 대신 해주게 되면 아이가 스스로 해보는 경험의 양이 부족해질 수 밖에 없습니다. 그리고 이 상황이 반복될 경우 아이는 머리로는 다 할 수 있을 것 같지만 실제로는 잘 되지 않는 현실과 부딪히게 되면서 점점 자신감이 없는 아이로 자라게 됩니다.

 **엄마를 위한 행동 코칭**

1 엄격하게 제한만 할 것이 아니라 친절하게 대안을 만들어 제시해줍니다. '하지 마'고만 하고 아이의 행동을 엄격하게 통제하게 되면 '남이 시키지 않은 것을 하면 혼이 난다. 그러므로 나는 남의 말을 잘 들어야 한다.'는 '타율적인 조절 능력'을 가지게 됩니다. 이런 경우에는 끊임없이 남의 허락을 갈구하게 되지요. 아이가 어떤 행동을 할 때는 분명 이유가 있습니다. 먼저 아이의 마음을 잘 이해해주고 그것이 적절하지 않으면 아이가 납득할 수 있도록 안 되는 이유를 간단히 설명해주세요. 또 아이에게 '이건 안 되지만 저것은 된다.'같은 적절한 대안을 만들어 주시기 바랍니다. 이런 과정을 통해 아이들은 자신의 욕구를 조절하고 협상하는 방법을 배우게 되며, '무조건 안 되는 것이 아니라 내가 생각해보면 할 수 있는 것이 많이 있네.'하고 자신감을 얻을 수 있습니다.

2 화를 낼 때는 아이가 감당할 수 있을 정도로만 냅니다. 보통 부모님들은 처음부터 다짜고짜 화를 내지는 않습니다. 한두 번은 심호흡을 하면서 참지만 아이의 행동이 계속 반복될 경우, 마침내 쌓아두었던 화를 폭발시키게 됩니다. 문제는 아이에게는 이런 일들이 벼락을 맞는 듯한 충격을 준다는 것입니다. 아이가 이해할 수 없고 받아들일 수 없는 정도로 화를 내면 아이는 자신의 감정과 생각을 억압하게 됩니다. 이런 경우에도 아이는 자신의 능력

에 대해 생각해보고, 자신이 생각한대로 시도하기보다는 남의 시선과 평가에만 전전긍긍하게 됩니다.

 아이를 압도하지 않고 현명하게 화내는 방법

① 신경질을 내기보다는 훈육을 한다.
참았다가 화를 폭발시키면 그것은 더 이상 훈육이 아니라 신경질로 전락하게 됩니다. 좀 더 체계적인 방법으로 계획을 가지고 접근하는 것이 '훈육'입니다. 아이의 행동을 조절해주기 위해 어떻게 해야겠다는 계획을 세워야 합니다.

② 부부간에 공통된 훈육 지침을 만든다.
아이가 '엄마, 아빠가 갑자기 화를 낸다.'는 오해를 하지 않기 위해 '이건 엄마, 아빠가 함께 정한거야.'라고 알려주세요. 아이들은 부모의 훈육에 대해 부당하다는 느낌보다는 합리적이라는 느낌을 받게 됩니다. 또한 이런 과정을 통해 부모님도 울컥하는 마음을 조절할 수 있습니다.

③ 화를 오래 끌지 않는다.
많이 참을수록 한 번 화를 내면 크게, 오랫동안 내게 됩니다. 이런 경우 아이의 마음속에는 부당하다는 마음과 함께 부모님의 화가 언제 풀릴지 몰라 불안한 마음이 생기게 되지요. 그냥 그 자리에서 한 번 따끔하게 훈육하고 말아야 합니다.

④ 그 행동에 대해서만 훈육한다.
부모가 참았다가 화를 내는 경우에는 대부분 '전에도~', '그때도 그러더니~' 등과 같이 아이의 과거사를 들먹이게 됩니다. 이렇게 말하다 보면 부모님은 자신도 모르게 점점 더 화가 증폭되지요. 듣고 있는 아이 또한 오히려 '부모의 행동은 부당하다.', '나는 억울하다.'는 느낌만 갖게 됩니다. 훈육을 할 때는 지금 잘못한 그 행동 하나에만 초점을 두도록 합니다.

⑤ 반복만이 살길이다.
부모의 훈육이 아이의 행동 변화로 연결되기 위해서는 수없이 많은 반복이 필요합니다. '한 번 이야기했는데 왜 말을 안 듣니?'라는 생각은 버려야 합니다.

3 **스스로 하는 경험의 양을 늘려줍니다.** 스스로 밥 먹고, 옷 입고, 자신에게 일어난 일들을 처리하는 경험은 아이들의 자

아성장과 자아존중감 영역 중 '유능감'을 발달시키는 데 절대적인 힘을 발휘합니다. 스스로의 경험이 없는 아이들은 실패하지도 않지만 그렇다고 스스로 성공해내지도 못합니다. 여러 번의 실패 경험을 딛고 성공해본 경험이 없는 아이들은 조금만 어려운 일이 닥쳐도 쉽게 절망하고 뒤로 물러서게 됩니다.

> **TIP** 아이 스스로 할 수 있도록 훈육하는 방법
>
> ① 그동안 아이에게 도움을 주었던 목록을 작성한다.
> 생각나는 대로 순서와 관계없이 목록을 작성합니다.
>
> ② 그중에서 아이 혼자서 충분히 할 수 있는 것들의 순서를 매겨 본다.
> 내 아이가 가장 쉽게 그리고 스스로 해낼 수 있는 행동대로 순서를 매겨보세요.
>
> ③ 정해 놓은 순서에 따라 하나씩, 일주일 동안 아이 혼자 해볼 수 있도록 훈련시킨다.
> 갑자기 너무 많은 행동을 혼자서 하게 하면 아이는 당황하면서 엄마에게 더욱 매달리게 됩니다. 갑자기 변한 엄마의 태도는 아이에게 '엄마가 나를 더 이상 사랑하지 않나?'라는 의심을 들게 하기 때문입니다. 그러므로 욕심내지 말고 천천히 하나씩 체계적으로 제시해주는 것이 바람직합니다.
>
> ④ 아이 스스로 한 것에 대해서 격려해준다.
> '네가 혼자 했구나.', '엄마 도움 없이 해낸 걸 보니 엄마 마음이 뿌듯하구나.' 등과 같이 아이의 행동에 대해 충분한 격려를 해줍니다.

4 아이가 스스로 결정할 수 있도록 기회를 주세요. 어릴 때부터 엄마가 다 해주어서 스스로 결정하는 것이 연습되지 않은 아이들은 자신이 무엇인가를 결정해야 할 때 끊임없이 묻고 또 묻습니다. 이것은 자신의 행동에 대한 책임을 지지 않겠다는 뜻입니다. 결과가 나쁘더라도 이것은 엄마가 시켜서, 또는 결정해주어서 한

것이기 때문에 자신에게는 책임이 없다고 여기게 됩니다. 그러므로 자신의 행동, 결정에 대해 책임을 질 수 있도록 안내해줘야 합니다.

 아이 스스로 결정할 수 있도록 돕는 대화 방법

① 아이가 정말 하고 싶은 것이 무엇인지 알게 한다.
아이가 어떻게 해야 할지 결정하지 못할 때 "이걸 하고 싶은 마음은 있니?", "네가 진짜 하고 싶은 건 뭔데?" 등과 같은 질문을 해보세요. 이런 질문은 '엄마가 어떻게 생각할까?'라고 남에게 초점을 맞춘 것에서 '내가 정말 원하는 것이 뭘까?'로 자신의 내면에 초점을 맞추게 합니다.

② 스스로 결정할 수 있는 사고력을 키워준다.
"네 생각은 어때?", "넌 어떻게 했으면 좋겠니?", "넌 뭘 먼저 하고 싶니?" 등과 같은 질문을 통해 아이는 엄마의 생각이 아닌 자신의 생각에 초점을 맞추게 됩니다.

③ 자기책임감을 심어주는 대화를 한다.
아이가 결정을 내린 다음에는 "어떻게 할까 생각했는데 이걸 하기로 결정했구나. 그래, 이건 네가 결정한 거네."라고 아이가 결정한 그 자체에 대해 격려해줍니다. 이것은 아이로 하여금 '아, 내가 해냈구나. 이게 중요한 거구나.'라는 자기확신감을 갖도록 도와줍니다.

자기 스스로 못나고 형편없다고 생각해요

자존감을 구성하는 세 번째 구성요소는 바로 '자신에 대한 호감'입니다. 이것은 내가 지금 당장은 이 일을 잘 못해내고 있지만 이런 나를 혐오스럽게 느끼거나 실망하고 낙심하는 것이 아니라, 그럼에도 불구하고 이렇게 노력하고 있는 자신을 마음에 들어 하는 자신에 대한 깊은 신뢰감을 말합니다. 이렇게 자신에 대한 호감이 높은 아이들은 과제를 주었을 때 '이거 한 번 해볼까? 그렇지만 이것을 못 해낸다고 해서 내가 무가치한 사람이 되는 것은 아니야.'라고 생각합니다. 그러다 보니 당연히 진취적으로 일하게 되고, 만약 실패하더라도 절망하기보다는 '비록 실패했지만 열심히 최선을 다해서 즐겁게 하는 내 자신이 마음에 들어.'라고 생각하지요. 이런 마음가짐이라면 행복하고 즐겁게 자신에게 주어진 일들을 해낼 수 있게 됩니다.

반면 자신에 대한 호감도가 낮은 아이들은 눈뜬 장님이 되어 자신이 아무리 많은 것을, 또한 멋진 것을 가지고 있다고 해도 자신을 비판하고 평가절하하면서 끊임없이 못살게 굴곤 합니다. 이런 마음가짐이라면 될 일도 잘 안될 테고 행복감과 즐거움을 누릴 수도 없게 됩니다.

> **CASE**
>
> 초등학교 3학년이 된 우리 아들은 자신에 대해 매사 부정적입니다. 2학년까지는 학교생활에 큰 문제가 없었는데, 최근 들어서는 "공부가 어렵다.", "하기 싫다."고 칭얼거리고, "친구들은 내가 못 생겨서 같이 안 놀아 줄 거다."라고 불안해하면서 급기야는 학교에 가기 싫다며 울기까지 했습니다. 수업시간에도 멍하게 앉아 있기 일쑤고, 조금만 실수해도 "그럴 줄 알았어, 내가 못한다고 그랬잖아."라며 화를 냅니다. 사실 저는 똑똑한 아이로 키우고 싶어서 어릴 때부터 영재교육과 다양한 사교육을 많이 시켰습니다. 그러다 보니 어릴 때는 아이와 놀아줄 시간도 없었습니다. 조금 과한 것이 아닐까 하는 생각이 들 정도였지만 다행히 아이는 힘들다는 내색 없이 잘 따라와 주었습니다. 그러나 최근 들어 갑자기 변해가는 아이의 태도에 어떻게 대처해야 할지 잘 모르겠습니다.

 **우리 아이 마음 터치**

아이는 따뜻한 정서적 교류 없이 자신에 대한 호감을 갖기 어렵습니다. 자신을 바라보는 따뜻한 눈길, 있는 그대로의 자신을 받아주는 정서적 교류를 통해 자신이 꽤 괜찮은 아이라고 생각하게 되지요. 실수하거나 잘못하더라도 따뜻하게 이해해주고 격려해주는 부모와의 정서적 교류를 통해 아이들은 실수를 하더라도 자신의 존재감까지 망가지는 것은 아니라는 내적 확신을 갖게 됩니다. 그러나 사례의 경우는 어릴 때부터 과도한 사교육에 초점을 둔 양육태도 때문에 학습은 많이 했지만 정서적인 교류는 충분히 하지 못한 것으로 보입니다.

생각할 틈을 주지 않은 일방적인 교육은 아이를 바보로 만듭니다. 또한 어릴 때부터 휘몰아치듯 주어지는 교육은 아이의 자율성을 많이 침범하게 됩니다. 많은 교육일정을 소화하려다 보니 엄마가 시키는 대로, 엄마가 하라는 대로 하게 되어 스스로 생각하고 판단하는 힘을 기르기 어려워지지요. 아이 스스로 판단해보아야 자기가치감이나 자신에 대한 호감을 가질 수 있는 여유가 생기는데, 자기 자신에 대해 생각할 틈조차 없었던 것으로 보입니다. 이런 경우에는 공부는 잘할 수 있을지 모르지만 엄마 또는 남이 시키는 대로 하는 바보 인생을 살게 됩니다. 이런 아이들에게 자신에 대한 호감을 기대하기란 어렵습니다.

정서적 기반이 세워지지 않은 채 습득된 학습은 모래성과 같습니다. 사실 학령기에는 학습도 자존감 형성에 중요한 역할을 합니다.

그래서 자존감이 낮은 아이들의 경우, 학습의 양이 많아지고 교과과정 내용이 다소 어려워지기 시작하는 초등학교 고학년부터 학교생활에 부적응하는 모습을 많이 보이게 됩니다. 이는 또다시 아이가 자신에 대해 호감을 갖지 못하게 만들고, 그로 인해 자존감을 더 낮게 만드는 악순환이 이루어집니다.

📢 엄마를 위한 행동 코칭

1 **아이와 대화의 양을 늘립니다.** 초등학교에 들어가면 그때부터 아이들은 엄마에게서 '숙제했니?', '학습지 해라.', '학교에서 선생님에게 혼은 안났니?' 등과 같이 '공부'와 '학교 적응'에 대한 이야기를 많이 듣게 됩니다. 아이의 생각과 마음속 이야기는 할 시간도 없고, 엄마 역시 들어줄 마음의 여유가 없습니다. 하지만 아이들도 어른 못지않은 고민과 갈등을 하므로 아이의 고민에 귀 기울여주는 것이 필요합니다. 하루 5분의 대화가 아이의 삶을 풍요롭게 할 수 있습니다.

2 **보드게임을 함께 해보세요.** 게임은 아이들에게 자기조절 능력을 키워주는 좋은 통로입니다. 그러나 안타깝게도 요즘 아이들은 누군가와 함께 생각과 마음을 나누는 게임을 하는 것이 아니라 오로지 자신이 하고 싶은 대로 마음껏 조작하는 컴퓨터 온라인

게임에 몰입하고 있는 실정입니다. 아이들이 이런 게임에 빠지는 것은 '내 마음대로 되는 세상'에 매료되기 때문입니다. 이것은 평소 자율성을 많이 침범당한 아이들이 쉽게 빠지는 유혹이지요. 그러므로 무작정 컴퓨터를 끄게 하고 못하게 한다고 해서 아이의 마음이 달라지지 않습니다. 건강한 상호작용 속에서 자신의 욕구를 잘 조절할 수 있는 연습을 시키는 것이 중요한데, 이것을 돕는 것이 바로 보드게임입니다. 두 사람이 함께 규칙을 지켜가면서 이기고 지는 상황을 즐겁게 견뎌내는 과정을 통해 아이들은 유능감과 자신감을 얻게 됩니다. 이것이 자신에 대한 호감으로 연결되는 것은 당연한 일입니다.

3 아이에 대한 욕심을 줄이고 작은 성공경험을 많이 제공해줍니다. 제임스라는 심리학자는 '자존감=$\frac{성공}{욕심}$'이라는 공식을 소개하였습니다. 욕심 즉, 자존감을 높여주려면 엄마의 기대수준을 낮추고, 아이에게 성공할 수 있는 경험을 많이 제공해주는 것이 필요합니다. 이것은 아주 간단합니다. 집에서 엄마가 밥상을 차릴 때 함께 돕게 하고, 자신이 가방을 챙기고 옷을 입는 등의 소소한 일상생활을 스스로하는 것부터 시작하면 됩니다. 이러한 일상생활을 스스로 해결해나가는 과정을 통해 아이들의 성공경험이 쌓이게 되고, 이것은 곧 건강한 자존감으로 연결됩니다.

4 조금이라도 아이의 주장이 반영될 수 있는 기회를 줍니다. 학습과정 속에서 아이의 자존감을 지켜주는 방법은 학습의 큰 방향

은 잡아주고, 세부적인 계획은 아이와 상의해서 결정하는 것입니다. '8시까지 숙제를 다 마쳐야 한다.'든지 '10시까지는 공부를 다 마쳐야 한다.' 등의 큰 방향은 잡아주지만, 수학을 먼저 할 것인지 국어를 먼저 할 것인지는 아이가 결정하도록 기회를 주는 것이지요. 이렇게 스스로 해내는 경험을 통해 아이는 자신에 대한 자부심과 자긍심을 가질 수 있게 되고, 책임감을 가지고 해내는 자신의 모습에 호감을 가질 수 있게 됩니다.

조금만 어려우면
쉽게 포기해버려요

자존감이 높은 아이들이 가지고 있는 좋은 특성 중 하나는 어려운 일이 있어도 남의 도움을 쉽게 구하지 않고 끝까지 즐겁게 해내려고 한다는 것입니다. 이것은 좌절에 대한 인내력이 있어야 가능한 일입니다. 그러나 자존감이 낮은 아이들은 실패 후 다른 사람들의 부정적인 평가를 받는 것을 두려워하고, 실패할 때 무력감을 깊게 느낍니다. 그래서 결국 낯설고 어렵게 느껴지는 것은 곧바로 포기하거나 심지어는 해보려는 시도조차 하지 않게 되는 것입니다.

CASE

만 6세가 된 우리 아들은 어릴 때부터 영민하다는 이야기를 많이 듣고 자랐습니다. 조금만 가르쳐주면 곧잘 따라와서 주변에서 '아이가 똑똑하니 잘 키워라.'라는 말을 많이 들었습니다. '칭찬은 고래도 춤추게 한다.'고 아이가 조금만 잘해도 항상 넘치게 칭찬해주었습니다. 사실 그동안 제 기대보다 더 잘 해내는 아이가 대견해서 웬만한 것은 봐주었습니다. 책에서 혼을 많이 내면 자존감이 낮아진다고 하는 구절을 본 것 같아 최대한 혼도 잘 내지 않으려 했고요. 그런데 언제부터인지 조금만 어려운 것이 나오면 곧 포기해버리고 쳐다보지도 않으려 합니다. 잘한다는 소리를 듣지 않으면 금방 시무룩해지고, 심지어는 화를 내기도 합니다. 공부를 하다가도 틀린 부분을 가르쳐주려고 하면 책을 덮고 "나 안 해."라며 다른 곳으로 가버리기도 합니다.

우리 아이 마음 터치

아이가 뭐든 잘한다고 생각해서 기대도 많이 했고, 칭찬도 많이 해주면서 키웠는데 그런 아이에게 예상치 못한 반응이 나왔으니 부모로써는 당황스러운 것이 당연합니다. 칭찬은 좋은 것입니다. 하지만 과도할 때는 '득'보다 '실'이 더 많아진다는 중요한 사실을 간과하신 듯합니다. 과도한 칭찬은 건강한 자존감 형성을 방해할 수도 있습니다.

지금 아이가 가진 함정은 '똑똑하다'는 것입니다. 어렸을 때부터 주변에서 '잘한다.', '멋지다.'는 이야기를 많이 들어왔던 탓이지요. 아이에게 과한 칭찬을 남발하게 되면 오히려 아이의 마음은 불안해집니다. '만약 칭찬받은 만큼 못해서 실패하면 어떻게 하나.', '앞으로 칭찬을 못 받으면 어떻게 하나.'같은 걱정 때문에 새로운 것을 시도하기를 겁내게 됩니다.

그뿐만 아니라 적절한 훈육 역시 부족했습니다. 아이의 기가 죽을까봐, 혹은 자존감이 낮아질까봐 불안해 훈육을 하지 않는다면 이는 아이의 적응능력을 저하시키고 자존감을 낮추는 주범이 됩니다. 되는 것과 안 되는 것을 잘 구분해주는 건강한 훈육은 아이의 조절능력을 키워줍니다. 무조건 안 된다고만 하지 말고 적절한 대안을 만들고 찾게 하는 과정이 반드시 필요합니다. 이를 통해 아이들은 포기할 것과 집중해야 할 것을 구분할 수 있게 되고, 할 수 있는 것 내에서 최선을 다하는 법을 배우게 됩니다. 결과적으로 아이는 어려운 상황이 와도 쉽게 좌절하지 않고 이를 해결할 수 있는 여러 가지 대안을 생각해낼 수 있게 될 것입니다.

📣 엄마를 위한 행동 코칭

1 **아이에게 눈독을 들이지 않습니다.** '눈독'은 말 그대로 '눈의 독'입니다. 아이를 믿고 기다려 주지 않고 24시간 아이만 쳐다보고 있으면 눈에서 나오는 독으로 인해 아이는 점점 시들어갑니다. 아이가 엄마의 기대에 맞춰서 사는 것이 아니라 자신의 본연의 모습으로 살아갈 수 있도록 한발 뒤로 물러서 기다려주어야 합니다.

2 **있는 그대로의 아이의 모습을 과장 없이 말로 표현해 주세요.** 어릴 때부터 잘한다는 이야기를 많이 들어온 아이들은 자신의 실제 모습과 남들이 기대하고 평가하는 모습의 차이 때문에 불안해합니다. 언젠가는 자신의 본 모습을 들키지 않을까 걱정하기 때문이지요. 그러므로 과도한 칭찬이나 과도한 감탄사는 금물입니다. "어머나! 이걸 해내다니. 역시 우리 ○○이야."라는 표현보다 "어려울 거라 생각했는데 끝까지 해냈네. 애썼다."는 표현이 더 좋습니다. 이런 표현을 통해 아이들은 노력하고 애쓰는 과정 자체에 초점을 맞추게 되고, 이런 자신의 모습에 만족할 수 있게 됩니다.

3 **실패를 경험하는 과정을 함께 지켜봐 주고 격려해주세요.** 아이가 성공했을 때만 잘했다고 칭찬할 것이 아니라 실패하고 있는 과정을 옆에서 함께 지켜봐 줍니다. 일이 뜻대로 되지 않았을 때 가장 속상한 사람은 지켜보는 엄마가 아닌 아이일 것입니다. 그런데 "왜 이런 것도 제대로 못해!"라고 못마땅한 눈빛으로 아이를 다그친다면 불난 집에 기름을 붓는 격입니다. 지금 아이에게 필요한 것은 질책이 아닌 위로와 격려입니다. 이럴 땐 "지금 뭔가 잘 안되고 있니? 그래서 많이 속상한가 보구나."라고 아이의 심정을 말로 표현해 주는 것이 좋습니다. 자신의 실패를 나무라지 않고 오히려 속상한 마음을 이해해주는 부모님을 통해 아이들 마음속에 실패를 견뎌낼 수 있는 힘이 자라나게 됩니다.

4 **긍정적인 목표지점을 만들어주세요.** "왜 처음부터 안 하려고 그래."라고 책망하기보다 "처음 어렵다고 생각될 때는 하기 싫겠지만 몇 번 하다 보면 잘하게 되던데."라는 식으로 아이가 앞으로 해낼 수 있는 긍정적인 목표지점을 제시해줍니다.

5 **일상생활에서부터 조절하는 법을 훈련합니다.** 자기조절능력은 갑자기 생겨나는 것이 아닙니다. 일반적으로 만 2~7세 사이에 자기조절능력의 기초가 형성됩니다. 이때 부모님은 아이에게 할 수 있는 것과 할 수 없는 것을 잘 구분해주고 훈련시켜야 합니다. 사례처럼 공부만 잘하면 다른 것은 거의 다 허용해주는 양육태도는 아이의 조절능력이 성장하는 것을 방해할 뿐만 아니라 끝까지 견디면서 과제에 도전하고 추진하려는 동기마저 저하시키게 됩니다. 또한 일이 뜻대로 잘 되지 않을 때 인내하지 못하고 금방 포기하도록 만들어 버립니다.

사회성

사람은 사회적인 동물입니다. 혼자서는 살아갈 수 없다는 뜻이지요. 그렇기 때문에 다른 사람들과 함께 살아가는 능력을 가진다는 것은 매우 중요한 일입니다. 그리고 바로 이러한 능력을 '사회성'이라고 합니다.

사회성은 매우 다양한 여러 가지 것들에 의해 영향을 받아 형성되는 능력입니다. 기질, 애착, 부모의 양육태도 등 아이의 발달에 영향을 미치는 다양한 요소들이 전부 사회성을 이루는 바탕이 되기 때문에 아동발달의 척도가 될 정도로 매우 중요한 개념이기도 합니다.

그러니 아이가 사회성이 잘 형성되지 못하여 여러 사람들과의 관계에서 불편하거나 부적응이 나타날 경우 단순히 사교적이냐, 양보를 잘하느냐의 문제가 아닌 발달의 중요한 부분에서 놓친 것이 없었는지를 확인하고 도움을 줄 필요가 있습니다.

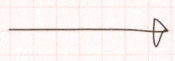

친구에게 자신의 물건을 가져다 줘요

친구들에게 절대로 양보하지 않는 것도 문제지만 자신의 것을 아무에게나 이유 없이 나누어 주는 것도 사회성이 부족하다는 신호일 수 있습니다. 친구들에게 자신의 것을 줘야만 친구관계가 맺어지거나 지속될 것이라 생각하는 아이들이 흔히 이런 행동을 보입니다. 자신이 없으니 물건으로 다른 사람들의 환심을 사려는 것이지요. 좋아하는 친구들에게 자신의 물건을 나누어 주기도 하고, 함께 나누어 먹기도 하는 것은 마음씨 좋은 아이들의 특성이기도 하나 정도가 지나쳐 누구에게나 매번 무엇을 나누어주지 않으면 안 되는 아이는 실은 매우 불안한 마음을 지닌 아이입니다.

CASE

막 7살이 된 남자아이입니다. 친구들에게 무조건 물건을 주려고 하는 아이 때문에 너무 속상합니다. 과자나 사탕 같은 것은 물론이고 집에 놀러 오는 친구들에게 자기가 아끼는 장난감까지 아무렇지도 않게 줘버리니 너무 화가 나네요. 아이를 혼내도 보고, 달래기도 하고, 친구에게 준 물건은 절대 다시 사주지 않겠다고 협박을 해봐도 소용이 없어요. 아이가 어릴 때 제가 너무 바빠 제대로 교육을 못 시켜서 그런 걸까요? 물건 귀한 줄 모르고 아무에게나 자기 물건을 주는 우리 아이, 무슨 문제가 있는 건가요?

우리 아이 마음 터치

사례 아이는 부모님이 너무 바빠 적절한 시기에 올바른 교육을 못 시켰기 때문에 부적절한 행동을 보이는 거라고 생각될 수 있습니다. 하지만 이것은 교육의 문제라기보다는 관계의 문제가 더 큽니다. 즉, 불안정하게 맺어진 애착으로 인해 아이가 취하는 태도일 수 있다는 것이지요.

아이가 주 양육자와 보내는 초기 3년간은 정서적 유대인 '애착'이 형성되는 시기입니다. 하지만 이때 어떤 사정에 의해 불안정하게 애착이 맺어지게 되었을 경우, 아이는 주 양육자와의 관계뿐만 아니라 다른 사람들과의 관계에서도 여러 불편한 특성들을 갖게 됩니다. 예를 들면 자신을 둘러싼 환경이 자신에게 호의적이지 않다고 지각하게 될 때 이런 아이들은 다른 사람들의 환심을 사야만 살아남을 수 있다고 생각하게 됩니다. 그 방법으로 결국 다른 사람들이 좋아할만한 물건을 주는 것을 선택하게 되지요. 부모님들은 아이를 위해 준비한 물건을 다른 친구에게 주는 것을 보고, 유복한 환경을 만들어주니 물건 귀한 줄 몰라서 그런다고 생각하겠지만 아이로서는 사회에 적응하기 위해 자신이 좋아하는 물건을 포기하면서까지 열심히 고군분투하고 있는 것입니다. 그만큼 사회에 적응하는 것이 아이에겐 절실한 일이라는 것이지요.

　이런 특성을 가진 아이들은 어른들을 낯설어하지 않고, 오히려 붙임성 있는 모습을 보이기도 해 사회성에 특별한 문제가 있을 거라고 생각되지 않을 수도 있습니다. 그러나 이 아이들은 처음에만 쉽게 다가갈 뿐 관계를 유지하고 지속하는 것에는 상당한 어려움을 느낍니다. 만약 스스로에 대해 강한 믿음이 있었다면 자신만의 매력으로 다른 사람의 애정을 얻을 수 있을 거라 확신을 가지고 행동할 것입니다. 하지만 내면이 불안하고 스스로에 대한 확신이 없는 아이라면 다른 사람들에게 잘 보이려면 선물을 주는 방법밖에 없다고 판단하게 됩니다.

　비슷한 예로 다른 친구들의 의견에 지나치게 동조하면서 친구를 따라 하거나 친구 의견에 무조건 찬성하는 아이들 역시 또래 관계에 자신이 없기 때문에 이러한 경향을 보이는 것이라고 볼 수 있습니다. 즉, 양상은 다르지만 아이의 마음은 같을 수 있다는 것입니다. 하지만 진실은 자신에 대한 믿음이 없고, 그로 인해 친구 관계에서도 자신감이 없기 때문에 이런 태도를 취하게 되는 것입니다.

📣 엄마를 위한 행동 코칭

1 **아이의 장점을 찾고 자주 칭찬해주면서 자신감을 높여 줍니다.** 스스로에 대한 확신을 갖게 하고 자신감을 길러주기 위해서는 아이가 자신의 장점을 알아차리고, 그것에 대해서 자랑스러워할 수 있도록 도와주는 것이 중요합니다. 가장 좋은 방법은 바로 '부모의 칭찬'입니다. 보통 아이를 사랑하고 예뻐하는 만큼 아이에 대한 기대와 기준이 높아지게 되어 아이를 칭찬하고 인정해줄 만한 일들이 매우 드물게 됩니다. 또한 아이에 대해 걱정만 하게 된다면 부모의 걱정으로 인해 아이가 자랑스럽기보다는 걱정거리로만 여겨지게 되지요.

상담소에 방문하는 부모님들에게 아이의 장점을 세 가지만 이야기해보라고 질문하면 의외로 쉽게 대답하지 못하는 경우가 많습니다. 이런 상황에서 아이가 스스로에 대해서 자신감이 없는 것은 당연한 일입니다. 우선 아이의 장점 리스트를 만들어서 아이가 부모가 생각하는 것보다 훨씬 많은 능력이 있음을 확인하고, 그 장점에 대해서 이야기를 나누며 자주 칭찬해주세요. 부모는 아이의 거울이 되어 아이의 모습을 비춰주고, 아이는 부모라는 거울에 비친 자신의 모습을 보며 기뻐하고 자랑스러워할 수 있어야 합니다. 칭찬은 고래만 춤추게 하는 것이 아니라 스스로에 대해서 자신감이 없어 다른 사람들에게 자신감 있게 행동하지 못하는 우리 아이도 춤추게 해 줄 수 있답니다.

2 지나치게 엄격하고 억압적인 양육태도를 취한 건 아니었는지 점검하고 수정합니다. 부모가 이러한 양육태도를 취한 탓에 아이가 '고분고분한 아이'가 되어버렸다면 친구들 사이에서도 자신감이 없어 집니다. 아이의 상황이나 의지와 상관없이 부모의 기분대로 아이를 지나치게 통제하면 아이는 자신의 생각을 표현하지 못하게 되고 자신감을 갖기 어렵게 됩니다. 그러니 아이가 친구 관계에서 자기 의견을 표현하지 못하고 친구를 따라 하기만 한다면 아이의 행동만 나무랄 것이 아니라, 자기 표현을 좀 더 자유롭게 할 수 있게 가정 분위기부터 바꿔주어야 합니다.

큰 규칙에 어긋나는 것이 아니라면 아이의 의지와 의견을 좀 더 존중하고 들어주는 것부터 시작해 자신감을 길러주세요. 그렇게 되면 아이는 점차 친구들 속에서도 자기 의사 표현을 확실히 하는 모습을 보여주게 될 것입니다.

친구들과 어울리지를 못해요

대부분의 사람들은 누군가와 함께 있고 싶어 합니다. 특히 우정이 발달하게 되는 초등학교 시기에는 그 이전의 시기가 '가족이 가장 중요한 집단'이었던 것에서 확장되어 '친구들이 매우 중요한 시기'가 됩니다. 그런데 어떤 아이들은 친구들과 잘 어울리지 않아 혹시 사회성이 부족한 것은 아닌지 걱정하게 합니다.

CASE

초등학교 2학년 남자아이를 둔 엄마입니다. 혹시 우리 아이에게 사회성이 너무 없는 것은 아닌지 걱정이 되어 문의 드립니다. 담임 선생님 말로는 아이가 친구들과 너무 교류가 없고 먼저 말을 건 적도 없으며, 쉬는 시간에도 혼자 교실을 돌아다니거나 앉아만 있다고 합니다. 집에서는

> 자기 의사표현을 곧잘 하는데 학교에서는 친구들이 말을 걸어도 대답을 안 하는 경우가 많답니다. 원래 내성적이기도 하지만 너무 심한 것 같아 걱정이 됩니다. 참고로 엄마인 저도 내성적입니다. 동네에 친하게 지내는 엄마도 거의 없어요. 아이가 친구와 인사 한마디 나누는 것조차 힘들어서인지 아니면 싫어서 그러는 것인지 정확히 알 수는 없지만 요즘 들어 집에만 있으려 해서 너무 걱정이 됩니다.

 우리 아이 마음 터치

인간의 성향은 크게 내향성과 외향성으로 나눌 수 있습니다. 이 성향은 후천적으로 길러지기보다는 타고난 기질입니다. 따라서 부모가 소극적이고 내성적인 기질이라면 유전되어 아이도 소극적이고 내성적일 가능성이 있습니다. 이런 아이들의 경우 아무래도 친구들을 쉽게 사귀고 활발하게 교류하는 것이 어려울 수 있습니다. 더구나 사례처럼 아이의 주 양육자인 엄마가 내성적인 성격이라면 아무래도 여러 사람들과 어울려 만날 기회도 별로 없었을 것입니다. 기질적인 특성에 환경적으로도 사람들과 만나서 활동할 기회가 적어 사람들과 함께하는 것을 연습할 기회마저 많지 않았다면 아무래도 사회성이 길러졌을 가능성도 적겠지요.

짧은 시간 살펴보는 것만으로는 아이의 사회성 정도를 정확하게 파악하기 어려울 수는 있습니다. 아이들은 함께 놀이를 해도 성향이나 관심, 그 순간의 상황에 의해 다른 아이들이 즐겁게 무리지어 놀고 있는 사이에서 혼자 책을 읽는다든지, 좋아하는 장난감을 혼자 살펴본다 던지 할 수도 있기 때문입니다. 단편적으로 이 상황만 보게 된다면 친구들과 어울리지 못하는 아이로 생각될 수 있지요. 하지만 실제로 아이들의 놀이는 항상 어울려서만 나타나는 것이 아니라 함께 있어도 각자의 놀이를 하는 병행놀이, 무언가 함께 하지만 역할이나 조직, 규칙 없이 놀이를 하는 연합놀이, 그리고 역할이나 규칙을 함께 공유하여 하나의 놀이를 해내는 협동놀이 같은 놀이단계가 혼재되어 나타날 수 있습니다. 그렇기 때문에 한두 번 살펴보고 아이가 친구들과 어울리지 않는 것으로 보인다고 크게 걱정할 필요는 없습니다.

그러나 사례처럼 아이가 교육기관에서 눈에 띌 정도로 친구와 어울리지 않는다면 원인을 살펴보고, 아이가 친구들과 놀 수 있는 기회를 만드는 등의 적극적인 대처가 필요할 수 있습니다.

📣 엄마를 위한 행동 코칭

1 친구들과 놀이할 수 있는 기회를 많이 만들어줍니다.

사회성이 좋고 친구들과 잘 어울리는 아이는 어린 시기부터 자연스럽게 다른 사람들과 어울릴 기회가 많았던 경우가 대부분입니다

다. 또래 관계도 연습할 기회가 많아야 합니다. 아이가 친구들과 잘 어울리지 못한다면 인위적으로라도 친구와 만날 수 있는 기회를 만들어 주는 것이 좋습니다. 하지만 사회성이 부족한 아이가 아이들이 많은 무리에 끼어들어 노는 것은 너무나 어려운 일입니다. 놀이터에 데려가 "놀아봐. 친구들 많잖아."하고 떠밀어봐야 소용이 없습니다. 그보다는 성향이 비슷하고 마음이 맞는 친구 한 명을 집으로 초대하여 놀 수 있는 기회를 만들어주는 것이 더 좋습니다.

집은 아이에게 익숙하고 편안한 곳이니 다른 곳보다는 안심이 될 것입니다. 더구나 놀잇감이 모두 아이의 것이니 친구에게 자신감 있게 접근할 수 있게 됩니다. 집에서 친구와의 활동이 익숙해지면, 다음에는 친구의 집에 놀러 가도록 해 보세요. 두 명의 상호작용에 자신감이 생기게 되면 그 다음에는 소그룹으로 놀이할 수 있게 기회를 만들어주면 더욱 도움이 될 것입니다. 이때 주의해야 할 것은 되도록 짝수의 그룹을 만드는 것입니다. 그렇게 되면 아이가 소외되지 않고 놀이에 참여할 수 있게 됩니다.

즉, 점진적으로 아이가 친구와 어울릴 기회를 제공해주고 자신감을 가질만한 조건에서부터 시작하여 그 단계를 잘 성취하게 되면 다음 단계로 넘어가는 방식을 취해야 합니다. 이때 성급하지 않게 아이의 속도에 잘 맞추어 주는 것이 아이가 자신감을 갖게 되는 기회가 될 수 있음을 명심해야 합니다.

2 친구들과 어울리는 모습을 관찰한 뒤 직접적으로 방법을 알려줄 수도 있습니다. 아이가 친구와 노는 상황을 자주 관찰하게 되면 아이가 어떤 부분에서 부족하고, 어떤 부분에서 자신이 없어서 친구들과 어울리는 것을 회피하는지 알 수 있게 됩니다. 예를 들어 또래 사이에서 일어나는 일을 자주 오해하고 삐치는 아이를 위해서는 아이의 생각을 바로 잡아줄 수 있는 부모와의 대화가 자주 있어야 합니다. 일어난 일을 자세하게 이야기하게 하고 들으면서 아이가 오해하고 있는 부분에 대해서 "그렇게 생각할 수도 있지만, 엄마 생각에는 ○○이가 이렇게 생각해서 말했던 것 같은데. 너는 어때? 너는 어떻게 생각하니?"하면서 아이가 잘못 인식하고 있었던 것을 다시 한 번 생각해보게 하고, 자기만의 관점에서 벗어나 오해하지 않으며 기분 상하지 않도록 도움을 줄 수 있습니다.

친구들을 괴롭혀요

상담소 홈페이지에 아이가 유치원이나 학교에서 다른 아이들을 때리고 괴롭혀서 선생님이나 다른 엄마들에게 항의를 받았다는 고민이 자주 올라옵니다. 이 부모님들은 차라리 우리 아이가 다른 아이한테 맞고 들어왔으면 마음이 편하겠다고 호소하는 경우가 많습니다. 사이 좋게 지내야 하는 인간사회에서 다른 사람을 괴롭히고 공격하는 사람은 다른 사람들의 인정과 애정을 받을 수 없으며 비난을 받게 됩니다.

CASE

38개월 된 남자아이입니다. 올 3월부터 어린이집에 다니기 시작했습니다. 적응하는 데까지 한달 가량 걸렸습니다. 환경에 적응하고 또래 아이들과 어울리기 시작하면서부터 문제행동이 시작됐습니다. 처음엔 그냥 아무나 때리다가 때리는 게 줄어드는가 싶더니 이제 깨물기까지 합니다. 처음엔 이유 없이 그냥 깨물더니 요즘은 뜻대로 안되면 깨물고, 요즘도 가끔은 이유 없이 그냥 때리기도 합니다. 그래서 혼내려고 이름을 부르고 오라고 하면 먼저 울어버립니다. 본인도 그렇게 하면 안 된다는 것도 알고 안 하겠다고 약속도 하는데 개선되질 않습니다. 다른 애들보다 말이 늦었는데 그냥 남자아이니까 좋아지려니 하고 기다렸고, 결국은 말이 트이고 잘 하게 되어서 큰 걱정은 안 했습니다. 그런데 표현력이 좀 부족한 것이 아닌가 하는 생각이 들 때가 종종 있습니다. 집에서 저하고 둘만 있으면 괜찮은 것 같은데 밖에서 친구들과 어울릴 때면 눈을 뗄 수가 없습니다. 보고 있는 저도 불안합니다. 상담이 필요한가요?

우리 아이 마음 터치

언어적 의사표현이 원활하지 않은 아이들은 자신의 뜻을 관철시키기 위해 혹은 화가 나 속상한 감정들을 표현할 때 상대방을 때리거나 꼬집는 등의 공격적인 행동을 취하는 경우가 많습니다. 그래서 잘 살펴보면 사례처럼 언어발달이 늦은 아이들의 경우 또래와 갈등이 생기거나 충돌이 생길 때 공격적인 행동을 보였던 사례가 종종 있지요. 자기주장이나 해결방법을 말로 표현하지 못하니 행동으로 자신을 표현하게 되는 것입니다. 그 밖에도 아이가 폭력적인 행동을 하는 원인은 다양합니다. 폭력적이거나 공격적인 환경에 노출되어 있는 경우에도 공격적인 행동을 보일 수 있습니다. 부모님 혹은 형제 등의 가족들이 평소에 자주 싸우거나 때리는 것을 목격한 경우에도 그럴 수 있고, 텔레비전이나 컴퓨터 게임 등을 통해 폭력물을 많이 보았을 경우에도 폭력 행동을 흉내 낼 수 있습니다.

한편, 부모님의 양육태도가 아이의 이런 행동문제의 원인이 되기도 합니다. 부모님이 너무 엄격하고 무서울 경우 그 스트레스와 억압된 화를 다른 사람을 때리거나 꼬집는 등의 행동으로 표출할 수 있습니다. 반대로 집에서 무조건 허용적인 양육태도로 아이를 기를 경우 자기조절능력이 길러지지 않아 화가 나거나 뜻대로 되지 않으면 참지 못하고 행동으로 표현하는 아이가 되기도 합니다.

ADHD(주의력결핍 과잉행동장애)와 같이 충동조절에 어려움이 있는 경우에도 말보다 행동이 먼저 앞서게 되어 과격한 행동이 나타날 수 있습니다. 특히 ADHD 아이들은 평소 가족이나 학교에서 긍정적인 피드백을 받기 어려운 경우가 많은데 이때 상처받고 속상한 마음을 담고 있다가 다른 아이들이 조금만 자신의 뜻을 따르지 않으면 금세 화를 내고, 조절능력이 부족하니까 분노를 쉽게 행동화하는 경향이 있습니다.

📢 엄마를 위한 행동 코칭

1 **자신의 감정이나 욕구를 공격적이지 않은 방법으로 표현하도록 돕습니다.** 무언가 내 마음대로 되지 않으면 답답하고 짜증나고 화가 나는 것은 당연합니다. 하지만 이 감정에 대한 표현은 바람직한 방법으로 행해져야 사회에서 받아들여집니다. 예를 들면 놀다가 친구가 살짝 아이를 밀었을 때 아이가 화가 나서 친구를 때리고 밀치려 한다면 "친구가 밀어서 많이 화났지. 그런데 친구를 때리는 것은 안 돼. 친구한테 밀어서 화가 났다고 말해봐. 친구가 사과할꺼야."라고 알려주어야 합니다. 즉, 감정은 부모가 수용해주되 공격적인 행동을 해서는 안 된다는 것을 단호하게 알려주고, 어떻게 자신의 감정을 표현해야 하는지 구체적으로 알려주어야 한다는 것입니다. 이는 아동 상담 현장에서 사용되는 '치료적 제한'이라는 방법입니다. 이 방법이 처음에는 부모와 아이 모두에게 낯설고 어색하겠지만 자주 연습하다 보면 아이의 사회적이지 못한 행동을 수정하는 데 매우 효과적으로 이용될 수 있습니다.

때로는 아이들은 친구에게 놀자고 청하는 방법을 몰라 때리거나 놀리는 방식을 취하기도 합니다. 이럴 때 부모나 교사가 아이의 욕구를 알아차리고 올바른 방법을 알려주는 것이 필요합니다. "친구랑 놀고 싶어서 그러는 거지? 그럴땐 친구를 놀리면 안 돼. 같이 놀자라고 말하면 돼."라고 여러 번 이야기 해주어서 아이도 인식하지 못하는 욕구를 알아차려주는 것이 중요합니다. 아이가 할 수 있는 적절한 방법을 알려주고 여러 번 해보게 하여 친구와 놀 수 있게끔 해주는 것이 올바른 방법입니다.

2 자기조절능력을 기를 수 있는 환경으로 재구성합니다. 부모가 아이를 훈육할 때 너무 심한 방법으로 엄격하게 하거나 체벌이나 폭언 등 폭력적으로 하게 되면 아이는 마음 속에 화를 품게 됩니다. 자신이 한 일보다 훨씬 더 심하게 야단을 맞게 되었으니 그 억울함과 속상함을 마음에 담고 있는 것이지요. 화가 찰랑찰랑 마음에 담겨 있는 상태가 되면 다른 아이들이 조금만 아이를 건드리거나 흔들어도 쉽게 넘쳐버리게 됩니다. 결국 아이는 별 것도 아닌 일에 쉽게 화를 내고 공격적인 행동을 하게 되는 것입니다.

더구나 부모의 체벌이나 폭언은 아이들에게 쉽게 모델링 되는 행동입니다. 문제 상황이 발생했을 때 부모처럼 때리거나 욕하는 등의 공격적인 방식으로 문제를 해결하는 것이 아이가 알고 있는 유일한 방법일 수 있기 때문입니다. 또한 부모가 너무 엄격해서 아이를 심하게 억압하면 아이는 분풀이를 위해 자기보다 약한 아이를 타깃으로 삼아 공격적 행동을 취할 수 있습니다. 부모가 엄격하고 공격적인 훈육방식을 취하고 있다면 아이가 친구들 사이에서 공격적인 태도를 보이는 것은 당연한 일이므로 지금 당장 멈춰야 합니다. 단호하게 훈육을 하는 것과 체벌과 폭언을 써가며 공격적으로 훈육을 하는 것이 같은 것은 아니라는 것을 명심해야 합니다.

반면 아이가 가정 내에서 너무 관대한 양육태도로 인해 자기조절

능력이 길러지지 않았다면 연령에 맞게 꼭 지켜야 하는 규칙 등을 정해 자신의 욕구나 감정 등을 참아가면서 지키는 연습을 반드시 실시해야 합니다. 지켜야 하는 규칙들을 잘 지켰을 때 칭찬과 격려를 해주는 것이 아이의 조절능력을 기르는 데 좋은 방법이 됩니다.

3 **폭력적인 매체에 노출시키지 않아야 합니다.** 텔레비전이나 컴퓨터 속 폭력적인 장면에 최대한 노출시키지 않는 것이 최선의 방법입니다. 아이들은 쉽게 모방을 하는데, 폭력적인 장면에 자주 노출되면 공격자와 동일시 되어 피해자에 대해 공감하지 못하고 친구들을 때리거나 괴롭혀도 그 친구가 얼마나 괴롭고 아플지에 대해서 미처 생각하지 못하는 아이가 될 수 있습니다. 만약 폭력 장면을 보았다면 부모는 반드시 저 행동은 하면 안 되는 것이고, 피해를 입는 입장이 얼마나 힘들고 괴로운지 공감할 수 있도록 이야기를 나누어야 합니다.

Q24 친구들과 놀 때 자기가 원하는 대로만 놀기 위해 고집을 부려요

영유아기의 아이들은 인지적으로 다른 사람의 관점을 이해할 수 없기 때문에 타인의 생각이나 감정을 배려하는 것이 어렵습니다. 더불어 점차 한 인간으로서 존재감을 증명하기 위한 자기 주장이 늘어나기 때문에 시간이 갈수록 자신의 의견만 내세우는 일이 잦아지기도 하지요. 그러나 성장하면서 다른 사람들의 입장을 이해하는 법도 배우고, 자신의 의견과 주장이 있더라도 다른 사람이 수용할 수 있을 정도로 절충하거나 맞추는 법도 배우게 됩니다. 자기 생각과 욕구를 다른 사람들과 조율해 가면서 아이는 사회 속에서 혹은 친구들 사이에서 잘 살아가는 방법들을 터득하게 되는 것이지요.

그런데 어떤 아이들은 다른 능력은 탁월하고 뛰어난데 비해 친구들과의 의견을 조율하고 맞추는 것에는 유독 서툴러서 친구들과 잘 어울리지 못한 채 점점 독불장군이 되어가기도 합니다. 이렇듯 자기 고집이 세고 함께 어울려 잘 지내지 못하는 것은 아이가 다른 사람의 입장, 다른 사람의 감정을 공감하지 못하기 때문입니다.

CASE

우리 딸은 어릴 때부터 또래에 비해 똑똑하다는 이야기를 많이 들어왔습니다. 문화센터에서도, 유치원에서도 아이가 영리하다고 많이들 이야기해주었습니다. 제가 좀 똑부러지는 성격이라 아이가 어릴 때부터 뭔가를 가르치거나 알려줄 때는 확실하게 알려줬고, 잘못하면 확실하게 그리고 무섭게 야단을 쳤지요. 그래서인지 우리 아이는 또래 아이들보다 무엇이든 야무지게 잘해내는 편입니다. 다른 아이들도 언니처럼 우리 아이를 따르곤 했었고요. 그런데 요즘 친구들하고 노는 모습을 보면 걱정이 되는 부분들이 많습니다. 지금처럼 하다가는 학교에 가서 왕따가 될 것 같아서요. 제 딸은 유치원이든 어디든 자신이 의견을 내면 친구들이 따라주기를 원하고, 만약 자기를 따르지 않으면 화를 내거나 짜증을 내는 일이 많다고 해요. 선생님께서 걱정이 된다며 전화를 주기까지 했어요. 지금보다 어릴 때는 친구들하고 사이 좋게 놀고 인기가 많았었는데 7세가 되면서부터는 예전이랑 다른 모습을 보여서 너무 당황스럽습니다. 어떻게 해야 예전의 인기 많고 친구들에게 친절했던 딸로 돌아올 수 있을까요? 꼭 알려주세요.

우리 아이 마음 터치

아이들은 만 2세가 되면서부터 자율성이 폭발적으로 발달되기 때문에 사건사고를 많이 치게 됩니다. 엄마가 해주면 별일도 아닌 일을 스스로 해보겠다 애를 쓰다 엎지르기도 하고 다치기도 하지요. 이때 부모님의 양육태도는 아이의 행동이나 태도 형성에 매우 중요한 영향을 미칩니다. 영아기 시기의 아이들은 배고파 울면 엄마가 우유를 주고, 오줌을 싸서 축축해 울면 엄마가 기저귀를 갈아주기 때문에 세상이 자신의 뜻대로 움직여지는 것처럼 느끼는 '전능감'을 갖게 됩니다. 그런데 어느 정도 연령이 되면 자신이 해도 되는 일이 있고 하고 싶어도 하지 못하는 일이 있다는 것을 경험하게 되지요. 바로 하지 말아야 하는 행동을 했을 때 행해지는 부모님의 훈육에 의해서 말입니다. 어떤 행동을 하면 엄마에게 혼난다는 것을 알게 될 때 아이는 비로소 자신의 행동이 다 허용되는 것이 아니고, 자신의 욕구가 다 이루어질 수 없기에 때로는 욕구를 포기해야 한다는 것을 체험하게 되지요. 그리고 이러한 과정을 반복하면서 아이들은 '조절능력'을 기를 수 있게 됩니다.

하지만 부모가 요구를 한없이 다 들어주기만 하고 적절한 훈육을 하지 않아 원하는 일이 거의 다 이루어지는 환경에서 자라게 된 아이들은 어떨까요? 아이는 자신의 욕구를 참아내고 행동을 조절하는 능력을 배울 수가 없게 됩니다. 즉, 자신의 욕구가 어느 정도 좌절되는 경험을 해야지 다른 사람들과 적절하게 조율해가면서 살아갈 수 있다는 것입니다. 이 조절능력이 부족한 아이들은 친구들 사이에서도 자기 고집만 피우고, 다른 아이들이 자신의 의견을 따라주지 않으면 그 좌절을 견디지 못해 화를 내거나 짜증을 부리게 됩니다.

반면 자율성과 주도성에 심하게 침해를 받았던 아이들 역시 다른 친구들을 인정하지 못하고, 모든 일을 자신의 뜻대로 해버리는 경우가 생기곤 합니다. 사례에서처럼 평소 부모가 아이의 행동에 대해 지적이나 간섭을 많이 해왔다면 아이는 평소 자기 마음대로 하고 싶은 욕구를 누른 채로 있게 되고, 더불어 부모의 태도를 내면화시키게 됩니다. 그리고 일일이 간섭하는 부모가 없을 때는 마음대로 하고 싶은 자신의 욕구를 충족시키려고 하는데, 주로 또래와 함께 있을 때 그 욕구가 발현되기 쉽습니다. 자신이 보고 배운 대로 친구들에게 지시하고 간섭하는 태도를 취하는 것이지요. 이 모든 행동은 꽤 자연스럽게 나타나기 때문에 자신의 행동을 다른 친구들이 싫어할 것이라는 생각은 전혀 하지 못합니다. 그렇기에 친구들이 자신의 행동을 싫어해서 함께 놀고 싶어하지 않는다는 사실을 이해하지도 인정하지도 못하는 상황에 처하게 되지요.

이런 상황들은 특히 어릴 때부터 영리하고 똑똑해서 다른 아이들이 많이 따랐던 아이들에게 자주 나타나게 됩니다. 아이들이 어릴 때는 발달이 한창 이루어지는 시기이므로 조금만 능력이 좋아도 다른 아이들보다 할 수 있는 것들이 많아져 다른 아이들의 선망의 대상이 되기 쉽습니다. 하지만 아이들이 자라면서 능력이 비슷해지고, 스스로 해내고 싶은 욕구가 커지기 때문에 친구일지라도 간섭하거나 주도권을 침해하면 싫어하게 되는 것입니다. 사례처럼 어릴 때부터 다른 아이들보다 영리하다는 이야기를 들어왔던 아이들이 쉽게 빠지는 함정이기 때문에 아이가 성장하고 커가면서 또래 관계 패턴이나 양상을 잘 살펴보는 것이 좋습니다.

📢 엄마를 위한 행동 코칭

1 자신의 양육태도가 어떠한지를 점검합니다. 아이에게 평소 지나치게 허용적이거나 주도적이진 않았는지, 아이의 결정에 일일이 간섭하지는 않았는지 점검해볼 필요가 있습니다. 부모의 잘못된 양육태도로 인해 아이가 자기 주장만을 내세우는 사람으로 성장하게 될 수도 있으니 우선 자신의 양육태도부터 확인한 뒤 아이의 발달연령에 맞게 바꿔줘야 하지요. 아이가 영아기를 벗어나 유아기, 아동기가 되면 지켜야 하는 규칙들을 정해주고, 그 안에서는 자율성과 주도성을 발휘할 수 있는 기회를 마음껏 줍니다. 이 과정을 통해 성공이나 실패를 경험해가면서 자신의 행동을 조절할 수 있는 능력을 기를 수 있습니다. 물론 기준은 항상 너무 엄격하지 않게 해 아이가 실패보다는 성공의 경험을 더 많이 할 수 있게 조정해줘야 한다는 것을 기본 전제로 해야 합니다. 대체로 7할 이상 성공할 수 있도록 기준을 정해주는 것이 아이가 무력감을 느끼지 않으면서도 좌절을 감내하는 능력을 기를 수 있게 만드는 적절한 정도라고 할

수 있습니다.

2 다른 아이의 입장을 고려할 수 있게 도와주세요. 영유아기 시기에는 다른 사람의 관점을 이해하고 고려하는 것이 어렵습니다. 이것이 가능하려면 '조망수용능력'이라는 것이 길러져야 하는데, 이 인지능력은 보통 유아기 시기부터 시작해 사춘기에 이르러서야 발달이 완성됩니다. 조망수용능력이 길러지기 시작한 아이들은 자기중심적인 사고에서 벗어나 다른 사람의 생각이나 느낌을 이해하게 됩니다. 반면에 조망수용능력이 부족한 아이들은 친구의 태도나 행동을 이해하지 못한다든가, 친구와 놀 때 자기 입장만을 고수하는 자기중심적인 행동을 하기 쉽습니다. 이 능력은 아이가 성장하면서 천천히 발달되어가는 것이지만 가만히 놓아둔다고 길러지는 것은 아닙니다. 다양한 사회 경험을 통해 축적되고 다듬어지지요. 따라서 친구들과 자주 어울릴 기회를 만들어 주고 아이가 조망수용능력이 부족한 모습을 보이면, 이 부분을 보충해주기 위해 부모가 좀 더 관심을 기울여주어야 합니다.

조망수용능력의 핵심은 '입장 바꿔 생각하기'로 일상적인 상황에서 벌어지는 사건에 관해서나 좋아하는 동화책이나 만화영화에 대해 함께 이야기 나누는 것이 가장 일반적인 방법입니다. 예를 들면 아이가 신데렐라를 좋아한다면 함께 보면서 신데렐라가 느꼈을 감정이나 생각 등에 관해 함께 이야기를 나눌 수 있습니다. "파티에 못 가고 청소만 해야 하는 신데렐라는 지금 어떤 마음일까?" 등의 질문을 통해 아이는 자연스럽게 다른 사람의 입장에서 생각하고 느껴보는 연습을 하게 될 것입니다. 더불어 부모의 마음이나 생각을 자세히 알려주는 것도 도움이 되는 방법입니다. '엄마가 왜 이렇게 빨리 뛰어 왔냐면, ○○이를 빨리 만나고 싶었거든' 등 부모 행동의 원인이나 의도를 자연스럽게 말해준다면 아이가 타인의 관점에서 생각해 보고 공감할 수 있는 다양한 기회를 가질 수 있게 될 것입니다.

3 자기조절능력을 기를 수 있는 놀이를 활용해보세요.

① 가라사대 게임: 술래가 된 사람이 '○○가라사대'를 말한 다음에 지시사항을 말하면 따르고, 가라사대를 붙이지 않으면 지시사항을 말해도 가만히 있어야 합니다. 상대방의 이야기를 잘 들어야 할 뿐만 아니라 지시에 따르는 것에 대한 연습도 된답니다.

② 비누방울 크게 불기: 비누방울을 크게 만들기 위해서는 숨을 깊고 천천히 쉬어야 됩니다. 호흡을 조절하는 연습을 할 수 있습니다.

도덕성

인격을 형성하는 중요한 요소 중 하나는 바로 도덕성입니다. 도덕성을 가짐으로써 자신의 욕구를 조절할 수 있고, 사회적 인간으로 적응하며 살아갈 수 있습니다. 이러한 도덕성은 유아기부터 시작되어 학령기까지 발달하게 됩니다.

사회 적응과 밀접한 관계가 있는 도덕성이 덜 발달된 아이들은 자신의 욕구만을 충족하려고 하는 경우가 많으며, 반대로 도덕성이 지나치게 발달한 아이들은 자신의 욕구는 무시하고 사회적 규율이나 외부의 가치관, 타인의 시선을 우선시하는 아이로 성장하게 됩니다.

따라서 아이의 도덕성이 확립되기 전에는 부모가 대신 지도해 주어야 합니다. 그럼 지금부터 도덕성과 관련해 발생한 문제 상황들을 살펴보고, 부모는 어떻게 대처해야 하는지 살펴보도록 하겠습니다.

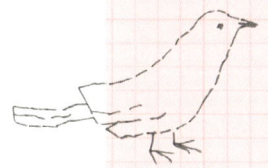

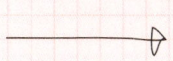

다른 사람의
돈과 물건에 손을 대요

누구나 어렸을 때 한 번쯤은 다른 누군가의 물건에 손을 댔던 경험이 있을 것입니다. 예를 들면 엄마 몰래 서랍 속 돈에 손을 댔다거나, 문구점에서 몰래 작은 장난감을 집어왔다거나, 슈퍼마켓에서 맛있는 과자를 슬그머니 갖고 왔던 일 등 대부분은 단순한 호기심이나 장난으로 저지른 행동일 수 있습니다. 누군가는 부모님이나 선생님께 들켜 심하게 혼이 났을 수도 있으며, 잘못된 행동이라는 훈육을 듣고 다시 돌려준 뒤 사과했을 수도 있고, 용케 들키지 않아 아직까지도 문득문득 생각날 때마다 마음 한구석이 찔리는 이도 분명 있을 것입니다.

그러나 어쩌다 한 번이 아니라 반복적이고 지속적으로 남의 것에 손을 댈 때는 반드시 아이의 행동에 주목해봐야 합니다. 또한 아이의 행동을 바라볼 때는 단순히 보여지는 것보다 우리 아이가 왜 저 행동을 해야만 했을까를 살펴야 합니다. 도벽이라는 행동보다는 도벽을 하는 이유를 아는 것이 아이를 도울 수 있는 첫 번째 방법입니다.

CASE

올해 초등학교 입학 예정인 남자아이를 둔 아빠입니다. 아이 엄마는 미용실 일을 하고, 저는 사업 때문에 바빠서 아이를 돌봐줄 시간이 많지 않습니다. 때문에 아이는 유치원이 끝나면 사촌누나 집에서 지내다가 밤이 되어서야 데리고 집으로 오곤 합니다.

그런데 얼마 전, 아이가 자기 외투를 못 만지게 하기에 이상하게 생각하고 달랜 뒤 보았더니 오천 원 상당의 카드놀이 장난감이 주머니에 숨겨져 있었습니다. 돈이 어디에서 나서 샀냐고 물었더니 친구가 선물해줬다고 하더군요. 아무래도 이상해서 자세히 물어보았습니다. 결국 아이는 엄마 지갑에서 돈을 꺼냈다고 털어놓더군요. 따끔하게 혼내주고는 다시는 안 그러겠다는 다짐을 받은 뒤 용서했습니다. 그런데 요즘 들어 외투를 다른 곳에 숨겨놓는 등 자꾸만 이상한 행동을 해서 아이가 잠든 사이에 주머니를 뒤져보았는데, 그 안에서 꼬깃꼬깃 접은 만 원짜리 2장, 오천 원짜리 2장, 천 원짜리 8장을 발견했습니다. 이 사실을 아이 엄마와 의논한 뒤 다음날 아이를 불러놓고 돈이 어디서 났느냐 추궁했습니다. 또 엄마 지갑에서 꺼냈다고 하더군요. 엄마에게 돌려주라고 한 뒤 유치원에 보냈습니다. 반복되는 행동에 걱정이 됩니다. 우리 아이가 바른길로 갈 수 있도록 도와주세요.

💗 우리 아이 마음 터치

남의 것을 몰래 가져오면 안 된다는 사실을 알게 되는 시기는 도덕성의 개념이 점점 발달되는 유아기입니다. 이 시기가 되면 아이들은 내 것과 남의 것에 대한 소유 개념이 확실해지며, 남의 것은 함부로 가지면 안 된다는 것을 알게 됩니다.

3~4세 아이들은 아직 내 것과 남의 것을 구분하는 능력이 부족하기 때문에 발달상 남의 것에 손을 대는 현상이 나타날 수 있습니다. 그러나 6~7세의 아이가 남의 것에 손을 댄다면 심리적인 부분에 대한 세심한 관찰과 도덕성에 대한 적절한 훈육이 필요합니다. 만약 이러한 행동이 한두 번이 아니며 훈육을 했는데도 불구하고 1개월 이상 지속된다면 부모의 노력으로 해결하는 것은 한계가 있기 때문에 반드시 전문가에게 도움을 요청해야 합니다.

📣 엄마를 위한 행동 코칭

1 아이들이 쉽게 접근할 수 있는 곳에 돈을 두지 않습니다. 아이들은 충동을 억제하는 능력이 성인보다 약합니다. 가까운 곳에 돈이 놓여 있다면 필요할 때 바로 사용하고자 하는 충동이 들 수 있습니다. 따라서 돈은 항상 지갑에 넣어서 관리하고 돈이 들어있는 지갑과 개폐가 쉬운 저금통, 혹은 중요하게 생각하는 물

건들은 아이의 손이 닿지 않는 장소에 보관하는 것이 좋습니다.

2 **아이의 정서적 욕구를 충족시켜줍니다.** 남의 것과 내 것에 대한 구분이 명확해진 시기가 지난 뒤에 아이에게 도벽 행동이 나타났다면 우선 아이가 심리적으로 부족한 부분은 없었는지 확인해야 합니다. 아이들은 심리적으로 허한 마음을 물건 채우기, 돈 모으기 등으로 채우고자 합니다. 성인도 마찬가지입니다. 성인들이 마음이 공허하거나 불안정할 때 쇼핑을 하거나 음식을 많이 먹게 되는 것과 같은 행동입니다. 아이의 부족한 정서적 애정을 긍정적인 부모·자녀 관계를 통해 충족시켜주시길 바랍니다.

3 **아이에게 용돈을 줍니다.** 아이들은 연령과 경험의 양에 따라 만족을 지연(원하는 걸 얻기 위해 인내하고 기다리는 능력)하는 능력이 발달하게 됩니다. 원하는 것이 있는데 돈이 없다면 수단과 방법을 가리지 않고 돈을 찾는 등 그 물건을 바로 얻고자 합니다. 그 결과 친구의 물건을 몰래 가져온다거나 남의 돈을 가지고 자신이 원하는 물건을 사는 일이 생기게 되는 것이지요. 이때 용돈을 받게 되면 자신이 필요한 것을 사기 위해 돈을 모아야 하고, 돈이 모아질 때까지는 사고 싶은 마음을 지연시키는 연습을 하게 됩니다. 처음 용돈을 받게 되면 신나서 다 써버리게 되지만 차차 용돈을 관리하는 경험을 통해 돈을 잘 쓰는 방법을 배우게 되며, 모으는 즐거움도 느끼게 될 것입니다.

4 아이에게 솔선수범하는 모습을 보여주세요. 아이는 부모의 행동을 모방합니다. 다른 사람의 물건에 함부로 손대지 않게 하려면 자신의 것이 타인에게 소중히 다뤄지는 경험을 해야 합니다. 아이의 물건이라고 부모가 함부로 건드리거나 없앤다면 아이도 다른 사람의 물건을 함부로 대하기 마련입니다. 또한 작고 사소한 물건일지라도 아이가 실수로 들고 왔을 때 별것 아니니까 하고 대수롭지 않게 지나친다면 '별것 아닌 작은 물건들은 가져와도 되는구나.'라고 생각할 수 있습니다. 그리고 부모가 타인의 물건, 예를 들어 옆집의 물건을 빌리고 돌려주지 않는다거나 회사의 물건을 가져오는 행동을 보이면 아이들은 그래도 괜찮은 것으로 판단합니다.

아이에게는 남의 것을 가져오면 안 된다고 말하면서 부모의 행동은 그렇지 않다면, 아이들은 이 두 개의 기준 중에서 행동 기준을 따르게 됩니다. 그러므로 아이에게는 솔선수범하는 자세를 보이는 것이 중요합니다.

책임감이 없고 약속을 안 지켜요

최근 상담을 하면서 과거에 비해 책임감이 없고 약속을 안 지키는 아이에 관한 사례가 늘어나고 있다는 것을 실감하고 있습니다. 이런 사례에 해당되는 아이들은 초등학교 고학년이 가장 많습니다. 아이들의 자율성과 책임감은 0~3세부터 시작되어 초등학교 입학 무렵이면 정확히 확립되는데, 이 시기가 한참 지난 초등학교 고학년 아이들에게서 이러한 행동이 나타난다는 것은 건강하게 발달하고 있지 않다는 뜻일 겁니다.

그렇다면 아이가 스스로 자신의 인생을 움켜쥔 주체이자, 책임자라는 인식을 갖게 하기 위해서 부모는 어떤 도움을 주고 어떤 노력을 해야 할까요?

CASE

초등학교 5학년 남자아이입니다. 아이는 자기 일을 스스로 하지 않고, 시간 개념도 없습니다. 제 시간에 학원가기도 힘들고, 약속도 잘 지키지 않아요. 등교할 때부터 신신당부를 하건만 하교길엔 다른 곳으로 빠져 학원은 한참 늦게 겨우 가거나, 못 가거나 해서 애간장을 녹입니다. 혼내기도 많이 혼냈고, 타일러도 보고, 반성문도 쓰게 하고, 선물 공세도 해봤지만 소용이 없습니다. 학원 선생님들은 막상 학원에 오면 공부하기 싫어하는 것은 아니고 잘한다고 해요. 저는 공부를 안 해도 좋으니 학원에 가기로 한 약속만큼은 꼭 지켜달라고 하는데 이런 작은 약속들을 자꾸 어겨서 속상합니다. 또 자기 맘에 조금 안 든다고 뭐든 그만 두려는 태도 때문에도 걱정입니다. 도대체 커서 뭘 할 수나 있을까요? 학교에서 가져온 숙제도 엄마가 얘기하면 마지못해 하지만 스스로는 하려 하지 않아요. 자기가 해야 하는 일에 대한 책임감도 없고, 약속은 그때뿐이고 지키려고 노력하는 것 같지도 않습니다. 야단치고 애원해도 먹히지가 않네요. 무슨 해결방법이 없을까요?

💗 우리 아이 마음 터치

아이가 책임감 없이 약속을 잘 안 지키는 경우에는 모든 상황에서 아이가 책임감이 없고 약속을 잘 지키지 않는 것인지, 특정 상황에 관련된 경우만 그러는 것인지 살펴봐야 합니다. 만약 모든 상황에서 책임감이 없고 약속을 잘 지키지 않는다면 이는 일부러 그러는 것이 아니라 아이도 모르게 어쩔 수 없이 그렇게 되는 것일 겁니다. 아이의 심리적 우울이나 기질적인 ADHD(주의력결핍 과잉행동장애) 부분을 고려해보아야 합니다.

그러나 만약 특정 상황, 예를 들어 학교, 학원, 숙제 등과 같은 학업과 관련된 부분이라면 학습량이 너무 많은 것은 아닌지, 난이도가 어려운 것은 아닌지, 혹은 너무 단순하거나 쉬운 것은 아닌지 살펴봐야 합니다. 이 모든 것이 아이가 흥미가 없고 그 부분에 대한 자기효능감도 저하되어 있다는 신호이기 때문입니다. 가장 먼저 아이가 힘들어하는 진짜 이유를 탐색해보시기 바랍니다. 또 부모와 아이가 해야 할 일들에 대해 이야기 나누는 것이 일방적이라면 아이는 지킬 수 없는 약속을 하게 되므로 아이의 의사를 충분히 반영해 실제로 지킬 수 있는 범위 내에서 약속을 정할 수 있도록 합니다. 그러나 이 과정에서 아이와 대화는커녕 서로 반복해서 화를 내게 된다면 이는 책임감과 약속 이전에 부모·자녀 관계의 문제가 있는 것으로 전문가의 도움이 필요합니다.

📣 엄마를 위한 행동 코칭

1 **자율성을 발달시키도록 합니다.** 책임감 있는 아이가 되려면 스스로 일을 해결할 수 있는 어떤 능력이 갖추어져야 합니

다. 스스로 무언가를 할 수 있는 능력이 바로 자율성입니다. 자율성이 잘 획득된 아이들은 뭐든지 혼자서 해결하려고 하며, 누군가가 도와주는 것을 달가워하지 않습니다. 반대로 자율성이 획득되지 못한 아이들은 일상생활의 사소한 상황에서도 도움을 요청하거나 부모와 함께 하기를 원합니다. 사람은 누구나 성장하면서 자율성을 획득합니다. 정확하게는 부모의 양육태도에 의해 아이의 자율성이 발달됩니다. 0~3세 시기에 부모는 심리적으로 아이를 수용하고 많은 것을 혼자서 탐색할 수 있도록 허용하되 위험하거나, 남에게 피해를 주거나, 아이가 다치게 되는 상황에 대한 제한을 일관된 방식으로 사용한다면 아이에게는 자율성이 생깁니다. 여기서 중요한 점은 지나친 통제와 과보호는 자율성 발달을 방해하는 주요인이 된다는 점을 항상 명심해야 한다는 것입니다.

2 **아이에게 책임감을 키워줍니다.** 아이가 무언가를 책임지고 완수하기 위해서는 책임이라는 인식이 필요합니다. 그리고 처음부터 책임에 대한 인식을 갖게 하기 위해서는 아이에게 선택권이 주어져야 합니다. 책임감이란 자신이 선택한 것에 대해 책임을 지는 것입니다. 많은 부모들은 자신들이 결정한 혹은 사회적으로 바람직하다고 하는 행동을 아이가 하지 않으면 책임감이 없다고 비난하지요. 그래서 아이들은 혼이 나고도 억울해 하는 일이 종종 발생합니다.

간단한 일에 대해서는 아이가 직접 정하도록 선택권을 주세요. 유치원에 다니는 아이라면 무슨 옷을 입을지, 자신의 생일에 무슨 음식을 먹을지, 음식점에 가면 어떤 자리에 앉을지 등을 초등학교에 다니는 아이라면 어떤 과목을 더 배우고 싶은지, 학원은 몇 개를 다닐 수 있는지, 컴퓨터 시간을 몇 시간으로 정할지, 엄마와 약속한 것이 잘 되지 않았을 때 어떤 책임을 질 것인지 등에 대한 결정권이 있어야 합니다. 이렇게 스스로 선택하거나 결정한 것을 완수하면서 아이에게 책임감이 생기게 되고, 이러한 결정에 책임을 다하지 않게 되면 받게 되는 불이익을 감수하면서 책임감이 키워집니다.

3 지킬 수 있는 약속을 합니다. 자신의 선택에 책임을 다하기 위해서는 자신이 한 선택이 지킬 수 있는 것인가가 중요합니다. 우리는 흔히 '지킬 수 없는 약속은 하지도 말라.'고 이야기합니다. 어른이 지닌 능력의 그릇과 아이들이 지닌 능력의 그릇이 다르고, 또한 아이들도 제각기 능력의 그릇이 다릅니다. 그러니 어떤 약속이든 약속을 이행해야 하는 사람이 지킬 수 있는 약속을 하도록 해야 합니다.

흔히 부모들은 "이 정도면 다 하니까 너도 이렇게 하자."와 같은 실수를 범하게 됩니다. 예를 들어 컴퓨터 게임을 매일 30분씩만 하기로 한다면 모든 아이들이 지킬 수 있을까요? 어떤 아이는 짧게 매일 하는 것을 좋아할 수 있고, 또 어떤 아이는 매일 하기보다는 주말에 좀 더 길게 하는 것을 좋아할 수도 있습니다. 이럴 때 부모가 이렇게 하자고 먼저 제안을 하면 아이들은 다른 대안이 없는 것으로 생각하고 'yes!'라고 대답합니다. 따라서 어떤 약속을 정할 때 다양한 방법에 대해 부모가 알려주고, 또 아이도 좋은 방법이 있는지 함께 생각하면서 정합니다. 만약 아이가 부모의 눈치를 보느라 부모가 원하는 만큼의 약속을 무리해서 하려 한다면, 그때는 아이가 할 수 있는 양을 고려해서 다시 상의하는 것이 좋습니다.

　마지막으로 약속의 가장 중요한 포인트는 서로 간의 약속 이행입니다. 아이가 약속을 잘 지키게 하려면 부모님이 모범을 보여야 합니다. 아이와의 약속을 소중히 생각하고 최대한 지키려고 노력하는 모습을 보여주면 신뢰가 쌓이면서 약속의 소중함도 알게 됩니다.

거짓말을 해요

"거짓말 한 번도 안 해본 사람?"이라는 물음에 손들 수 있는 사람이 있을까요? 우리는 살면서 수차례의 거짓말을 합니다. 하지만 부모님들은 아이의 거짓말에는 즉시 부정적인 태도로 받아들입니다. 거기서부터 단추는 잘못 끼워집니다. 아이의 거짓말을 부정적으로 받아들이게 되면 화가 나 아이에게 잘잘못을 따지게 되겠지만 정작 아이가 왜 거짓말을 할 수 밖에 없었는지에 대한 중요한 사실은 알지 못합니다.

거짓말을 가장 많이 하는 시기는 5세 이후입니다. 이 시기에는 상징적 사고를 시작하게 되고 판타지가 생깁니다. 아이들에게 거짓말은 사실이 아닌 어떤 것이자 하나의 이야기로 여겨집니다. 아이들이 이를 부정적으로 이용하려는 것이 아니라 하나의 가상세계를 만드는 것입니다. 아이들의 놀이를 보면 이러한 가상세계가 많이 표현되지요. 자신이 공주가 되고, 아기가 되고, 힘센 기사가 되고, 경찰이 되는 등 사실이 아닌 표현을 하게 됩니다. 아이들의 거짓말은 이러한 표현과 같다고 할 수 있습니다. 특히 남자아이들은 크기와 힘을 중요시하므로 왜소한 체격을 가진 아이의 경우에는 엄마에게 와서 유치원에서 혹은 학교에서 자신이 힘을 써서 친구를 이겼다든지, 물리쳤다든지 실제는 할 수 없었을 것 같은 이야기를 합니다. 자신의 체격에 대해 긍정적으로 받아들이지 못하고 계속 부족하다고 생각된다면 과장은 더 심해질 것입니다. 이렇듯 때로는 거짓말이 자신의 부족한 것에 대한 표현이 되기도 합니다. 그럼 이러한 거짓말에는 어떻게 대처해야 할까요?

CASE

8살 된 딸아이가 있습니다. 어릴 때부터 뭐든지 잘한다는 소리를 자주 들었고, 늘 모범적이었으며 친구가 많다는 소리도 들었어요. 저와는 성격이 많이 달라요. 저는 좀 빠르고 애는 좀 느리고... 그러다 보니 당근과 채찍 중에서 채찍이 더 많았던 것 같아요. 둘째한테는 너그러운데 유독 첫째한테는 그게 잘 안되네요.
아이가 7살 겨울부터 거짓말을 하기 시작한 것 같아요. 하루는 어린이집에 같이 다니는 친구가 어린이집에 안 왔다고 하더라고요. 하지만 분명 그 친구와 아이가 같이 있는 걸 봤거든요. 그래서 엄마가 봤다고 하니까 어색해하면서 그냥 장난쳐봤다는 거예요. 눈도 깜박하지 않고 거짓말을 하는 모습을 보니 기도 안 차더라고요. 그래서 양치기소년 이야기를 상기시켜 주면서 그러면 안 된다고 얘기해줬어요.

어제는 학교에서 시낭송 대회 반대표를 뽑았는데 자기가 대표가 됐다고 하길래 같이 기뻐하며 기특하게 생각하고 있었는데, 혹시나 하는 마음에 다른 친구는 대표된 아이가 없는지 물었죠. 또 한 명 있다고 하더군요. 그래서 솔직하게 이야기해보라고 했더니 그 친구가 그날 목소리가 커서 뽑혔다고 하더라고요. 어처구니가 없어서 잠시 시간을 가진 후에 네가 하고 싶어서 거짓말 한 거냐고 물었더니 그렇다면서 울어요. 거짓말이 들통이 나서 우는 건지, 아니면 속상해서 우는 건지도 모르겠고 그저 막막합니다. 이제는 아이가 뭘 해도 의심부터 하게 되고 못 믿겠어요. 대체 뭐가 문제일까요?

우리 아이 마음 터치

5세 즈음하여 나타나는 거짓말은 상상이 가능해지면서 현실과 상상의 중간에서 오락가락하며 나타나는 현상입니다. 이 시기의 아이들은 상상의 세계가 진짜인 듯 말하기도 하는데, 어느샌가 실제 상황이 상상이었는지 상상의 상황이 실제였는지를 혼돈하게 됩니다. 가끔 우리가 꿈의 상황과 현실의 상황을 혼돈하듯이 말입니다. 초등학교 이후 아이들의 거짓말은 자신의 원하는 것에 대한 다른 표현입니다. 실제는 아니지만 그렇게 되면 좋겠다는 것을 과장하거나 진짜인 듯 이야기합니다.

거짓말을 했다는 사실보다 거짓말의 내용에 관심을 가져야 합니다. 아이의 부족한 부분과 원하는 부분에 귀를 기울이고, 그 점이 개선된 이후에도 거짓말이 지속된다면 이는 부모의 노력만으로 해결되지 않는 심리적인 어려움이 있을 수도 있습니다. 또 극소수의 경우 현실과 상상의 경계에서 상상의 세계로 더 넘어가게 되는 소아정신분열의 신호가 될 수 있으므로 반드시 전문가의 도움을 받아야 합니다.

📢 엄마를 위한 행동 코칭

1 **첫 거짓말에 대처를 잘해야 합니다.** 첫 거짓말은 아이가 거짓말을 지속할 지, 거짓말을 중단할 지를 결정하는 중요한 순간입니다. 거짓말의 의미를 부모가 빨리 알아채서 아이에게 필요한 것, 부족한 것을 충족시켜준다면 더 이상 같은 이유로 거짓말을 하지 않을 것입니다. 아이가 누군가의 물건을 갖고 왔다면 "네가 이 정도로 그걸 갖고 싶었구나. 그렇지만 이건 네 것이 아니니까 다시 놓고 오렴."이라고 한 뒤 그 물건을 갖기 위해 부모가 어떻게 도와줄 수 있는지 함께 상의합니다. 그리고 "다음부터는 네가 갖고 싶은 것이 있으면 엄마, 아빠에게 정확하게 말해주렴. 그래야 우리가 널 도와줄 수 있어."라고 말해줄 수 있습니다.

사례에서처럼 아이가 반대표로 뽑혔다고 말했지만 사실이 아닌 것을 알았을 때는 아이가 얼마나 하고 싶었을 지를 공감해주고 아이의 속상한 마음부터 다독여주어야 합니다. 그리고 대표로 뽑히기 위해 어떤 노력을 해야 할지 같이 상의해봅니다. 만약 같은 상황에서 거짓말로 인해 혼이 났거나, 솔직하게 이야기를 했는데 이익 없이 꾸지람만 들었다면 앞으로 거짓말의 횟수가 더 늘고 과장될 것입니다. 부모의 관심과 노력만으로 아이의 거짓말을 멈출 수 있습니다.

2 자존감을 높여줍니다. 아이들의 거짓말은 부족함에 대한 표현입니다. 거짓말의 내용은 아이들이 바로 그렇게 되고 싶다는 것 혹은 그걸 갖고 싶다는 것입니다. 1등을 했다고 자랑하는 아이는 1등이라도 해서 누군가에게 인정받고 싶다는 것이고, 친구가 많다고 하는 아이는 친구와 잘 사귀고 싶은 것이고, 형을 이겼다고 자랑하는 아이는 형만큼 힘이 세지고 싶다는 것입니다. 거짓말 안에서 우리 아이에게 어떤 것이 부족한지 찾아보시기 바랍니다. 부족함의 중심에는 자존감이 있습니다. 자존감이 높은 아이는 자신의 부족함보다는 자신이 갖고 있는 것에 만족하게 되고, 부족함을 다른 것으로 대체할 수도 있습니다. 부족함에 계속 머무르다 보면 자신이 갖고 있는 좋은 점도 잃게 됩니다. 따라서 아이의 거짓말을 멈추기 위해서는 자존감을 높여주세요.

Part 03

상처 입은 아이 마음
다독여줄 방법
없나요?

가족

Q28 동생을 본 뒤 퇴행행동을 해요
Q29 형제끼리 자꾸 싸우고 미워해요
Q30 입양 사실을 어떻게 설명해야 하나요?
Q31 엄마, 아빠가 이혼했어요

불안

Q32 학교에 안 가려고 해요
Q33 성격이 소심해서인지 낯선 것은 무조건 거부해요
Q34 손톱을 물어뜯는 아이, 이제는 발톱까지 물어뜯어요
Q35 악몽을 자주 꾸고 자다가 자주 울어요

우울

Q36 갑자기 눈물을 흘리거나 수시로 죽고 싶다고 이야기해요
Q37 짜증을 내다가 금방 다시 웃어요
Q38 수업시간에 멍하게 있고, 만사가 귀찮다고 해요
Q39 재미있는 것이 하나도 없대요

가족

한 사람이 태어나 가정의 울타리에서 성장하고, 점차 더 넓은 사회로 나가 잘 적응해 나가는 것은 매우 중요하고 가치 있는 과정입니다. 아이가 자신을 제외하고 처음 만나게 되는 대상은 바로 가족, 특히 주 양육자인 부모입니다. 부모에게서 따뜻하고 수용적인 태도를 경험한 아이들은 대개 세상을 따뜻하고 안전한 곳으로 느끼는 반면, 비일관적이고 냉담한 태도를 경험했던 아이들은 세상에 대한 두려움과 불신을 가지고 성장하기 쉽습니다. 이렇듯 한 개인의 성격에 중요한 영향을 미치는 환경은 바로 가족 관계에서부터 출발합니다.

또한 아이들은 성장하면서 가족 안에서 행복한 일뿐만 아니라 다양한 갈등을 경험하게 되고, 때로는 서로 상처를 주고 받기도 합니다. 이때 부부, 부모·자녀, 형제간에 서로를 배려하고 이해하며 따뜻한 대화를 통해 잘 해결해 가는 과정을 경험한다면 가정이 아닌 다른 곳에서도 상대방과의 차이를 인정하고 또래와의 갈등 역시 잘 해결하는 모습을 보일 것입니다.

이제부터 가족 내에서 일어나는 다양한 어려움을 구체적인 사례를 통해 고민해보고, 어떻게 이겨내고 극복해 나가는 것이 좋을지 살펴보도록 하겠습니다.

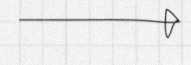

동생을 본 뒤
퇴행행동을 해요

 모든 가족의 사랑과 관심을 받았던 아이에게 어느 날 갑자기 나타난 동생은 무척 당황스러운 존재입니다. 엄마와 아빠를 비롯한 주변의 어른들 모두 동생에게만 다가가 웃고, 안아주고, 사랑을 주는 것처럼 보이니 아이가 이 낯선 상황에 대해 화가 나는 것은 당연한 감정일 것입니다. 가정이라는 울타리 중심에 서 있다가 준비도 못한 채 가장자리로 밀려난 느낌은 마치 부모가 더 이상 나를 사랑하지 않고, 동생만 사랑한다는 확신으로 여겨질 것입니다.

 부모 역시 전적으로 동생 위주의 양육을 할 수밖에 없습니다. 또 큰 아이가 요구하는 것을 예전처럼 즉각적으로 들어주지 못하고 기다리게 하는 상황이 하나 둘씩 생기게 되고, 조금씩 도와주던 것들도 이젠 되도록 혼자서 해보라며 재촉하기도 합니다. 사실 출산 뒤 엄마의 회복이 하루 아침에 이루어지는 것도 아니고, 신생아로 인해 낮·밤이 바뀐 불규칙한 생활 때문에 엄마의 컨디션 역시 온전한 상태는 아닐 것입니다. 따라서 아이의 즐거운 놀이상대가 되어줄 시간이나 마음의 여유도 없을뿐더러 큰 아이의 마음을 읽어주고 기다려줄 여유가 부족해지는 것도 어쩔 수 없는 일이지요. 또한 엄마 눈에는 동생에 비해 큰 아이는 말도 알아듣고 제법 혼자서 할 수 있는 일도 있으니 훌쩍 컸다고 여겨질 수도 있습니다.

이러한 엄마의 상황을 모르는 아이는 불안감을 지닌 채 과거의 사랑과 관심을 되찾기 위한 모든 방법을 동원하게 됩니다. 부모에게 화를 내거나 뭐든 못하겠다며 해달라고 조르고, 동생처럼 아기가 되어 혀 짧은 말투로 이야기하거나 엄마 주위를 빙빙 돌기도 합니다. 이때 부모가 그 마음을 받아주지 않으면 아이는 부모가 날 더 이상 사랑하지 않는다고 생각하며 상처를 받은 채 더욱 소심하고 우울한 마음을 가질 것입니다.

CASE

42개월 된 남자아이가 있고, 한달 전에 둘째를 낳았습니다. 원래 첫 애가 밝고, 명랑하고, 애교도 많고, 또래보다 발달도 빠른 아이인지라 걱정을 안 했었어요. 그런데 며칠 전부터인가 작은 일에도 잘 삐치고 토라져 눈물부터 보입니다. 동생 모유 수유만 하면 울고불고 난리가 나고, 자기도 배고프니 무조건 자기 먼저 달라고 소리칩니다. 옷도 스스로 잘 입고, 밥도 혼자서 잘 먹던 아이가 혼자서는 아무것도 못하겠다며 해달라고만 하는데... 한편으로는 아이의 마음을 이해하면서도 자꾸만 혼을 내게 됩니다. 어제는 "응애~"하며 아기 흉내를 내면서 우유병을 달라 하고, 혀 짧은 말투로 징징거리길래 몇 번 들어주다가 결국에는 또 소리를 치고 말았습니다.

💗 우리 아이 마음 터치

임신 기간 동안에도 아이에게 예전만큼 살갑고 세심하게 대해주기 힘들었을 거라 예상됩니다. 즉, 엄마가 동생을 임신한 시점부터 아이의 스트레스가 누적되어 왔을 거란 이야기입니다. 그러던 중 갑자기 동생이라는 존재를 만나게 되었고, 엄마가 동생에게만 전적인 사랑을 쏟아 붓는다고 오해하게 되는 것입니다.

이때 엄마는 큰 아이가 평소와 달리 예민하게 행동하는 모습에 자꾸 다그치게 될 테니 관계의 악순환이 일어날 수밖에 없습니다. 아이는 자신의 불편하고 불안한 마음을 말이나 행동으로 충분히 다 전달하지 못했다고 느꼈을 것이고, 조급한 마음에 자기도 모르게 아기처럼 퇴행하는 행동을 보이게 된 것으로 여겨집니다. 이 모습은 일시적일 수 있지만 핵심은 자신의 연령에 맞는 발달과정을 잠시 퇴행시킬 만큼 심리적 불편감과 불안을 경험하고 있다는 사실입니다. 따라서 보다 세심하게 따뜻한 관심과 사랑을 표현해주어야 합니다. 아이의 마음을 잘 다독여 이러한 불안을 털고, 자신의 발달 과업을 다시 씩씩하게 도전해나갈 수 있도록 이끌어 주는 것이 필요합니다.

엄마를 위한 행동 코칭

1 사랑하는 마음을 충분히 표현해줍니다. 아이의 퇴행행동은 변하지 않는 부모의 사랑을 확인하는 과정을 통해 안정을 찾아가게 됩니다. 무엇보다 아이가 느낄 수 있도록 사랑의 마음을 충분히 표현해주는 것이 좋습니다. 함께 샤워를 하면서 몸을 부대끼는 것도 좋고, 동생이 잠든 시간을 이용해 아이와 특별한 시간을 만드는 것도 좋습니다. 부모가 여전히 나를 사랑하고 있다는 확신이 단단해질수록 막연한 불안은 줄어들게 되고, 아이는 자기 앞에 놓인 발달과정을 다시 잘 수행할 수 있습니다.

2 물리적인 시간을 함께 많이 보냅니다. 마음을 전해주고 사랑을 확인시켜주는 것만큼 중요한 것이 바로 물리적 시간을 충분히 함께 보내는 것입니다. 이 방법은 아이가 어릴수록 효과적입니다. 하루에 20~30분 시간을 정해서 동생은 아빠에게 맡기고, 엄마와의 비밀스런 공간에서 특별한 놀이시간을 규칙적으로 갖는 것이 좋습니다. 아이는 자신이 받아야 될 사랑과 관심을 동생에게 뺏겼다고 느끼기 때문에 짧은 시간이라도 온전하게 엄마의 관심을 받게 해

주는 것이 중요합니다. 글을 읽을 수 있는 아이라면 작은 메모에 사랑을 담은 짧은 글이나 그림을 그려 유치원 가는 아이의 주머니에 넣어주는 것도 좋습니다. 엄마의 마음을 충분히 느낄 수 있는 표현과 즐거운 시간을 보낸 경험은 아이의 마음을 안정시켜주고, 성장하게 하는 가장 핵심적인 방법이 될 것입니다.

3 **아이에게 역할을 주어 동생을 함께 돌봅니다.** 동생을 돌보는 조력자로서 형의 역할을 조금씩 부여해주는 것도 도움이 됩니다. 수건이나 기저귀 등을 가져다 줄 수 있는지 등의 간단한 부탁을 해보고, 이를 수행했을 때 아낌없이 칭찬을 해줍니다. 동생을 부모의 사랑을 받기 위한 경쟁 관계가 아니라 엄마와의 협력 대상으로 느낄 수 있도록 하여 동생의 출생으로 변화된 가정 내에서 큰 아이의 입지를 만들어 주는 것이 좋습니다. 그러나 지나친 부탁이나 과도한 칭찬은 피해야 합니다.

4 **관련된 책이나 자료를 활용합니다.** 언어적 개념과 이해가 가능한 나이라면 동생의 출생과 관련된 그림책이나 DVD 등을 활용하는 것도 도움이 됩니다. 함께 보면서 이야기를 나누고, 책 속 주인공의 상황에 대입해 보면서 속상하거나 섭섭했던 점 등에 대해 공감해주세요. 아이는 변화된 환경에 점차 적응하는 주인공들의 이야기를 통해 자신의 감정과 불안함을 극복해가는 대리 경험을 하게 될 것입니다.

형제끼리 자꾸 싸우고 미워해요

형제 간의 싸움은 아이들이 엄마를 소중하게 생각하고, 사랑을 더 많이 받고 싶다며 보내는 신호입니다. 사랑하는 사람을 둔 연적 관계라고 볼 수도 있겠지요. 이는 한정된 부모의 사랑을 놓고 벌이는 끝이 없는 싸움입니다. 형의 입장에서는 동생이 늘 자신보다 더 많은 관심과 돌봄을 받는 것처럼 보일 것이고, 동생의 입장에서는 한 번도 오롯이 엄마의 사랑을 독차지해 본 적이 없기 때문에 뭐든 나보다 앞선 발달을 보이는 형이 넘어야 할 경쟁 대상으로 느껴질 것입니다.

사실 형제 간의 싸움에서는 부모가 공평하게 개입한다고 해도 중립을 지키기 어렵고, 아이들 역시 각자의 생각대로 부모가 다른 형제의 편을 든다고 생각하는 경우가 많습니다. 따라서 훈육 자체에 초점을 두는 것은 오히려 역효과를 가져올 수 있습니다. 표면적이고 형식적인 중재는 겉으로는 해결된 듯 보이나 오히려 앙금을 남게 해 억울함의 악순환을 가져옵니다.

　어린 시절, 형제 간의 갈등을 슬기롭고 원만하게 잘 해결해 나간다면 사춘기 이후 세상에서 둘도 없는 친구가 될 수 있습니다. 서로의 삶을 지켜보며 조언하고 많은 경험들을 공유하며, 진심으로 걱정해주고 기뻐하는 등 서로에게 의지할 수 있는 인생의 친구로 넓게 성장할 것입니다.

CASE

초등학교 1학년, 3학년 형제를 둔 엄마입니다. 첫째 아이가 고집이 무척 세고 동생을 자주 괴롭힙니다. 동생이 뭐라고 말대꾸라도 하면 주먹으로 얼굴을 때리고, 동생이 지나가면 슬쩍 밀어서 넘어뜨리기도 하고요. 그런 상황을 보고 아빠나 제가 야단을 치면 듣는 둥 마는 둥 하고, 잘못했다는 말도 하지 않습니다. 심지어 야단을 맞는 동안에도 동생을 괴롭힙니다. 매를 들어도 그때 뿐입니다. 제가 두 아이를 같이 데리고 놀 때는 자기하고만 놀아주어야 한다며 동생에게 시선을 줄 기회를 주지 않습니다. 동생이 싫으냐고 물어보면 싫다고 합니다. 지난번에는 첫째와 둘이서 마트를 다녀왔는데 저한테 말하기를 "동생이 없어서 좋다."고 하더군요. 부부가 맞벌이라 낮 시간 동안 첫째가 동생을 챙겨 함께 학원도 가야 하고, 집에서도 둘이 있는 시간이 많아서 더 걱정됩니다.

우리 아이 마음 터치

형제 간 갈등은 태어나 성장하면서 피할 수 없는 문제이기도 합니다. 따라서 부모님께서 단시간에 이를 해결하는 것은 불가능하며, 시간을 두고 지속적으로 다양한 방법을 찾아 실천해보고 실천한 내용을 다시 뒤돌아 보는 태도와 인내가 병행되어야 할 것입니다. 혹시 평소 큰 아이에게 형으로서의 기대치가 있는 것은 아니었는지, 그리고 이에 대한 실망이나 화 때문에 은연중에 동생을 감싸는 태도를 보이지 않았는지 살펴보는 것이 중요합니다. 첫째 아이가 자신에게만 부과되는 역할에 대해 불편해한다면 동생에 대한 화나 질투가 더 증가할 수 있고, 동생과 빈번히 충돌할 수밖에 없을 것입니다.

특별히 위험하지 않은 행동이라면 모르는 척 넘어가는 것도 좋고, 첫째가 동생을 돌보는 사소하지만 바람직한 행동을 보일 때마다 구체적인 격려와 칭찬을 해주는 것도 방법입니다.

엄마를 위한 행동 코칭

1 형과 동생을 개별화합니다. 한 부모에게 태어났지만 서로가 각기 다른 존재라는 사실을 인정해주는 것부터 시작해야 합니다. 아이들은 제각기 서로 다른 외모와 목소리, 성격과 관심사를 갖고 있기 때문에 부모는 이 차이를 존중해주며 인정해주는 마음이

무엇보다 앞서야 할 것입니다. 각자의 관심사와 수준에 맞는 취미와 학원 등을 따로 선택하도록 하는 등 자신만의 영역을 만들어주세요. 직접 선택한 영역에서 형제가 아닌 또래의 친구들과 건강한 경쟁을 하고, 관심사를 나눌 수 있도록 격려해주어야 합니다. 또한 큰 아이에게 동생을 돌보는 역할을 주는 것은 되도록 피해야 합니다. 사실 첫째 아이도 아직 누구를 돌볼 준비가 안된 어린 아이라는 사실을 부모가 반드시 알아야 합니다.

2 서열을 분명히 합니다. 동생을 향한 공격성과 화는 동생이 부모의 사랑을 빼앗는 대상이라는 무의식적인 판단에서 나타나는 행동일 것입니다. '동생만 없다면 사랑과 관심을 독차지할 수 있을 텐데'라는 마음과 사사건건 방해하고 귀찮게 하는 동생에 대한 미움이 복합적으로 작용해 자꾸만 문제행동을 일으키게 되는 것이지요. 이때 지나치게 훈육적인 태도로 아이를 대하게 되면 큰 아이의 마음에는 억울함과 답답함이 남게 될 것입니다.

기본적인 형, 동생이라는 서열 구조를 부모가 만들어서 부여해주는 것이 이러한 문제를 완화해주는 데 도움이 됩니다. 필요 이상으로 애쓰거나 투쟁하지 않아도 부모가 이미 너를 중요하게 생각하고 있고, 연령에 따라 어쩔 수 없이 주어지는 의무가 있지만 입지도 있다는 것을 느끼게 해주는 것이 중요합니다. 아이의 심리적인 여유가 커질수록 동생을 대하는 태도 역시 부드러워지는 것을 볼 수 있게 될 것입니다.

3 **충분한 애정표현을 하며 함께 즐거운 시간을 보냅니다.** 형제 간의 다툼은 사랑하는 부모를 향한 끝없는 시기와 경쟁에서 출발하기 때문에 각 아이에게 충분한 관심과 사랑을 전달해주는 과정과 개별적으로 특별한 시간을 보내는 것이 근본적인 핵심입니다. 더군다나 엄마가 직장을 다니고 있다면 한정된 사랑이 더욱 부족하게 느껴지는 것은 당연합니다. 퇴근 후 한 명의 아이와 10~20분씩 따로 이야기 나누는 시간을 만들어 보면 어떨까요? 학교에서 속상했던 일은 없었는지, 친구들과 무슨 이야기를 나눴는지, 기쁜 일은 무엇이었는지 등 소소한 일상을 나누고 기억해주는 것만으로도 아이는 엄마의 관심과 사랑을 확인받을 수 있습니다. 바쁜 엄마지만 언제나 나를 사랑해주고 내 마음과 일상을 기억해준다는 사실을 깨달으면서 아이는 안심하게 되고, 형제간에 엄마를 두고 벌이는 의미 없는 경쟁은 점차 줄어들게 될 것입니다.

4 **중립적인 개입을 하도록 노력합니다.** 실제 다툼이 일어나고 동생을 때리는 등 물리적인 폭력이 나타날 때는 분명한 훈육이 필요합니다. 일단 서로의 흥분이 가라앉을 수 있도록 5분 정도 시간을 갖게 한 후에 대화로 먼저 풀어가는 것이 좋습니다. 무엇 때문에 싸움이 시작됐는지, 누가 먼저 원인을 제공했는지, 누가 먼저 폭력이나 욕을 했는지, 집안의 규칙을 어기지는 않았는지에 대해서 양쪽의 이야기를 다 들어줍니다. 그리고 나서 각자의 방에 들어가 따로 다시 한 번 이야기를 나누도록 합니다. 이때 잘잘못을 떠나서 아

이의 마음에 머물러 진심으로 공감해주고 위로해주는 것이 좋습니다. 엄마가 잘못했다며 화를 내고 혼낼 줄 알았는데 오히려 내 불편한 마음과 화난 감정을 진심으로 이해해주었다는 경험은 아이에게 말할 수 없는 위로와 교육이 될 것입니다. 충분히 대화를 나눈 뒤 자신의 잘못에 대해서 간단한 반성문을 쓰게 한다면 아이는 비로소 자신의 감정과 행동을 전체적으로 정리하고 되돌아볼 수 있게 될 것입니다.

입양 사실을
어떻게 설명해야 하나요?

　요즘은 입양에 대해서 과거보다는 긍정적인 시각을 갖고 있기는 하지만 여전히 당사자들에게는 민감하고 조심스러운 부분입니다. 특히 혈연을 중요시하는 우리나라의 전통적 문화와 사회적 분위기를 고려했을 때 입양에 관해서 더욱 신중하게 접근하고 이해해야 할 것입니다.

　자신이 입양되었다는 것을 알게 되었을 때 아이들은 혼란과 극심한 불안을 경험하게 될 것입니다. 혹시 자신의 잘못으로 인해 친부모로부터 버려진 것은 아닌지, 또 지금의 부모 역시 언제든 나를 버리는 것은 아닌가 하는 마음이 들기도 할 것입니다. 더욱이 나이가 어린 아이들은 실체가 없는 걱정과 불안에 대해 언어적으로 표현하지 못하기 때문에 혼자만의 걱정과 두려움으로 쌓이게 되고 불안만 더욱 커질 것입니다.

　입양되었다는 것을 알리는 시기에 대해서는 두 가지 다른 견해가 있습니다. 하나는 되도록 아이가 어릴 때 입양 사실을 알려줘 처음부터 환경과 자신에 대해 잘 조절할 수 있게 도움을 주라는 것입니다. 다른 하나는 너무 이른 시기는 아이가 인지적으로 이해하기 어렵고 오히려 혼란을 초래하므로 어느 정도 나이가 들 때까지 기다리는 것이 좋다는 의견입니다. 두 가지 의견 중 정답은 없습니다. 중요한 것은 아이와 양부모 사이에 건강한 애착이 잘 형성되어 왔는지, 서로 간의 신뢰가 얼마나 쌓여왔는지에 대한 본질적인 물음입니다. 양부모와의 관계가 튼튼하고 친밀하게 잘 이루어졌다면 자신이 입양되었다는 충격적인 사실 역시 잘 극복해 나갈 것입니다.

CASE

올해 초등학교에 입학하는 딸을 둔 엄마입니다. 위로는 17살 아들이 있고, 딸은 남편과 가족의 합의하에 2살 때 입양한 아이입니다. 언젠가는 아이에게 입양 사실을 알려주어야 한다는 고민을 늘 지니고 있습니다. 혹시라도 준비되지 않은 채 딸이 다른 사람을 통해 자신의 입양 사실을 듣게 될까 봐 걱정입니다. 아이의 마음이 다치지 않게 어떻게 설명해주어야 할지... 만약 알린다면 언제가 적당한 시기인지 알 수가 없어 이렇게 문의드립니다.

우리 아이 마음 터치

입양 사실은 외부에서 듣는 것보다 사랑하는 부모님을 통해 듣는 것이 좋습니다. 아이의 충격을 온전히 공감하고, 이겨내도록 도와줄 수 있는 적임자가 바로 부모이기 때문이지요. 이 과정을 함께 극복하는 과정에서 아이는 양부모를 더욱 신뢰할 수 있게 됩니다. 그러나 예상치 못한 시기에 다른 사람을 통해 듣게 돼 자신에게 비밀로 한 양부모를 불신하고 동시에 분노를 느꼈던 사례도 많습니다. 뿐만 아니라 이 사실을 아는 다른 사람에게도 비슷한 감정을 느끼게 됩니다. 혹은 입양 사실을 자신에게 솔직하게 이야기하지 않은 이유가 입양이 나쁘거나 부끄럽기 때문이라고 오해할 수도 있습니다.

아이들은 입양 사실을 알게 되었을 때 다양한 반응을 보입니다. 그 감정이나 반응들은 아이의 나이 또는 심리적 성숙수준에 따라 다른 양상을 나타냅니다. 어떤 아이들은 입양 자체를 부정할 수도 있고, 반대로 입양에 대한 환상을 만들기도 합니다. 대부분의 입양아들은 자신이 가치가 없는 존재여서 친부모로부터 버려진 것이라고 믿거나, 반면 더 완벽하고 좋은 부모로부터 지금의 부모에게로 보내진 것은 아닌가 하는 환상을 갖기도 합니다.

만약 양부모가 입양에 대해서 떳떳하게 말하고 긍정적인 태도로 이야기한다면 이러한 근심이나 걱정, 잘못된 환상이 생겨날 가능성도 줄어들 것입니다. 입양 사실은 부모와 아이 모두 준비된 적절한 시기에 안정적인 방법으로 단 한 번의 대화가 아닌 지속적인 대화를 통해 서서히 받아들일 수 있도록 해야 합니다. 대화를 통해 부모와 아이는 서로의 두려움을 솔직히 표현하고 받아들임으로써 앞으로 일어날 수 있는 많은 문제를 보다 슬기롭게 풀어갈 수 있을 것입니다.

엄마를 위한 행동 코칭

1 아이와 건강한 애착과 신뢰를 잘 형성해야 합니다. 입양 사실을 알리는 문제보다 중요한 것은 양부모와 아이간의 건강한 애착과 신뢰 관계를 잘 형성하는 일입니다. 이 관계는 아이가 성장하면서 세상을 바라보는 데 있어 기본적인 바탕이 되며, 자기 자신을 이해하는 자존감의 초석이 되는 중요한 부분이라 할 수 있습니다. 건강한 애착과 신뢰감이 잘 형성되어 있다면 입양되었다는 믿기 힘든 사실을 보다 잘 극복할 수 있을 것입니다.

2 부모가 먼저 마음의 준비를 해야 합니다. 언제든 아이와 입양에 대한 이야기를 할 수 있다는 사실에 대해서 부모가 먼저 마음의 준비를 하고 생각을 잘 정리해두는 것이 필요합니다. 어떤 식으로 이야기를 해주어야 할지, 언제쯤 이야기를 나누는 것이 아이의 혼란을 줄여주는 것일지 가족이 모여 신중하게 상의해 보세요. 예상치 못하게 알려야 할 때도 마음의 준비가 되어 있다면 더욱 안

전하게 아이의 입장에서 사실을 전달할 수 있을 것입니다.

3 양부모의 진심과 마음을 충분히 전달해야 합니다. 입양 사실을 알릴 때는 정직하게 이야기하되 양부모와의 변함없는 관계와 사랑에 대한 확신을 주어야 할 것입니다. 진심은 아이의 정서를 안정감 있게 만들어주며, 이는 자기존재감의 확인으로 이어집니다. 그러나 정직하게 이야기한다고 해서 아이의 발달연령을 고려하지 않은 채 불필요한 내용까지 말하는 것은 피하도록 하세요. 아이가 감당할 수 있는 내용을 연령에 맞는 적절한 어휘로 신중하게 전달해야 하며, 한 번의 이야기로 그치는 것이 아니라 그 뒤로도 아이가 이야기하고 싶어할 때는 언제든지 대화를 나누도록 해 아이의 궁금증과 불안을 다스릴 수 있도록 해야 합니다.

4 동화책이나 DVD 등을 활용합니다. 입양에 대한 주제를 담고 있는 동화책 등을 활용하여 설명하는 것도 도움이 됩니다. 주인공의 마음과 부모의 마음에 대해서 서로 이야기를 나누고 이해해보며, 책을 읽으며 드는 생각과 느낌을 진지하게 다루어주는 것도 좋습니다.

엄마, 아빠가 이혼했어요

결혼은 서로 다른 두 사람이 만나 생활하는 것이기 때문에 갈등이 존재하는 것은 자연스러운 일입니다. 그러나 간혹 마음이 변해 이혼에까지 이르는 경우도 있습니다. 이혼은 부부뿐만 아니라 아이에게도 큰 상처가 됩니다. 특히 정서적으로 취약한 아이들에게는 쉽게 극복할 수 없는 큰 어려움이지요.

아이들은 부모가 이혼을 하면 혹시 내가 잘못해서 엄마, 아빠가 이혼을 하는 것은 아닐까 하는 잘못된 생각을 하기도 합니다. 부부 갈등에서 출발해 이혼까지 연결되는 험난한 과정 속에 무방비로 노출되어 있던 아이는 엄마, 아빠가 왜 싸우는지, 왜 서로를 미워하는지 이해할 수 없고 불안한 마음으로 싸움의 원인을 자신에게서 찾으려고 할 것입니다. 특히 잦은 다툼과 냉랭한 분위기, 엄마의 우울 및 분노 등은 가정이나 부모를 안전하고 따뜻하게 기억하기 어렵게 만드는 이유가 될 것입니다.

자신의 결정과는 상관없이 이루어지는 부모의 이혼은 아이에게 엄청난 스트레스로 다가올 것이며, 막연한 불안과 걱정, 상실, 변화 등을 경험하게 되면서 연령에 맞는 발달과업에 즐겁고 건강하게 집중하기 어려울 것입니다.

CASE

초등학교 1학년 딸을 둔 엄마입니다. 아이가 겉으로는 명랑하고 밝은데, 사실 겁이 많고 소심하며 마음이 약해서 사소한 일에도 잘 우는 편입니다. 아이가 7살 때 부부 문제로 인해 별거 후 이혼을 했어요. 아이는 저와 집에서 살고 아빠는 분가해서 부모님과 함께 살고 있습니다. 부모가 떨어져서 사는 것 때문에 스트레스를 받는다는 생각은 못했었는데, 몇 달 전부터 아이가 조금씩 달라지는 것 같습니다. 예전에는 밖에 나가서 노는 것을 좋아했는데, 요즘은 집에서 TV를 보거나 컴퓨터만 하려고 하고 친구들과도 어울리지 않으려 합니다. 오늘은 아이가 학교에서 배가 아프다고 울어서 병원에 갔는데 이상이 없다고 하더군요. 자기 전에 조용히 물어 그 이유를 들어보니 엄마, 아빠가 함께 살지 않아서라고 대답하며 울더군요. 설명을 해주어도 엄마, 아빠가 화해하고 다시 같이 살면 좋겠다고 해 정말 마음이 아팠습니다. 아이의 상처 치유를 위해서는 부모가 함께 사는 것이 가장 좋겠지만, 이혼한 지금의 어려운 상황에서 아이가 조금이라도 덜 상처받도록 설명할 수 있는 방법이 없을까요?

우리 아이 마음 터치

명랑하던 아이가 친구들과 놀려고 하지 않고 특별한 이상이 없는데도 배가 아프다며 우는 모습을 보이는 것으로 보아 부모님에 대한 불안과 걱정이 매우 높은 것 같습니다. 아이는 아빠와도 함께 살고 싶은데 원치 않는 헤어짐을 경험하고 있습니다. 이런 상황은 내면에 우울과 불안을 쌓이게 하는 요인이 됩니다.

부모의 이혼은 아이의 의사와 상관없이 이루어진 결과이기 때문에 받아들이기가 더 힘들고, 따라서 부모에 대한 원망으로 남기 쉽습니다. 이 마음이 해결되지 않으면 다양한 문제 행동들을 보이기도 합니다. 친구들과 친밀한 관계를 맺기 어려워하거나, 위축되어 소심하게 지내거나, 반대로 불만과 답답함에 쉽게 화를 내며 반항적인 태도를 보이기도 합니다. 부모가 언제 이혼을 하든 그로 인한 어려움은 아이의 발달 전 과정에 걸쳐 영향을 끼친다고 볼 수 있습니다.

따라서 이혼이 어느 정도 확실해지면 차근차근 설명해준 뒤 아이의 불안한 감정을 수용하고 변화된 생활을 예측하여 잘 적응할 수 있도록 도와주셔야 합니다. 누구와 지내건 상관없이 부모 모두 아이에게 세심한 배려와 충분한 관심을 주어야 할 의무와 책임이 있습니다.

 **엄마를 위한 행동 코칭**

1 이혼이 결정되면 아이에게 서서히 알립니다. 이혼에 대한 합의가 결정되면 그 사실을 알릴 준비를 해야 합니다. 아무 말 없이 있다가 어느날 갑자기 한 부모가 짐을 정리해 떠나간다면 더 큰 상실만을 남기기 때문입니다. 언제쯤 한 부모가 집을 옮길 것인지, 아이는 누구와 함께 지낼 것인지 등에 대해 이야기해주고, 궁금증과 걱정, 불안에 대해서도 함께 이야기를 나누어야 합니다. 이때 중요한 것은 아이의 연령을 고려해야 한다는 점입니다. 아이가 알아들을 수 있는 수준의 어휘와 설명 방법을 선택해 최대한 상처받지 않도록 신중하게 전달해야 합니다.

2 아이의 부정적이고 불안한 감정을 수용해줍니다. 사랑하는 엄마, 아빠의 이혼이 얼마나 큰 변화이며, 가족 모두에게 얼마나 슬픈 일인지에 대해서 아이와 충분히 감정을 나누어야 합니다. 완전한 이별이 있기 전까지 여러 번에 걸쳐 진심을 다해 이야기를 나누고, 그때마다 흔들리는 아이의 불안한 마음과 걱정, 두려움, 원망 등에 대해서 충분히 수용해주세요. 이때 중요한 것은 언제나 아이 편이며, 부모의 사랑이 변하지 않을 거라는 것에 대한 강력한 확신을 주는 것입니다. 이는 아이의 마음이 어느 정도 안정될 때까지 지속적으로 이루어져야 합니다.

3 **바뀐 환경과 결정된 사항에 대해서 설명합니다.** 이혼 후 생기는 변화에 대해 구체적이고 명확한 설명이 필요합니다. 누구와 함께 살 것인지, 어디서 살 것인지, 상대 부모는 얼마 만에 만나게 될지 등의 자세한 사항을 이야기 해주세요. 때로는 익숙했던 집을 떠나거나 전학을 가야 하는 상황이 발생하기도 합니다. 익숙했던 자신의 사회적 울타리(ex. 학원, 학교, 친구 등)를 떠나 새로운 환경에 적응해야 하는 어려움이 생긴다면 이러한 상황에 대한 앞으로의 선택과 결정 등에 대해서 미리 충분히 이야기를 나누어 아이의 막연한 두려움을 줄여주어야 합니다.

4 **되도록 안전성 있는 기존의 생활을 유지합니다.** 환경은 바뀔 수 있지만 아이의 생활은 이혼 전과 비슷하게 계획하고 유지하는 것이 중요합니다. 가정 내에서 부모가 정했던 규칙(ex. TV 보는 시간, 컴퓨터 사용 시간, 잠자는 시간 등), 취미 활동, 종교 생활 등은 동일하게 유지해야 아이의 안정감에 도움이 됩니다. 즉, 예측 가능한 이전의 일상을 그대로 유지하는 것입니다.

만약 한 부모의 부재로 인해 이전 생활을 이어가는 데 어려움이 예상된다면 이를 보완할 수 있는 방법(ex. 대리양육자, 학원 등)을 미리 생각해보고 익숙해지도록 연습을 시켜야 합니다. 학교선생님에게도 미리 알리고 이혼으로 인해 아이가 학교에서 변화된 모습은 없는지 살펴봐달라고 부탁을 드리는 것도 도움이 됩니다. 또한 떨어져 지내는 부모와의 연락과 만남도 계속되어야 합니다. 만나는 방법이 정해지면 규칙적으로 예측 가능한 주기를 정해 만나야 하는데, 이때는 자연스럽게 보통의 일과를 함께 하는 것이 좋습니다. 이외에도 문자나 이메일 등을 이용하여 수시로 서로의 소식을 전하며 관심과 사랑을 확인하는 것도 도움이 됩니다.

5 **부모 개인의 생활을 관리합니다.** 사실 이혼은 누구보다도 당사자인 부모에게 가장 큰 스트레스이며, 우울 등의 정서적 어려움과 사회적·경제적 어려움에 쉽게 노출되기도 합니다. 이러한 부모의 불안정한 정서는 감추려 해도 아이에게 그대로 전달될 테고, 아직 인지적 성숙이 미흡한 아이들은 자신들의 시선으로 부모를 왜곡한 채 바라보게 되어 불안을 증폭시키는 악순환에 빠지게 됩니다. 따라서 이혼이 결정되면 아이들을 위해서라도 부모 자신들의 생활과 삶을 잘 추스르려는 노력이 선행되어야 할 것입니다. 이러한 노력은 아이에게도 긍정적으로 전달될 것입니다.

불안

불안이 없는 사람은 없습니다. 불안은 인류가 이제까지 생존할 수 있게 했던 매우 중요한 심리적 기제입니다. 높은 곳에 가면 떨어질까 봐 두려워해야 안전하게 자신을 지킬 수 있고, 위험한 상황에서 무서워해야 도망쳐서 살아남을 수 있는 것이지요. 하지만 불안의 수준이 지나치다면 평범하게 할 수 있는 것들도 두려워하고 힘들어하게 됩니다. 예를 들어 학교에 잘 가지 않으려 한다든가, 지나치게 수줍어하며 다른 사람들 앞에서 발표를 잘 하지 못하든가 하게 되는 것 말이지요.

아동기에는 알고 있는 것, 경험한 것보다 모르는 것, 낯설거나 해보지 못한 것들이 훨씬 많습니다. 그리고 그것들을 경험해가는 과정에서 성장하고 발달해나가게 됩니다. 그러나 불안수준이 너무 높아서 새로운 것들에 대해 두려워하고 제대로 경험조차 하지 못한다면 건강하고 정상적으로 발달하는 데 저해가 되는 것은 당연한 일이 되겠지요. 그러니 적절하게 불안수준을 낮춰줘 아이가 심리적으로 불편하지 않게 적응할 수 있도록 도와주는 일이 매우 중요하다고 할 수 있습니다.

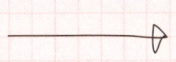

학교에 안 가려고 해요

해마다 새학기가 되면 상담소 홈페이지 게시판은 유치원이나 학교에 가는 것을 힘들어하는 아이들을 걱정하며 상담을 요청하는 부모님들의 글로 가득합니다. 주변의 다른 아이들은 적응도 잘하는 것 같은데 유독 우리 아이만 유치원이나 학교 앞에만 가면 울며 떼를 쓰고 친구들과도 잘 못 어울리는 것 같기 때문입니다.

물론 태어나 지금까지 가족, 특히 엄마와 온전히 하루를 보내던 아이에게 있어 유치원이나 학교라는 곳은 낯설기만 할 테고 두렵게 느껴지는 것이 당연합니다. 그러나 일정한 기간이 지나면 적응하게 되고 점차 새로운 환경에 호기심을 느끼며 재미를 붙이게 되지요. 문제는 통상적인 적응기간으로 여기는 2~4주가 지난 이후에도 여전히 엄마와 분리되어 교육기관에 가는 것을 힘들어하는 아이들이 많다는 것입니다. 이러한 경우에는 분리불안을 고려해볼 수 있습니다.

CASE

우리 아들은 이번에 초등학교에 입학했습니다. 그런데 매번 교실에 잘 들어가지 못해서 어떻게 해야 할지를 모르겠어요. 집에서는 잘 노는데 학교 교문 앞에만 가면 불안해서 웁니다. 제가 교실까지 데려다 줘도 교실 앞에서 못 들어가고 교실에 한 번 들어갔다가 다시 울고 뛰어나와서는 "꼭 나중에 데리러 올 거지?"라며 몇 번을 다짐하고, 약속을 하고 나서야 교실로 들어가지요. 이 사실을 반 친구들도 다 알고 있고, 선생님도 별로 안 좋아하는 것 같아 혹시 왕따를 당하지는 않을까 걱정입니다. 물론 애기 때도 어린이집이나 유치원에 새로 가면 적응이 어렵고 힘들었어요. 그런데 이제 초등학생이고 컸는데도 다른 애들 다 하는 것을 못하니 속상하고 화가 나기도 합니다. 한 달이 지났는데도 매일 학교 앞에서 씨름을 하고 있으니 어떻게 하면 좋을까요?

우리 아이 마음 터치

교육기관에 지속적으로 적응하지 못하고 가기 힘들어하는 아이들은 단지 교육기관에 입학하는 것만을 힘들어하는 것이 아닐 수도 있습니다. 그 이전에도 엄마를 졸졸 쫓아다닌다든가, 엄마가 없어지면 깜짝 놀라고 무서워하는 등의 신호를 보냈을 수도 있지요. 즉, 유치원이나 학교 다니는 것을 유독 불안해하고 무서워하는 아이들은 아주 어린 시기부터 분리불안을 경험했을 수 있다는 것입니다. 사례의 아이도 교육기관에 적응이 어렵다고 했는데 그 외에도 여러 상황에서 엄마와의 분리를 불편해하고 어려워했을 가능성이 매우 컸을 것이라 여겨집니다. 유치원이나 학교 거부증은 분리불안의 확장된 형태일 수 있습니다. 아이는 자기가 학교에 있는 동안 엄마가 자기를 버리고 떠나지 않을까 하는 불안, 엄마가 집 밖에서 사고로 돌아오지 못할지도 모른다는 걱정 등으로 학교 가는 것을 두려워합니다. 아무리 엄마가 안심을 시켜줘도 소용이 없는 경우가 많습니다.

한편, 학교에 잘 다니던 아이가 어느 날부터 학교를 가기 싫어한다면 분리불안이 아닌 다른 이유가 있을 것으로 예상해봐야 합니다. 학교에서 무언가 아이를 힘들게 했던 상황이 있었거나 곤란한 사건에 맞닥뜨렸을 때도 회피하기 위해 학교 가기를 거부하는 경우도 있습니다. 예를 들면 선생님에게 심하게 야단을 맞았다거나, 친구들과의 관계가 불편해 가기 싫어하는 경우도 있을 수 있지요. 또는 전학을 갔을 경우 새로운 학교에 적응하지 못해 학교를 다니기 싫어할 수도 있습니다.

고학년 아이들은 게임이나 인터넷 등에 중독되어 학교를 거부하는 사례들이 간혹 있습니다. 이 경우에는 학교를 거부한다는 것이 요점이 아니라 중독과 관련한 부분에서 전문가의 도움을 받아야 하는 경우가 있을 수 있습니다.

엄마를 위한 행동 코칭

1 **불안의 수준을 낮추는 것이 우선입니다.** 학교에 있는 동안 무슨 일이 생길 것 같은 불안감은 부모와의 애착 관계를 좀 더 견고히 함으로써 줄어들 수 있습니다. 엄마가 반드시 아이를 잘 기다리고 있을 것임을 알려주고 확인시켜주세요. 학교에서 갑자기 불안한 마음이 들 때마다 엄마에게 전화를 하게 해 안심시키는 것도 아이의 불안을 줄이는 방법입니다. 또한 갑자기 불안한 마음이 들 때 심호흡을 하거나 몸의 힘을 빼고 이완하는 방법을 이용하여 긴장수준을 낮추는 방법을 알려주는 것도 도움이 됩니다. 이 방법은 일반적으로 불안수준이 높아 긴장을 많이 하는 아이들에게 효과적인 방법인데, 아이와 함께 아이의 긴장과 불안에 대해서 이야기하면서 여러 번 연습을 함으로써 아이가 불안 상황에서 재연해볼 수 있도록 하는 것이 효과적입니다.

근본적으로는 방과 후나 주말에 아이가 좋아할 만한 활동들을 함께 하며 아이가 부모와의 관계에서 즐거움과 편안함을 느낄 수 있게 해주는 것이 필요합니다. 아이들은 부모와 즐거운 시간을 함께 보내면서 안정감을 갖게 되고, 부모와 자신과의 관계에 확신을 갖게 되면서 분리에 대한 불안이 줄어들게 됩니다.

> **분리불안을 극복하게 해주는 '숨바꼭질 놀이'**
>
> 안정적인 애착은 엄마가 눈앞에 보이지 않아도 있다는 믿음이 확고해야 잘 맺어질 수 있는데, 이를 '대상 영속성'이라고 합니다. 이 믿음을 안정적으로 자리 잡게 하는 데 가장 좋은 놀이가 숨바꼭질입니다. 어린 아이라면 숨바꼭질 놀이를 자주하는 것이 분리불안을 극복하는 데 도움이 될 것입니다.

2 부모님의 불안수준을 낮춰야 합니다. 간혹 아이가 학교에 가는 것이 무서운 것인지, 엄마가 아이를 학교에 보내는 것이 걱정되는 것인지 구별이 안가는 경우가 있습니다. 엄마의 불안이 아이에게 전달되어 아이의 불안이 증폭된 것일 수도 있지요. 이 경우에는 우선 엄마의 불안부터 줄이는 것이 시급합니다.

한편, 가정에 불화가 있다면 이런 불안 요소가 학교 거부 등으로도 나타날 수 있는데, 이는 가족 내의 불편함을 드러내는 신호일 수 있습니다. 부부 갈등이 심할 경우 아이의 불안은 더 지속될 것입니다. 따라서 부모의 불안수준이 심각할 정도로 높거나 갈등이 심각하다면 이 문제가 아이 행동의 근본 원인일 수 있으니 우선적으로 해결해야 합니다.

3 학교는 반드시 가야 하는 곳임을 알려줍니다. 여러 가지 이유로 가기 싫은 곳일 테지만 그럼에도 불구하고 학교는 반드시 가야 하는 곳임을 알려줘야 합니다. 예를 들어 아이가 학교에 가기 전, 아프다고 이야기하면 일단은 꾀병으로 보이더라도 아파서 힘들겠다고 공감해준 뒤 병원이나 약국에 들러 증세를 확인합니다. 그리고서 늦더라도 학교에 데리고 가 선생님에게 아이를 인계해주세요. 아이의 상황이나 어떤 원인으로 인해 '오늘만 가지 말자.'라고 예외를 두기 시작하면 아이는 학교를 더욱 가기 싫어하고 거부하게 될 것입니다.

4 학교 거부가 심각해지면 반드시 전문가의 도움을 받아야 합니다. 학교 거부는 꽤 흔하게 나타나는 증세지만 부모가 여러 가지 노력을 했음에도 4주 이상 지속적으로 나타난다면 심각성을 인식하고 전문가의 도움을 받아야 합니다. 자연스럽게 없어지는 경우도 있지만 1~2달 이상 지속되어도 진전이 없다면 이후 1년 이상 힘들어질 가능성도 있으니 주의해야 합니다.

성격이 소심해서인지 낯선 것은 무조건 거부해요

인간에게 있어 낯선 것은 위험하다는 인식이 있기 때문에 본능적으로 일단은 피해보려고 합니다. 그러나 낯선 것에 대한 거부감이나 불편감이 일상생활에 적응하는 데까지 어려움을 준다면 그것은 일반적인 수준을 넘어선 불안이라 판단할 수 있습니다.

특히 호기심을 가지고 외부 세계를 적극적으로 탐색해서 전반적인 발달을 이루어야 하는 아이에게 있어 낯선 것에 대한 두려움이 불안이나 공포에 가깝다면 아이의 성장과 성숙을 방해하는 요소가 될 수 있으니 잘 살펴보아야 합니다.

CASE

51개월 된 남자아이입니다. 어린이집에 다니고 있는데 어릴 때부터 예민하고 소심한 성격에 낯가림도 심한 편이었어요. 그래서 집에 누가 놀러 오는 것도 싫어하고, 다른 집에 놀러 가는 것도 힘들어합니다. 뿐만 아니라 새로운 곳이라면 어디든 가는 것을 힘들어해서 외출이 너무 어렵습니다. 아이라면 다 좋아한다는 키즈 카페나 심지어 동네 놀이터조차도 데리고 나가 놀기가 힘들어요. 제가 밖에 나가서 놀자고 꼬시면 겨우 나가긴 하는데 나가서는 입을 삐죽거리며 잘 놀지도 않고, 엄마 옆에만 붙어 있으려 해서 화날 때가 한두 번이 아닙니다. 게다가 뭐 하나 가르치려고 해도 일단 새로운 것은 다 배우기 싫다고 해서 앞으로 학교에 가게 된다면 잘 적응할 수 있을지도 걱정이 됩니다.

💗 우리 아이 마음 터치

낯선 것을 힘들어하는 아이들은 기질적으로 예민하고 까다로운 경우가 많습니다. 까다로운 기질의 아이들은 행동을 예측하기 어려우며, 변덕스럽고, 자기조절을 잘 못하고, 위축되어 있거나 경직되어 있고, 심각하고 부정적인 감정을 잘 느낀다는 특징을 가지고 있습니다. 하지만 이러한 기질은 타고 나는 것이기에 부모들이 양육을 잘못해서도, 아이들이 일부러 그러는 것도 아니라는 것을 먼저 이해해야 합니다.

까다로운 기질의 아이들은 환경을 느끼고 받아들일 때 다른 아이들보다 훨씬 더 많은 힘이 듭니다. 예를 들어 청각이 예민한 아이는 둔감한 아이에 비해 천둥소리가 더 크고 무섭게 들립니다. 그렇기 때문에 당연히 다른 아이들보다 천둥소리를 더 많이 무서워하고 두려워할 수밖에 없습니다. 이처럼 일상생활에서 더 많이 두렵고 힘든 경험을 하게 되는 까다로운 기질의 아이들은 몇 가지 두려웠던 경험들을 통해 낯설고 새로운 것은 모두 무섭고 공포스럽다는 도식을 갖게 됩니다. 그렇기에 새로운 것을 접하는 것에 다른 아이들보다 훨씬 더 심하게 거부감을 표현하는 것은 당연한 일일지도 모릅니다. 이러한 특성을 가진 아이들의 어린 시절을 돌이켜보면 대체로 수면, 배변, 섭식과 같은 기본적인 활동에서부터 친척이나 지인과의 만남, 친구들과의 놀이, 교육기관 적응 등 하나에서 열까지 쉬운 일이 없었다고 이야기합니다.

사례의 아이 역시 예민하다고 설명한 것으로 보아 까다로운 기질을 타고났을 가능성이 매우 클 것이라 짐작됩니다. 사례 아이를 포함한 까다로운 기질의 아이들이 보편적으로 겪는 상황은 1차적으로는 타고난 기질로 인해 일상생활 적응이 어려운데 이로 인해 아이가 힘들어하게 되고, 여기서 그치는 것이 아니라 이런 아이를 이해하지 못하는 부모의 양육태도로 인해 2차적으로 자신이나 환경에 대해 좌절감과 불안정감을 갖는 것입니다. 이런 상황이 겹치면서 자기 자신과 환경에 대한 불신과 불안이 커지게 되고, 아이는 새로운 환경을 접할 때마다 호기심을 갖기 보다는 두려움이라는 감정을 먼저 느끼게 되어 갈수록 더 힘들어지게 됩니다.

게다가 성장하면서 나아지겠거니 하고 방치할 경우 연령에 따른 다른 사람들과 자신의 기대에 미치지 못하면 자신이 잘 해내지 못했다고 생각하여 무능함을 느끼고, 자신감을 갖지 못해 작은 일에도 불안감을 경험하게 될 것입니다. 또한 초등학교 고학년이 되면 인지발달로 인해 미래에 대한 사고가 가능해지게 되어 실제로 존재하지 않거나 일어날 확률이 거의 없는 일까지 미리 걱정하고 불안해하는 '과잉 불안장애'의 증상이 나타날 수 있으므로 방치하지 않는 것이 좋습니다.

📢 엄마를 위한 행동 코칭

1 **아이의 기질을 이해하고 공감해주세요.** 까다롭고 예민한 기질로 엄마를 힘들게 하는 것이 사실이지만 그 이전에 세상이 무서워 떨고 있는 아이의 모습을 알아차리고 잘 보살펴줘야 합니다. 아이의 불안을 부모가 이해해주기 시작하면 아이는 부모를 거친 세상 속에서 유일하게 믿을 수 있는 든든한 기지로 생각하여 낯선 것에 대한 두려움을 조금씩 줄여갈 수 있습니다. 아이가 낯선 것을 익숙하게 여기기까지는 시간이 걸릴 수 있으므로 부모는 아이의 이런 특성을 이해하고 많이 기다려주고 인내해주도록 합니다. 무작정 안심시키기 위해 "하나도 안 무서운 곳이야. 다른 애들도 잘 놀잖아. 너도 해봐."라고 해도 아이의 불안은 쉽게 덜어지지 않습니다. 오

히려 "낯선 곳이라 많이 무섭지. 엄마도 처음 가는 곳은 익숙하지 않아서 좀 무섭더라. 엄마랑 천천히 둘러보자."라며 아이의 불안을 공감해주고, 부모가 언제나 함께 하고 있음을 확신시켜주는 것이 좋은 방법입니다.

2 **새로운 경험을 하기 전, 미리 준비할 수 있게 도와주세요.** 아이가 낯선 것을 싫어하고 거부하게 되면 부모님들은 걱정이 앞서 아이의 특성을 극복해야 할 약점으로 생각하고, 자꾸 새로운 환경에 아이들을 데리고 가는 경우가 많습니다. 하지만 준비가 되지 않은 채 낯선 것을 접하게 되면 불안이 앞서 제대로 적응하지 못합니다. 이때 아이는 실패감과 좌절감, 무력감을 느끼고 불안해져서 낯선 것에 대해서 더 큰 거부감을 갖게 되지요. 따라서 새로운 경험에 적응시키고 싶다면 점진적으로 천천히, 예측할 수 있게 준비시켜 주는 과정이 반드시 필요합니다.

예를 들어 낯선 곳에 가게 된다면 그곳이 어떤 곳인지, 가면 무엇이 있는지 미리 말해줍니다. 아이가 바로 적응할 것이라 생각하지 말고, 그곳에 여러 번 다녀보는 방법을 사용하세요. 처음에는 엄마의 손을 꼭 붙잡고 10분간, 다음에는 20분간 그리고 엄마 손을 잠깐 놓고 있어보기 등 점차적으로 그 공간이 익숙해지도록 하는 것이 효율적입니다. 또한 새로운 교육기관에 다니게 된다면 아이를 바로 수업에 참여시키기 보다는 미리 그 기관에 아이와 함께 방문하는 절차가 반드시 필요합니다.

Q34 손톱을 물어뜯는 아이, 이제는 발톱까지 물어뜯어요

아이들은 집중할 때나 지루하거나 심심할 때, 호기심이 발동할 때 손이나 연필 등을 입에 물곤 합니다. 하지만 이런 손 빨기나 손톱 물어뜯기 행동이 장기간 지속되고, 또 지나치게 집착으로 이어지고 있다면 아이를 다그치기만 할 것이 아니라 그 심리적 원인이 무엇인지 먼저 들여다봐야 합니다.

아이들은 환경이 바뀌었거나, 불안하거나, 마음 속 욕구가 표출되지 않을 때 손톱을 물어뜯으며 안정감을 찾곤 합니다. 정서적으로 느끼는 불편함을 완화시키기 위해 손 빨기, 손발톱 뜯기 등의 행동을 반복적으로 하게 되는 것이지요. 또한, 성향 자체가 불안감이 높고 강박적이거나 완벽주의인 경우에는 스트레스를 받는 상황이 오면 손발톱 뜯기 행동을 보일 확률이 더 높습니다.

CASE

올해 10살 된 여자아이입니다. 자꾸 손발톱을 물어뜯고 심지어 종이, 연필, 옷 등을 자꾸 뭅니다. 집중할 때나 선생님이 무언가를 설명할 때 주로 그러는 것 같아요. 처음에는 나아지겠지 싶어 그냥 무시했는데, 몇 년이 지났는데도 고쳐지지 않아요. 지금은 발톱까지 다 물어뜯습니다. 혼도 내고, 타일러도 보고, 협박도 해봤는데 계속 반복되니 답답합니다. 참고로 4살 아래 남동생이 있는데, 툭하면 싸우고 늘 동생과 자신을 비교해요. 공부하라고 하면 동생은 안 시키고 자기만 시킨다고 투덜대는 식이에요. 동생을 라이벌이라고 생각하는 것 같습니다. 제가 잔소리가 많아서 그런가 싶기도 하고요. 제가 혼을 낼 때는 아이에게 소리도 지르고, 체벌도 하거든요. 제가 좀 신경질적인 편인 것 같기도 하고… 이거 아이가 불안해서 이러는 걸까요?

💗 우리 아이 마음 터치

최근 동생이 태어났다거나 이사나 전학 등 환경의 변화를 포함해 아이가 스트레스를 겪었을 만한 상황이 있었다면 아이는 변화에 적응하는 과정에서 정서적 불안감을 경험할 수 있습니다. 스스로 이를 완화시키기 위해 손 빨기, 손톱 뜯기 등의 행동을 보일 수도 있지요. 그리고 아이들의 손톱 뜯기는 처음에는 심리적 불안감으로 인해 시작했다가도 새로운 환경에 적응을 했음에도 습관적으로 남아있는 경우가 많습니다. 이렇게 습관으로 남는 경우 아이는 상황이 지루하고 호기심이 발동할 때마다 손톱을 물어뜯곤 합니다.

사례와 같이 6개월 이상 장기간에 걸쳐 확대적, 집착적으로 나타나는 손발톱 뜯기는 아이의 심리적 불편감이 크다는 적신호이므로 전문가와의 상담이 필요합니다. 덧붙여 평소 아이가 일상생활이나 학습 시 혹은 또래 관계에서 손톱을 물어뜯는 행동뿐만 아니라 눈깜빡임, 코 씰룩거리기, 특별한 의학적 이유 없이 배나 머리가 자주 아프다고 호소를 하는 등의 모습이 관찰된다면 문제가 있음을 알아차려야 합니다. 불안한 마음이 클수록 겉으로 드러나는 아이의 문제 행동 역시 다양해질 수 있기 때문입니다.

엄마를 위한 행동 코칭

1 근본적인 이유를 파악해야 합니다. 아이의 손발톱 뜯기는 불안한 마음에 의한 것이기 때문에 구체적으로 아이가 무엇 때문에 불안해졌는지 알아야 아이의 손톱 물어뜯는 행동을 줄일 수 있습니다. 형제나 부모님과의 관계 문제는 아이들에게는 중요한 발달 과제이므로 여기에 어려움이 발생하면 당연히 심리적으로 불안해질 수 있습니다. 뿐만 아니라 아이가 기질 및 성향적으로 예민하고 불안하지는 않은지, 최근 동생의 출산이나 이사, 전학과 같은 환경의 변화를 경험하지는 않았는지, 특별히 스트레스를 받을 만한 일은 없

었는지 등 아이의 심리 상태에 영향을 줄 만한 요인들을 한 번 생각해 보는 것이 필요합니다.

2 혼내거나 다그치지 않습니다. 아이의 손톱 뜯기가 지속되면 엄마 입장에서는 걱정되는 마음에 잔소리나 다그침이 많아질 수밖에 없습니다. 하지만 아이가 손톱 뜯기는 틱증상과 비슷하게 아이가 하고 싶어서 하는 행동이 아니라 자신도 모르게 하게 되는 행동입니다. 혼을 낸다고 사라지지 않습니다. 오히려 혼을 내면 관계 악화라는 2차적인 문제가 발생할 수 있습니다. 나무라기보다 "손톱에는 더러운 균이 많이 살아서 건강에 좋지 않아. 그러니까 우리 손톱 뜯기 말고 다른 재미있는 놀이를 하자."라고 이야기해주고 다른 놀이활동으로 관심을 돌려주는 것이 더 좋습니다.

3 손톱을 예쁘게 정리해 줍니다. 아이가 손톱을 물어뜯지 않을 때 아이의 손톱에 매니큐어를 발라 주거나 좋아하는 간식을 주는 등 적절한 보상을 제공하는 것도 좋은 방법입니다. 특히 여자아이라면 엄마와 매니큐어 바르는 시간을 좋아할 수 있으므로 더 효과적일 수 있습니다. 남자아이라면 좋아하는 스티커를 붙여 준다거나 혹은 선호하는 장난감을 가지고 놀아주는 등 아이가 좋아하는 놀이로 보상해주세요. 아이가 손톱을 모두 물어뜯지 않을 때만 보상을 제공하는 것이 아니라 한 손가락이라도 손톱을 물어뜯지 않았다면 이를 인정하고 보상을 해주는 것이 행동 교정에 효과적일 수 있습니다.

악몽을 자주 꾸고 자다가 자주 울어요

잘 자던 아이가 갑자기 깨서 일어나 우는 경우가 있습니다. 깜짝 놀라 아이에게 가보면 아이는 꿈에 무서운 귀신이 나왔다면서 엄마랑 같이 자겠다고 하지요. 이처럼 유아동기의 아이들은 밤에 악몽을 자주 꾸고 울며 잠을 잘 못 자는 모습을 종종 보이곤 합니다. 일시적으로 악몽을 꾸는 아이의 경우 낮에 어린이집이나 유치원, 학교 등에서 힘든 일이 있었거나 스트레스를 받아 이 심리적 압박감이 악몽으로 나타난 것일 수도 있습니다. 아이들의 마음이 상징적·은유적 방식으로 나타나는 것이 바로 꿈이기 때문이지요.

하지만 악몽이 일주일에 3~4번 정도로 잦고, 아이가 잠자리를 두려워하게 돼 수면이 힘들어진다면 이는 단순한 스트레스를 넘어서 아이가 평소 느끼는 심리적 불안감이 일상생활에 영향을 줄 만큼 크다는 신호로 볼 수 있습니다. 보통 기질적으로 예민하고 섬세한 아이들은 부모·자녀 관계 및 또래 관계, 외부환경에서 경험하는 심리적 불안감이 높아 악몽으로 이어지는 경우도 많습니다.

> **CASE**
>
> 우리 아이는 올해 7살입니다. 자다가 울면서 깨지만 않는다면 괜찮을 텐데, 밤낮없이 잠만 자고 나면 울기 시작해서 그치질 않습니다. 이렇게 울기 시작한 것이 6살부터니까 벌써 1년이 되었네요. 자다가 깨서 울 때는 제가 안아줘도 엄마를 자꾸 찾고 짜증도 부쩍 늘었습니다. 유치원을 다니고 있는데 선생님께서는 아이가 모든 것에 예민하게 반응해서 잘 우는 거라고 하더라고요. 그나마 요즘에는 동생과 선생님 놀이를 하면서 잘 노는 편이에요. 읽기와 쓰기도 잘 하고, 깔끔하고 바른 아이입니다. 주변에서는 동생이 생겨서 그러는 것 같다고 하네요. 혹시 제가 너무 일찍 매를 들고 혼내서 그러는 것은 아닌지, 유치원에서 힘든 일이 있었던 것은 아닌지 걱정돼요. 요즘에 자주 울어서 혼을 많이 냈더니 이제는 제법 반항도 하는데, 그래서 더 혼을 내곤 합니다. 괜히 어리광도 늘어난 것 같고요. 아이가 밤마다 왜 이러는 걸까요?

💗 우리 아이 마음 터치

아이의 악몽이 주 3회 이상, 그 기간이 한달 이상 지속된다면 이는 단순한 악몽으로 볼 수 없으니 아이의 일상을 주의 깊게 관찰해 볼 필요가 있습니다. 최근에 아이에게 새로운 환경 변화는 없었는지, 유치원이나 학교에서 힘든 일은 없는지, 요즘 부모님에게 어떤 잔소리를 듣고 혼나는지, 친구와는 어떻게 지내는지 등 아이의 하루 일과를 관찰하고 힘들어하는 일이 있다면 이에 대한 스트레스를 줄여줘야 합니다.

사례를 보면 아이가 유치원 적응 및 동생 출생으로 인해 부모와의 관계에서 어려움이 있었던 것은 아닌지 의심이 됩니다. 새로운 기관 적응과 동생 출생 등은 예민한 아이의 심리적 불안감을 높여 악몽으로 나타날 수 있기 때문이죠. 또한 아이의 악몽이 시작되면서 이전에는 혼자서 자던 아이가 부모와 함께 자지 않으면 숙면을 하지 못하는 모습을 보이거나, 일상에서 불안한 모습들(ex. 화장실이나 엘리베이터를 혼자서 못 탄다고 떼를 쓰고 엄마와 같이 한다며 의존하기 등)을 보인다면 아이의 심리적 불안감이 높아져 일상생활 적응까지 힘들어지고 있다는 신호이므로 전문가와의 면담 및 심리 평가를 통해 불안감의 원인을 찾는 것이 필요합니다.

📢 엄마를 위한 행동 코칭

1 **아이가 불안한 이유를 이해할 수 있어야 합니다.** 악몽이 잦은 아이의 경우, 심리적 불안이 경고 수준에 해당한다는 신호이므로 부모는 악몽에 초점을 맞추기보다 아이의 불안이 어디

에서 오는 것인지 그 근원을 찾아야 합니다. 불안감의 원인에는 기질적인 예민함과 불안, 인지적 능력의 불균형, 자존감의 부족, 학습 문제, 또래 및 부모 자녀 관계 문제 등 다양한 요인들이 있습니다. 이를 정확히 파악하기 위해서는 전문가와의 상담 및 심리평가 과정이 필수적입니다. 원인을 알아낸 후에는 이를 일으킨 환경 및 관계 등의 변화를 통해 심리적 스트레스를 줄여주는 것이 바람직합니다.

2 **예민하고 불안한 아이의 마음을 공감해주세요.** 아이가 악몽을 꾸며 불안해하는 이유를 알았다면 이에 대해 부모가 아이와 세심히 대화할 수 있는 시간을 가지는 것이 중요합니다. 이런 증상의 아이들은 상담적 개입이 필수적이지만 부모와 자신의 불안에 대해서 이야기할 수 있고 수용 받는 것 자체만으로도 아이에게 큰 안정감을 제공할 수 있기 때문이죠. 만약 만성이 아니라 어제 학교에서 있었던 일로 아이가 악몽을 꾼 경우라면 이에 대한 엄마의 공감적 반응은 아이가 긴장감을 푸는 데 더욱 큰 도움이 될 수 있을 것입니다. 예를 들어 엄마가 아이에게 꿈의 내용을 물었을 때 아이가 어제 귀신이 쫓아와서 자신을 죽이려고 하는 꿈을 꿔서 너무 무서웠다고 얘기한다면 "진짜 무서웠겠네. 어떤 기분이었는지 좀 더 자세히 얘기해줄 수 있니?" 혹은 "진짜 겁이 났겠네. 혹시 집에서나 학교에서도 그렇게 누가 쫓아오는 것 같을 때가 있니?" 등과 같은 방법으로 대화를 해 보는 것도 방법입니다.

우울

대부분의 어른들은 소아우울증에 대해 이야기할 때 어린 아이가 무슨 우울증이냐고 말합니다. 하지만 바쁜 경쟁사회 속에서 가족 및 사회지지 체계가 불안정한 요즘, 아이들은 성인처럼 우울감을 경험하기도 하며 이러한 소아우울증의 비율은 점차 증가하고 있는 추세입니다.

소아와 청소년에게도 나타날 수 있는 우울장애는 의욕저하와 우울감을 주요 증상으로 하며, 다양한 인지 및 정신·신체적 증상을 일으켜 일상 기능의 저하를 가져오는 질환을 말합니다. 하지만 아이들의 경우 "나 지금 우울해요."라고 정확하게 표현하기 어렵기 때문에 성인과는 다른 증상으로 우울감을 표현합니다. 예를 들어 사소한 일에도 짜증이 많아졌다거나, 감정 기복이 심한 모습을 보인다거나, 얼굴 표정이 어둡고 재미있는 일이 없다고 이야기하는 경우, 학습 시 집중력이 현저히 떨어지고, 멍하게 있는 시간이 많아졌거나, 식욕이 갑자기 줄거나 늘고, 특별한 원인이 발견되지 않는데 자꾸만 두통과 복통을 호소하는 경우 등의 수많은 증상들이 있습니다. 아이가 이러한 증상을 보일 때는 소아·청소년 우울을 의심해볼 수 있습니다.

갑자기 눈물을 흘리거나 수시로 죽고 싶다고 이야기해요

소아와 청소년에게도 나타날 수 있는 우울장애는 의욕저하와 우울감을 주요 증상으로 하며 다양한 인지 및 정신적, 신체적 증상을 일으켜 일상 기능의 저하를 가져오는 질환을 말합니다. 하지만 아이들은 우울감이 있더라도 "나 지금 우울해요."라고 표현하기는 아직 어렵기 때문에 성인과 다른 증상으로 우울감을 표현합니다.

다음은 소아 및 청소년 우울의 대표적인 증상입니다.
- 사소한 일에도 짜증을 많이 내고, 잘 울며 감정 기복이 심해집니다.
- 얼굴 표정이 어둡거나 무표정하고, 재미있는 일이 없다고 합니다.
- 대화 속에 죽음이나 외로움과 같은 내용이 있습니다.
- 학습 시 집중력이 떨어지고 간혹 멍하게 있는 때가 많습니다.
- 일상생활에 임하는 속도가 느리고, 귀찮다는 말을 자주합니다.

- 식욕이 감소하고 의학적 원인이 없는 두통, 복통 등을 자주 호소합니다.

> **CASE**
>
> 8살 남자아이의 엄마입니다. 아이가 요즘 공부한다고 스트레스를 받는지 공부할 때마다 울먹이곤 해요. 양이 많은 것도 아니고 달랑 30~40분 학원에서 공부하는 게 다인데 말이죠. 그런데 어느 날부터는 "엄마가 혼낼 때마다 엄마가 사라졌으면 좋겠어. 엄마가 죽었으면 좋겠어. 엄마가 싫어서 그런 건 아닌데 자꾸 나쁜 생각이 들어."라는 말을 하더군요. 어제는 아이랑 바람을 쐬러 나갔다가 아파트 동을 서로 연결하는 다리 위에서 한참 내려다보더니, "엄마, 왜 자꾸 나쁜 생각이 들지? 내가 여기서 엄마 밀어버리면……" 이라고 하기에 제가 자꾸 그런 생각이 들 때마다 즐거운 상상을 하라고 했어요. 우리 아이가 대체 왜 그러는 거죠?

우리 아이 마음 터치

아이들은 스스로 우울하다고 말하기보다 문제 행동으로 심리적 우울감을 표현하는 경우가 많습니다. 하지만 아이가 스트레스 상황을 경험한 후에 사례의 증상을 잠시 보인다고 해서 바로 우울증이라고 진단을 내릴 수는 없습니다. 예를 들면 아이가 부모님과의 어떤 일로 잠시 속상해하다가 곧 회복되어 일상에 잘 적응한다면 이를 우울증으로 볼 수는 없다는 것이죠.

아이에게서 우울증 대표 증상 중 최소 2개 이상의 모습이 발견되고, 이 행동들이 2~3개월 이상 지속된다면 우울증을 의심해볼 수 있습니다. 사례와 같이 우울증의 적신호를 보이는 아이들은 단순히 속상한 감정과는 달리 사소한 일에도 눈물을 보이고 기운이 없으며, 죽고 싶다거나 혹은 누군가가 죽었으면 하거나 죽이고 싶다는 등 죽음과 관련된 이야기를 합니다. 흔히 우울증을 '마음의 감기'라고 이야기하죠. 기분이 처져있는 경우에만 우울하다고 생각할 수 있는데 사실 우울증을 가지고 있는 많은 아이들은 기운이 없고 심드렁하다가도 스트레스 상황이 오면 짜증과 신경질이 심해지면서 욕을 하거나 물건을 던지는 등 반항적이고 폭력적인 행동을 보이기도 합니다.

우울 증상이 심각한 아이들의 또 하나의 주요 증상은 학습 시에 나타납니다. 우울한 아이들은 심리적 에너지가 소진되어 있고, 남아있는 에너지도 자신의 문제에 집중되어 있기 때문에 학습에 온전히 에너지를 투자하여 집중하기가 힘듭니다. 따라서 수업시간에 멍하니 공상을 하거나 수행속도가 느려지고 지시 따르기가 안돼 마치 주의력결핍(ADHD) 문제가 있는 아이와 비슷한 모습을 보일 수 있습니다. 친구들과 잘 어울리지 못하거나, 혹은 과도하게 예민하고 폭력적인 반응을 보여 기피대상이 되기도 하지요. 이러한 어려움들이 겹치면서 두통, 복통 등의 증세를 호소하게 되고, 학교 통학을 거부하기도 합니다.

🔊 엄마를 위한 행동 코칭

1 **엄마의 정서적 민감성이 중요합니다.** 아이들은 속은 우울한데 겉으로는 문제 행동을 하는 것으로 자신이 힘들다는 것을 표현하곤 합니다. '가면성 우울'이라는 말도 있죠. 이처럼 아이들은 우울한 마음을 말로는 잘 드러내지 않습니다. 표현하기가 어려운 경우도 있지만, 아이 본인조차도 무엇이 속상하고 힘든지 정확히 모르는 경우가 많기 때문입니다. 따라서 아이의 주 양육자인 엄마는 아이의 심리상태에 민감해질 필요가 있습니다. 정서적 민감함이란 어떠한 상황에서도 아이가 느끼는 감정을 알아챌 수 있는 엄마의 센스입니다. 둔감한 엄마는 아이의 불편한 마음을 다뤄주기에 다소 어려움이 있을 수 있습니다.

2 **공감하는 엄마가 되어주세요.** 정서적 민감성을 키우기 위한 가장 좋은 방법입니다. 학문적으로 '공감'을 정의하자면 상담자가 내담자의 사고, 느낌, 경험, 행동 등 내담자의 세계를 정확하게 이해할 수 있음을 내담자에게 전하는 능력을 뜻합니다. 모든 엄마가 아이의 완벽한 상담자 역할을 할 수는 없지만 내 아이의 생각과 감정, 행동 등에 자꾸 관심을 기울이고 이해하려 한다면 당연히 아이와 더욱 가까워질 수 있을 것입니다. "○○이가 놀러 가고 싶었는데 못 가서 지금 삐쳤구나.", "아까 엄마가 소리 질러서 화났지?" 등과 같은 공감적 반응은 아이의 감정조절에 도움이 됩니다. 아이의 기분에

좀 더 관심을 갖고 신경 써주세요.

3 **아이에 대한 엄마의 욕심을 버리세요.** 우리나라 어머님들의 경우 외국에 비해 학업, 또래 관계 등 아이의 전반적인 생활에 대한 기대치가 높습니다. 이 경우 엄마는 아이의 있는 그대로의 모습을 수용하기 힘들기 때문에 자꾸만 다그치게 됩니다. 그렇게 엄마에게 혼난 아이는 주눅이 들어 자존감이 낮아지게 되는 경우가 많고, 심할 때는 아동기 우울증으로 이어지기 쉽습니다. 엄마의 욕심이 정말 아이를 위한 것인지, 엄마 자신을 위한 것인지 생각해 보는 것도 도움이 될 수 있습니다.

4 **만성적인 우울감은 전문가의 도움을 받아야 합니다.** 우울 증상을 보이는 아이들은 우울증 증상들이 초기에 다뤄지지 못했기 때문에 만성적으로 발전했을 가능성이 높습니다. 그때는 부모와의 관계를 돈독히 하는 것만으로는 해결이 되지 않습니다. 정신의학과적 약물치료가 필요할 수도 있으며, 반드시 전문가의 상담적 개입이 필요합니다. 아이의 우울 증상이 심하거나 장기간 지속되었다면 가까운 소아정신의학과나 아동상담기관을 찾아가 상담을 받아볼 것을 추천합니다.

짜증을 내다가 금방 다시 웃어요

감정 기복이 큰 아이는 좋고 나쁜 기분의 변화가 자주 있으며 그 차이가 심합니다. 보통 아이들은 뭔가 자기 생각대로 되지 않았거나 마음에 들지 않을 때 짜증을 내곤 합니다. 심하게 짜증을 내고 울고불고 하던 아이가 언제 그랬냐는 듯 웃고 있으면 부모 입장에서는 '아이가 왜 이렇게 변덕이 심하지?'라는 생각이 들기 마련입니다. 특히 이런 심한 감정 기복을 하루에도 몇 번씩 보이는 아이를 둔 부모라면 불편함을 떠나 아이에게 어딘가 문제가 있는 것은 아닌지 걱정할 수 밖에 없습니다.

감정 기복이 크고 기분 변화가 잦은 아이들을 다룰 때는 짜증을 나게 한 사건에 초점을 두기보다는 아이가 감정 변화를 보이는 근본 원인을 생각해봐야 합니다. 연령상 발달이 미숙해서인지, 타고난 기질의 문제인지, 부모의 훈육이나 양육태도로 인한 문제인지, 혹은 우울이나 주의력결핍 과잉행동장애(ADHD) 등으로 인해 감정 조절에 어려움이 있는 것은 아닌지 등을 고려해봐야 합니다.

> **CASE**
>
> 11살 여자아이입니다. 부모가 이혼해서 양육을 조부모와 고모들이 맡고 있습니다. 이 아이는 평소 고집이 세고 무엇이든 자기 의지대로만 하려고 합니다. 자기 말을 안 들어주면 짜증이 심하고 때리기도 합니다. 그러다가 안정되면 잘못했다고 다시는 안 하겠다며 예뻐해 달라고 해요. 이런 일상이 반복되고 있습니다. 11살이면 자기 감정을 조절할 줄 알아야 하는데, 의존적이기도 하고 자주 울어서 집안 식구들이 모두 스트레스에 시달립니다. 매를 들어도 굽히지 않고 자기 의견을 분명히 말해요. 매를 맞는 대신 자기 뜻대로 하겠다고 하는데, 매를 들수록 반항적으로 되는 거 같아 계속 혼낼 수도 없고 고민이 많습니다. 그렇게 예뻐해 주는데도 사랑이 부족해서 그런지 식구들에게 자기를 예뻐해 달라고 항상 칭얼댑니다. 또 치장하는 것에 관심이 많아서 항상 나갈 때 옷을 펼쳐놓고 스스로 코디를 하며 머리도 잘 빗곤 하는데, 자기 마음대로 안 되면 자기 머리를 때리기도 하고 무조건 아기처럼 발버둥치며 울기도 합니다. 아이를 어떻게 지도해야 할지 막막합니다.

우리 아이 마음 터치

기질적으로 예민한 아이는 그만큼 감수성도 풍부합니다. 무던한 아이에 비해 같은 상황에서도 더욱 민감하게 반응하고 크게 감정을 느끼는 경우가 많지요. 부정적인 감정에서 다시 안정적인 상태로 회복하기까지도 무던한 아이보다 더 많은 시간을 필요로 합니다. 만약 아이가 기질적으로 예민하고 섬세하다면 이러한 아이의 기질적 특성을 알고 부모 역시 세심해져야 합니다. 부모가 자주 변하는 자기의 마음을 잘 알아준다면 아이는 위로를 받고 점차 감정 기복이 잦아들 수 있습니다.

또한, 자신의 욕구 및 감정조절 능력이 미숙한 아이 역시 감정 기복이 심할 수 있습니다. 아이의 욕구 및 감정조절 능력은 감정을 다스리고 기억을 주관하는 뇌의 변연계 발달과 관련되어 있습니다. 변연계 발달은 사춘기가 되어서야 비로소 완성되는 것이지만 초등학교 3학년 정도만 되어도 아이들은 이전에 비해 좀 더 성숙한 감정조절 능력을 보여줄 수 있습니다. 학령기 전에 해당되는 아이들은 아직 자기중심적이며 아직 자기 욕구를 조절하는 법을 배우는 시기이기 때문에 감정조절 역시 어려울 수밖에 없습니다. 만약 학령기 전의 아이가 잦은 감정 변화를 보인다면 이를 심각한 문제로 여기기보다는 부모의 공감적 반응과 일관적인 훈육 및 양육태도로 아이가 감정 조절 연습을 꾸준히 해나갈 수 있도록 도와주어야 합니다. 만약 아이의 감정 기복이 연령이 높아졌음에도 여전히 미숙하고, 오히려 더 심해지는 모습을 보인다면 이는 아이가 심리적으로 힘들다는 신호일 수도 있습니다. 성인과는 다르게 아이들은 우울한 마음을 심한 짜증과 불편함, 감정 기복, 만사에 지루하고 재미없다는 표현으로 나타내기 때문입니다.

사례의 아이도 부모의 이혼으로 인한 우울감이 있어 감정 변화가 더욱 잦았던 것으로 보입니다. 이렇게 단순한 감정조절 능력의 미숙함이 아니라 우울함으로 인해 감정 기복이 심한거라면 전문가와의 상담이 꼭 필요합니다. 또한 ADHD나 반항성 행동 장애를 가지고 있는 아이들도 감정조절에 어려움을 보입니다. 만약 아이가 전반적인 생활에서 감정 및 행동조절이 어렵고 부모와의 관계에서 반항적인 모습이 두드러진다면 단순한 감정 기복이 아닌 ADHD와 같은 근본 원인에 초점을 더 맞출 필요가 있습니다.

📢 엄마를 위한 행동 코칭

1 보다 의연한 부모의 태도가 필요합니다. 아이가 짜증과 감정 기복이 심할 때는 부모 역시 마음이 조급해져 같이 화를 내거나 혹은 상황을 빨리 마무리하기 위해 아이가 원하는 대로 해주기 마련입니다. 하지만 감정 기복이 심한 아이들에게 이런 부모의 태도는 도움이 되지 않습니다. 감정 기복이 심한 아이들은 좌절이나 실망감을 쉽게 느끼고, 그 상황을 인내하는 마음 역시 부족합니다. 이

때 부모의 중요한 역할은 아이로 하여금 그 상황의 감정을 인내할 수 있도록 기다려 주는 것입니다. 불편한 감정을 이겨내야 하는 것은 결국 아이의 몫이므로 부모는 아이가 토라졌다가 다시 기분을 회복할 때까지 지켜보며 기다려주는 자세가 필요합니다.

2 감정 및 욕구조절 연습을 할 수 있도록 도와주세요.

감정 기복이 심한 아이의 부모가 해줘야 할 또 하나의 중요한 사항은 아이가 자신의 감정과 욕구를 조절할 수 있도록 연습 기회를 제공해주는 것입니다. 예를 들어 아이가 숙제 도중 갑자기 문을 쾅하니 닫고 들어가 버린 상황이라면 우선 아이가 왜 토라졌는지 그 마음을 알아채고 공감해주는 것이 필요합니다. "아까 엄마가 수학 잘 못한다고 해서 삐쳤구나. 그게 기분 나빴나 보네."와 같은 아이의 마음을 이해해주는 엄마의 반응은 아이에게 큰 위로가 될 수 있습니다. 그리고 공감 후에 필요한 것은 아이가 자신의 마음을 엄마에게 표현하고 이를 조절할 수 있도록 도와주는 것입니다. "그런데 그렇게 문을 쾅 닫고 들어가 버리면 엄마가 네 기분이 어떤지 잘 모르니까 다음에는 엄마한테 무엇 때문에 기분이 나빴는지 이야기해줘. 엄마도 잘 들을게. 그리고 우리 같이 어떻게 하면 기분이 좋아질 수 있을지 생각해보자."라고 이야기해주는 과정을 통해 아이는 자신의 감정을 인지·표현하고 조절해보는 경험을 할 수 있습니다.

수업시간에 멍하게 있고, 만사가 귀찮다고 해요

아이들이 초등학교에 입학하게 되면 수업시간의 태도 문제로 인해 아동상담소나 소아정신과를 찾는 부모들이 늘어납니다. 학교에서 담임선생님의 평가가 좋지 않으면 엄마 입장에서는 당연히 걱정될 것입니다. 물론 초등학교 1~2학년 시기에 유치원 때와 달리 긴 수업시간이 지겨워 가끔 장난을 치거나 딴청을 피울 수는 있지만 수업시간에 집중하지 못하고 멍한 모습이 자주 관찰되며, 더불어 말과 행동이 느리고 지시사항 이행도 어렵다면 아이가 기능적 혹은 심리적으로 어려움이 있는 것은 아닌지 살펴보는 것이 필요합니다.

CASE

올해 초등학교 1학년에 입학한 남자아이입니다. 어릴 적부터 좀 멍할 때가 많았는데, 그냥 그런가 보다 하고 크게 신경쓰지 않았습니다. 그런데 초등학교에 입학하니 담임선생님께서 아이가 수업시간에 너무 자주 멍하게 있다고 하시네요. 다가가서 아이 이름을 부르면 깜짝 놀라 수업에 참여하다가도 금세 또 멍한 모습을 보인대요. 이런 모습이 너무 잦다고 하셔서 걱정이 됩니다. 집에서는 공부할 때 조금 멍하긴 한데, 좋아하는 일을 할 때는 집중을 잘해요. 성격이 조금 소심해서 그런가 싶기도 해요. 긴장을 잘하는 아이거든요. 행동이나 말도 느린 편이고 어떤 때는 말도 잘 못 알아들어서 지시사항을 여러 번 말해줘야 하곤 합니다. 답답하네요. 아이가 왜 이럴까요?

우리 아이 마음 터치

흔히 ADHD(Attention Deficit Hyperactivity, 주의력결핍 과잉행동장애)라고 하면 산만하고 과잉행동이 심한 아이들을 떠올리게 됩니다. 그러나 ADHD 분류 카테고리 안에는 과잉 행동이나 충동적인 모습 없이 주의력 문제만을 보이는 아이들도 있습니다. 사례와 같이 수업시간에 멍한 모습이 잦고 말귀를 잘 못 알아들으며, 지시사항 이행이 안 되는 모습 등은 아이의 주의집중력 문제 즉, 아이가 외부에서 들어오는 여러 시각적·청각적 자극들을 주의 깊게 받아들이는 데 어려움이 있을 가능성을 보여주는 것이지요.

이런 주의력 문제를 가진 아이들은 수업시간뿐만 아니라 일상 및 외부활동 시에도 멍한 모습이 관찰될 수 있습니다. 앞서 소아청소년 우울증에서 언급한 것처럼 "나 우울해요."라고 말하기보다는 수업 및 학습태도에서 멍하고 산만한 모습으로 나타날 수도 있지요. 우울 증상으로 인해 멍한 모습을 보이는 아이들은 수업시간에도 멍하니 공상의 세계를 펼치고, 일상에서는 만사가 귀찮고 재미가 없다고 생각해 심드렁한 반응을 보이기도 합니다. 그러다가 가끔 부모님에게 사소한 일로 욱하거나 갑자기 화를 내기도 하죠. 뿐만 아니라 이런 아이들은 심리적으로 불안할 때도 멍한 모습을 보입니다.

그리고 아이의 타고난 기질상 낯선 외부환경에 대한 불안이 높거나 부모 및 선생님, 또래와의 관계에서 불안감이 높은 아이들 역시 산만한 모습을 보일 수 있습니다. 이럴 땐 놀이치료나 상담적 개입을 통해 아이의 심리적 불안도를 낮춰주고, 이를 통해 외부환경에 대한 적응력이 높아지게 되면 산만한 모습이 점차 완화되기도 합니다. 마지막으로 지적 능력이 평균선 이하이거나(경계선 지능 기준) 학습장애와 같이 특정 언어 혹은 산술적 능력에 어려움이 있을 경우에도 멍한 모습을 보일 수 있습니다. 아이가 수업 및 학습 내용을 따라가기 어려워지니까 수업에 집중하지 못하고, 자신이 좋아하는 장난감이나 만화영화를 떠올리는 등 공상에 잠기게 되는 것이지요. 이런 인지적 능력의 결함이 있는 아이라면 어릴 적부터 한글 및 숫자 학습이 느리고, 상호작용 및 언어발달이 더디다는 특성을 보였을 것입니다.

📢 엄마를 위한 행동 코칭

1 **아이의 수업태도에 대해 대화를 나눠보세요.** 담임선생님으로부터 아이의 수업태도가 좋지 않다는 이야기를 들으면 부모들은 왜 수업시간에 멍하니 있었는지 따지고 혼내기부터 합니다. 하지만 이런 부모들의 위압적인 태도는 아이 마음의 불안감을 높여 수업태도를 더욱 산만하게 만들고, 부모와의 관계까지 악화시키게 됩니다. 대신 수업시간에 멍하니 있게 될 때가 많은지, 언제 그렇게 되는지, 공상 중 자주하게 되는 생각이 있는지 등 아이의 멍한 모습을 부모가 수용하고 아이와 대화하는 과정을 갖는 것이 중요합니다. 이 과정을 통해 부모는 아이의 ADHD나 우울증 여부를 확인할 수 있고, 아이 역시 자신의 주의력 문제를 좀 더 명확하게 인식할 수 있으며, 부모와의 논의를 통해 멍해질 때 주의력을 유지하는 방법에 대해서도 이야기해볼 수 있습니다.

2 **전문적인 심리평가 및 진단을 받아보세요.** 학교에서 아이의 멍한 모습 및 주의력 문제가 대두된다면 아동전문상담기관이나 소아정신과로 내방해 정확한 심리평가 및 주의력 검사를 받아보는 것이 좋습니다. ADHD 및 우울증, 아이의 심리적 불안, 인지적 능력의 불균형 등은 전문적인 심리평가를 통해 정확히 알 수 있기 때문입니다.

재미있는 것이 하나도 없대요

'낙엽만 굴러가도 꺄르르르'라는 말이 있습니다. 과거의 아동청소년기를 생각하면 작은 일에도 웃음이 그치지 않는 활발한 에너지가 떠올랐지만 요즘 아동청소년기 아이들은 위의 말이 해당하지 않는 경우가 많은 듯합니다.

언젠가부터 상담소에는 무엇이든 '재미없다.'는 말을 자주 하고, 평소 좋아하는 활동에도 흥미를 보이지 않는다며 상담을 요청하는 사례가 많아졌습니다. 이렇게 흥미와 활력이 떨어지는 아이들을 두고 부모들은 아이가 혹시 우울한 것은 아닌지, 사회성에 문제가 있는 것은 아닌지 등 많은 걱정을 하게 됩니다. 매사에 시큰둥하고 재미있는 것이 하나도 없다고 말하는 아이들. 왜 이런 아이들이 근래 많아진 것일까요?

CASE

초등학교 3학년인 아들 녀석은 학교가 재미없답니다. 학교에서는 주로 책을 많이 읽고요. 친구들 사이에서 자신감이 없는 건지, 친하게 지내는 친구가 없는 건지 주로 혼자 노는 편이고 겁도 많습니다. 아침에 등교할 때면 늑장을 부리며 오늘은 집에서 놀고 싶다고 해요. 집에서나 밖에서 놀아도 요즘은 특히 재미가 없다고 하고, 의욕도 없는 것 같아요. 그리고 아이가 답답할 정도로 너무 착합니다. 친구에게 부메랑을 주기로 했는데 잃어버려서 못 주었더니, 그 친구가 아이에게 돈으로 달라고 했답니다. 제가 주지 말라고 했는데도 친구에게 돈을 줘야 한다고 하더니 결국 1,000원을 주었더라고요. 특히 힘센 친구들에게는 무서움을 느끼는 것 같아요. 아이가 너무 순해서 그런 걸까요, 아니면 다른 문제가 있는 걸까요.

💗 우리 아이 마음 터치

만약 아이가 평소 좋아하던 놀이에도 의욕을 보이지 않고 재미가 없다고 하거나, 아이의 하루 일과를 조정했음에도 아이의 활력수준이 향상되지 않았다면 이는 아이의 우울감이 심하다는 신호일 수 있습니다. 따라서 부모님은 전반적인 아이의 활력수준 및 학습태도, 일상에 임하는 아이의 모습 등을 세심히 관찰해 아이가 보내는 우울신호를 알아내는 것이 중요합니다. 우울감이 1년 이상 지속되는 만성적인 우울과 달리 초기 단계의 우울은 치료 접근은 물론, 변화를 가져오기도 훨씬 쉽습니다. 이것이 바로 아이의 동기 및 의욕저하를 미리 알아챌 수 있는 부모님의 세심한 관찰력이 중요한 이유입니다.

매사에 재미가 없다고 하는 아이라면 사회성 발달에 문제가 있는 것은 아닌지 살펴봐야 합니다. 사례를 보면 아이가 학교 및 일상에서 재미를 못 느낀다고 하는데, 사실 그 원인은 또래 관계 때문이라는 것을 유추해볼 수 있습니다. 아이가 친구들과의 사회적 상황의 의미를 적절히 파악하고 대처하는 능력이 부족한 것 같다는 느낌이 듭니다. 사회적 능력이 떨어지는 아이들은 또래 및 타인과의 상호작용이 뜻대로 잘 되지 않고, 부정적인 경험이나 감정이 쌓이게 되며 그로 인해 또래 관계 및 일상에 만족하지 못해 우울감을 경험할 수 있습니다. 만약 아이가 눈치가 부족하고 타인의 의도를 잘 이해하지 못하며, 자기만의 방식으로 상호작용하는 듯한 느낌이 있다면 심리평가를 통해 아이의 사회적 능력에 대한 점검을 해보는 것이 필요할 수 있습니다.

📢 엄마를 위한 행동 코칭

1 아이가 재미없다고 말하는 이유를 알아차려야 합니다. 아이가 하는 말에는 다 의도가 담겨 있습니다. 다만 주변에서 그 의도를 알아차리지 못하거나 몰라줄 뿐이죠. "학교도, 집도 요즘 다 재미없어."라는 아이의 말에는 분명 무엇인가 힘들고, 자기 뜻

대로 되지 않는다는 뜻이 담겨 있습니다. 따라서 부모님은 평소 아이와 친밀한 관계를 유지해 아이가 무엇이 힘들어서 재미없다고 이야기하는지 알아차릴 수 있어야 합니다. 관계를 형성하는 데 가장 기본이 되는 좋은 방법은 대화입니다. 아이와 매일 대화하는 시간을 정해놓고 이를 실천하는 것도 방법이 될 수 있습니다. 아이의 하루가 어땠는지 친구처럼 온전히 들어주는 시간을 통해 엄마는 아이 삶의 많은 부분을 공유할 수 있고, 이 과정에서 아이의 힘들다는 신호를 알아차리기는 훨씬 쉬울 것입니다.

2 나이에 맞는 놀이 활동과 상호작용 경험을 제공해주세요. 요즘 아이들은 에너지를 외부로 발산할 시간이 많이 부족합니다. 그래서 심리적인 문제의 발생률이 높아지는 것입니다. 아이의 하루 및 일주일 일과를 점검하고 아이와 의논하여 연령에 맞는 적절한 놀이 및 휴식시간을 제공하는 것은 아이의 에너지 수준을 높이는 데 도움이 됩니다. 에너지 수준의 활성화를 위해서는 독서나 컴퓨터 게임 등 혼자 하는 정적인 활동보다 아이와 엄마 모두 즐거워할 수 있는 신체 활동이 더 효과적입니다.

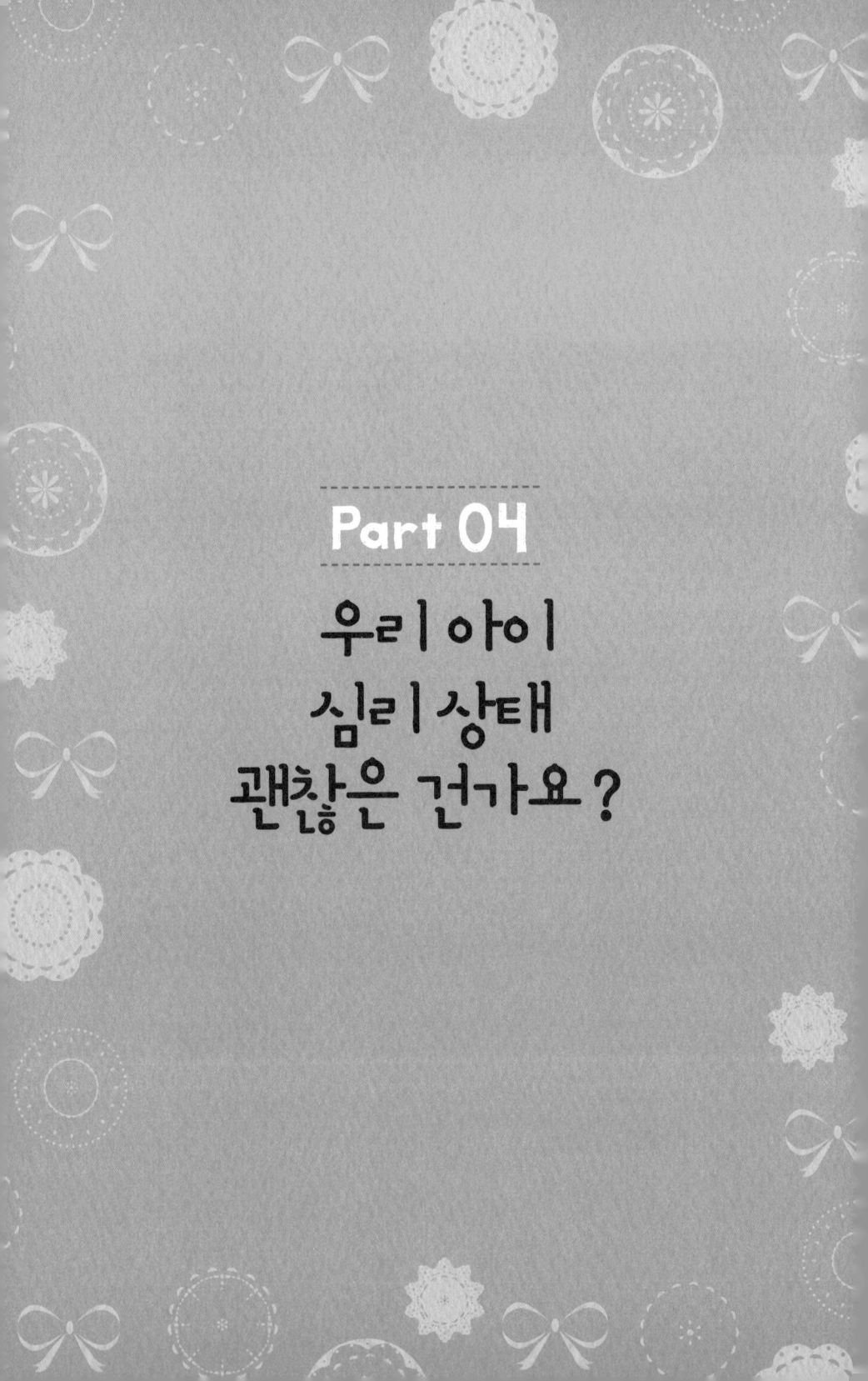

조절능력

Q40 식당에서 막 뛰어다녀요
Q41 어른들을 만나도 먼저, 그리고 밝게 인사하지 않아요
Q42 자기가 먹은 것을 아무데나 버려요
Q43 엄마와 약속한 시간을 지키지 않아요

성

Q44 자위행위를 해요
Q45 이성의 몸에 관심이 많아요
Q46 성추행을 당했어요

학습

Q47 글씨를 거꾸로 읽어요
Q48 열심히 하는데도 성적이 안 나와요
Q49 금방 끝낼 수 있는 일인데 몇 시간 걸려서 해요
Q50 공부가 가장 큰 걱정거리라고 해요
Q51 엄마를 포식자라고 생각해요
Q52 시험기간이 되면 아이의 불안이 극도로 심해져요

조절능력

부모님들은 '아이의 잘못된 행동을 바로 잡아줘야 한다.'고 생각합니다. 왜 이런 점에 신경을 쓰게 될까요? 부모와 함께 식당을 가거나 또래가 모인 유치원에 갔을 때 등 다른 사람들과 부딪히게 되는 상황에서 서로 피해가 되지 않는 방법을 가르쳐주려는 것이 가장 큰 이유겠지요. 아이들이 크면서 자신의 욕구, 감정, 행동 때문에 다른 사람들에게 피해를 줄 수 있다는 것을 인지하고, 그에 맞는 대처 행동을 배우는 것은 매우 중요한 과정입니다. 이때 부모가 아이의 조절능력에 대한 연령별 특성을 미리 알고, 알맞은 양육방법을 찾아 실천하는 것이 중요합니다.

아이들은 걸음마기(만 1~3세)부터 자기욕구를 지연시키고, 그 과정에서 생기는 좌절감, 실망감, 화 등을 조절하는 경험을 하게 됩니다. 또 자기 마음(욕구, 감정 등)부터 행동까지 조절해보게 됩니다. 많은 시행착오를 겪지만 보통 어린이집이나 유치원에 다닐 나이가 되면 자기조절능력은 상당히 자리를 잡습니다. 물론 이 과정이 부모님들에겐 쉽지 않은 시간들입니다. '아이가 상황 파악을 못한 채 자기 멋대로 다니고', '하지 말아야 할 일을 자꾸 하고', '다른 사람들에게 피해주는 행동을 계속해서' 그리고 '예의 없어 보일까봐' 등 부모님의 고민들이 늘어갑니다.

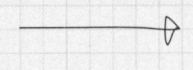

식당에서 막 뛰어다녀요

만 3세 전의 어린 자녀를 키우는 엄마들은 밥 먹을 시간조차 없습니다. 모처럼 외식이라도 하게 되면 식당에서 또 다른 전쟁을 치르게 됩니다. 특히 만 3세 전의 아이들은 새로운 장소에 가면 호기심이 더 왕성해지기 때문에 이곳저곳 둘러보고, 걸어 다니고, 심지어는 뛰기까지 합니다. 엄마는 밥을 먹으러 온 건지, 아이를 쫓아다니러 온 건지 알 수가 없게 되지요. 조용히 식사하는 다른 사람들에게 미안한 마음에 아이를 혼내도 보지만 별반 달라지는 것은 없습니다.

부모는 아이의 이런 행동 때문에 '혹시 우리 아이가 예의 없거나 조절능력이 부족한 아이로 크는 것은 아닐까?'하고 걱정하게 됩니다. 예의는 도덕성의 한 측면이기 때문에 3세부터 가르쳐도 늦지는 않습니다. 하지만 욕구를 조절하고 지연시키는 '연습을 차차 해나간다.'는 측면에서 본다면 만 1~3세부터는 집 밖에서의 행동에도 명확한 한계설정을 해주는 것이 필요합니다.

CASE

우리 아이는 이제 막 25개월이 됐습니다. 신체발달도 좋고 호기심도 많은 편이에요. 그래서인지 아이를 데리고 외식 한 번 하는 것이 너무 힘듭니다. 옆 테이블은 기본이고요. 우리 테이블에서 아주 멀리 떨어진 테이블까지 가려 해서 잡으러 다니느라 밥이 코로 들어가는지, 입으로 들어가는지 모를 만큼 정신이 없어요. 많은 사람들이 식사를 하는 곳인데 아이가 자꾸 돌아다니니까 다른 사람들에게도 피해를 주게 되고, 이러다 혹시 예의 없는 아이로 크는 건 아닐지 걱정됩니다.

우리 아이 마음 터치

'부산함'은 연령에 따라 비정상적인 신호가 될 수도 있지만 정상적인 신호일 수도 있습니다. 하지만 만 3세가 지났는데도 '부산함'이 줄어들 기미가 보이지 않는다거나, 만 5~6세가 되었는데도 공공장소인 식당에서 계속 부산한 태도를 보인다면 이는 비정상적인 신호로 볼 수 있습니다. 또 이런 경우엔 적절한 훈육이 부족했거나 선천적으로 부산함의 특징을 많이 가졌는지도 반드시 점검해봐야 합니다. 더불어 초등학교 입학 후에도 부산함으로 인해 수업태도나 집중력의 문제가 계속된다면 원인과 해결책을 찾는 노력이 시급히 이루어져야 합니다.

하지만 사례는 25개월의 어린 아이가 하는 행동이기 때문에 너무 성급하게 훈육을 하려고 하면 아이가 자율성 욕구를 비난받는 것으로 느끼게 돼 정서를 위축시킬 수 있기 때문에 아이 나이에 맞는 적절한 훈육방법을 찾아야 합니다. 즉, 사례의 아이가 보이는 행동은 정상범위에 속하는 것이지만 부모가 연령대에 맞는 적절한 방법으로 훈육해주는 것이 좋습니다. 자녀에게 큰 문제가 생겼을 때만 개입하는 것이 올바른 훈육은 아닙니다. 자연스러운 성장 특징이 나타날 때마다 부모가 자녀 행동의 정확한 의미를 이해하고, 적절한 방법을 찾아 대처해줘야 합니다.

'부산함'은 걸음마기 아이들의 성장 신호로 보기도 합니다. 만 1~3세의 아이들은 자기 몸을 스스로 움직일 수 있게 되면서 주변 환경에 호기심이 많아지고 부산해집니다. 식당에서 여기저기 가보고, 다른 테이블의 숟가락을 만지려 하고, 수저통이나 양념통의 뚜껑도 자꾸 열어봅니다. 옆 테이블에서 "예쁘다."고 한마디라도 하면 기분이 좋아져 그 앞에서 웃고 춤추는 등 장소와 대상을 가리지 않고 부산하게 행동하기도 합니다. 이런 행동 양상은 만 1~3세 걸음마기 아이들의 호기심이 늘어나면서 주변 환경에 대해 스스로 알아보고 관찰하려는 욕구가 많아져서 생깁니다.

물론 이런 행동들을 마냥 허용해줄 수는 없습니다. 식당에서 돌아다니면 안 되는 이유를 아이가 알게 해야 하고, 욕구와 행동조절을 할 수 있도록 서서히 가르쳐야 합니다. 그리고 아이의 생리적 욕구에 따라 어떤 태도를 배워야 하는지 엄마가 시기적절하게 도와줘야 합니다. 예를 들어 아이가 이유식 시기를 지나 주식이 밥과 반찬이 되면 하루 3번 일정한 간격으로 배고픔을 느끼게 되고, 배고픔을 느끼는 시간도 가족들과 비슷해지기 때문에 '아침 먹는 시간', '점심 먹는 시간'을 대략 정할 수 있습니다. 즉, '식사시간'이 되면 '식탁'에서 '차분히 앉아 먹어야 할' 시간이란 것을 아이가 습득할 수 있도록 일관된 시간과 장소를 만들어주어야 합니다. 그렇게 하다 보면 차츰 아이도 식사시간에, 식사하는 장소에서, 어떻게 해야 하는지를 익히게 되어 식당에 가도 앉아서 먹는 것을 중요한 행동으로 여기게 됩니다.

📢 엄마를 위한 행동 코칭

1 **아이의 '정상발달'을 이해해주세요.** 만 1~3세 아이들은 누구나 '부산하다는 특징'을 갖습니다. 또한 이 연령대의 아이들 중에서는 타고난 기질이나 성향에 따라 부산함이 더 심한 아이들도 있습니다. 하지만 '부산함'은 적절한 허용과 한계를 경험함에 따라, 그리고 만 3~4세로 나이가 들어가면서 점차 줄어갑니다. 자기 욕구를 지연시키고, 감정과 행동을 조절할 내적능력이 키워지기 때문입니다.

2 **편안한 엄마와 아이 관계를 기반으로 적절한 3단계 훈육을 시작해주세요.** 체계적인 훈육을 잘 하려면 우선 탄탄한 엄마와 아이 관계가 기본이 되어야 합니다. 훈육을 시작하는 나이는 주로 첫돌 이후부터입니다. 여기서 말하는 훈육은 아이의 기를 죽이거나 무섭게 혼내는 것이 아닙니다. 아이의 마음은 알아주되 현실에서 무엇이 안 되는지를 명확히 알려준 후 아이가 욕구를 풀 수 있도록 대안을 주는 겁니다. "아이고, 우리 ○○이가 여기저기 가고 싶지. 재미있어 보이지(1단계). 하지만 여긴 다른 사람들도 맘마 먹는 곳이야. 그래서 뛰어다닐 수 없어(2단계). 놀고 싶다면 맘마 다 먹고 나가서 놀자(3단계)."라고 해주시면 됩니다.

아이가 만 4세가 지났는데도 식당에서 위와 같은 행동을 보인다 해도 완전히 늦은 것은 아닙니다. "오랜만에 식당에 오니 기분 좋지. 여기저기 뛰고 싶을 정도로 말이야(1단계). 하지만 다른 사람들이 식사하는 식탁 옆에서는 뛰어다닐 수 없어. 모두들 식사할 때는 방해받고 싶지 않거든. 맛있게 먹고 싶으니까 말이야(2단계). 네가 더 뛰어 놀고 싶다면 저기 놀이방(식당 내에 있는)에 가서 더 뛸 수 있어. 아니면 밥 다 먹고 나서 공원이나 집에 가서 더 놀 수도 있지(3단계)." 라고 말해주는 것이 좋습니다.

3 **마음을 읽어줄 때는 진심으로 공감 반응을 해주세요.** 바로 앞에서 이야기한 것처럼 훈육의 1단계는 아이의 마음을 부모가 알아채고 읽어주는 것입니다. 아이 입장에서 '그러고 싶은 마

음'이 들 수도 있겠다고 부모가 알아차린 후 아이의 그런 마음을 부모가 공감하는 말로 이해해주는 것입니다. 이는 아이가 하고 싶어 하는 행동을 마냥 허락하는 것과는 다릅니다. 엄마가 아이 마음을 정확하게 알아채고 진심을 담아 공감 발언을 해주는 일이 많아질수록 훈육도 효과를 더 많이 봅니다.

아이와 엄마의 관계가 좋으면 엄마가 훈육하려는 의도를 아이가 오해하지 않기 때문에 훈육의 취지가 잘 전달됩니다. '엄마가 나를 미워하는 게 아니구나.', '식당에선 앉아서 먹는 게 중요하다는 거구나.'라고 생각하면서 얼른 앉아 다시 먹는 데 집중해보려 합니다. 결국 아이는 엄마를 믿는 마음을 바탕으로 '자기 맘대로 하고 싶었던 마음'을 조절해보는 새로운 경험과 성장을 하게 됩니다.

4 조절할 수 있는 잠재력을 믿어주세요. 아이들은 자기가 하고 싶은 것과 현실의 상황이 맞지 않을 때 적절한 방법을 찾을 수 있는 힘을 갖고 있습니다. '아이가 지키지 않을까 봐.', '말을 안 들을까 봐.', '또 어길까 봐.'라는 엄마의 끊임없는 걱정 때문에 아이를 혼내거나 강압적으로 지시해 급하게 해결하려 하면 오히려 아이는 자기 욕구나 행동을 조절하지 않고, 더 많이 떼쓰고 고집을 부리게 됩니다.

아이가 만 1세가 되면 그때부터 부모님은 한계설정 3단계 원리를 차분히 그리고 꾸준히 실시해보세요. 그리하면 아이들은 만 3세가 지났을 때 자기 욕구를 조절하고 현실을 더 정확히 이해하는 모습을 보입니다. 현실을 직시하고 자기 마음 속의 충동이나 소망을 억제하며, 실현 가능한 범위에서 욕구를 충족할 수 있는 행동을 선택함으로써 자기 욕구도 충족시키고, 다른 사람에게 피해를 주지 않는 태도를 갖게 됩니다. 이런 태도를 충분히 가졌을 때 '조절능력이 있다.'고 말할 수 있으며, 예절이나 도덕성도 순탄하고 확고하게 자리잡을 수 있습니다.

5 **7세 이후 아이들의 예의 없는 행동에 대해선 부모와 전문가가 협력해야 합니다.** 부모가 자녀양육 과정에서 앞의 4가지 처방전을 제대로 실시해오지 않았을 경우, 아이는 벌써 초등학교에 입학할 나이가 되었음에도 식당과 같은 공공장소에서 타인들에게 피해를 주는 행동을 너무 자주, 과하게 하기도 합니다. 기본적인 조절능력이 없는 경우라면 부모가 아이와 매일 잦은 말다툼과 실랑이를 하게 되어 오히려 훈육의 효과를 볼 수 없게 됩니다. 이럴 때는 부모가 자신의 스트레스를 관리하면서 아이와 지내는 방법에 대해 전문가의 체계적 조언을 듣고, 새로운 방법들을 시도하는 것이 더 효과적이며 더 큰 문제를 키우지 않는 길입니다.

Q41 어른들을 만났을 때 먼저, 그리고 밝게 인사하지 않아요

'인사'는 상대방의 안부를 묻는 행위로 모든 예절의 기본이라고 알려져 있습니다. 상대방에 대한 친근감, 환영, 신뢰를 표시하는 행위이자 상대방을 섬기겠다는 표현이 되기도 합니다. 그래서 엄마들은 아이와 외출하다가 아는 사람들을 만나면 "자, 인사해봐", "인사해야지.", "안녕하세요 해야지."라면서 아이가 상대방에게 예절 바르게 인사하기를 권하곤 합니다.

그런데 이때 아이가 엄마의 기대와 다르게 행동하면 엄마들은 크게 당황하며 '내 아이가 예절이 없는 아이인가?'라는 걱정에 휩싸입니다. 하지만 인사를 하지 않는 행동은 아이의 나이나 당시 상황, 욕구에 따라 그 의미가 다르므로 섣불리 내 아이를 '무례한 아이'로 점찍어 버리지 않도록 해야 합니다.

CASE

이제 막 38개월이 지난 우리 아이는 아는 어른을 만나면 인사할 줄을 몰라요. 요즘엔 세 돌 전에 비해 몸놀림이 노련해져서 놀이방 오전반이 1시에 끝나면 무조건 바깥에서 놀려고 해 집으로 오는 길에 보이는 놀이터, 공원은 그냥 지나칠 수 없는 코스가 되어버렸지요. 물론 아이가 활달하게 노는 건 좋아요. 그런데 공원이랑 놀이터에 다니다 보면 동네 이웃들이나 아는 엄마들을 만나게 되잖아요. 아직 자발적인 인사 습관이 충분치 않다 보니 어른들이 아이에게 먼저 인사를 해주세요. "어이구! ○○이 엄마랑 놀이터 가네."라고요. 그러면 아이도 대답을 하며 인사를 해야 하는데, 그냥 자기가 가던 놀이터 쪽으로 휙 달려가 버려 너무 민망해요. 아무리 어리지만 '아이가 예의 없다.' '엄마가 잘못 가르쳤나 봐.'라고 남들이 흉볼까봐 걱정됩니다.

💗 우리 아이 마음 터치

아이의 입장을 고려해보지 않고 무조건 '문제'라고 생각하는 건 자제해야 합니다. 간혹 나이나 상황에 따라 사례의 이야기를 문제 행동으로 보지 않기도 합니다. 만 1~3세 사이에는 타고난 성향으로 인한 개인차가 많습니다. 세 돌이 조금 지난 아이들도 그렇습니다. 더 사교적인 기질을 가진 아이들은 엄마가 인사하라는 말을 하지 않아도 스스로 인사하거나 한 번 인사하라는 권유에 몇 번이고 반복해 인사를 하면서 즐거워합니다. 반면, 같은 또래라도 낯가림이나 수줍음이 많은 기질의 아이들은 엄마의 자연스러운 권유를 부담스럽게 받아들입니다. 엄마 뒤에 숨거나 경계의 눈빛으로 상대방을 바라보기 때문에 인사를 시도했던 어른들이 오히려 민망해하기도 합니다. 또 어떤 아이들은 평소에 인사를 잘 하다가도 지금 놀러 가는 것에 대한 기대와 상상 때문에 인사에 신경을 쓰지 못하기도 합니다. 그래서 엄마가 "인사하자."라는 말이 끝나기도 전에 뛰어가버리는 것입니다.

정리하자면 아이의 타고난 성향, 그 순간 어떤 놀이나 활동을 하려는 욕구가 얼마나 크냐에 따라 인사하는 태도가 달라질 수 있습니다. 또 예의를 충분히 알지 못하는 연령이기 때문에 이런 일이 벌어졌을 때는 아이의 마음을 읽어주고 끝내도 괜찮습니다. "우리 ○○가 인사하기 쑥스럽구나."라고 마음을 알아주면서 잠시 기다려 보거나 상대방 어른에게 양해를 구하고, 다음 일정으로 향하면 됩니다. 세돌 전후의 어린 아이들이 인사할 시점을 놓치고 자기 놀이 계획을 향해가는 것을 문제라고 보긴 어렵습니다. 따라서 이런 상황에서 아이에게 인사하라고 계속 재촉하거나 인사하지 않았다고 혼내는 것은 오히려 너무 과한 개입이 됩니다.

하지만 유치원이나 어린이집을 이미 몇 개월 이상 다녀본 만 5세 이상의 아이가 이런 행동을 한다면 그건 좀 생각해봐야 합니다. 이 시기는 유치원 교육을 통해서 친구, 선생님, 어른과 지낼 때 어떻게 해야 하는지 배울 기회가 많기 때문에 가정에서 해왔던 예절 형성을 더 보완해 갈 수 있는 때입니다. 연령상으로도 다른 사람들에 대한 관심이 늘어나기 때문에 인사와 같은 친사회적 태도를 익히기가 수월해집니다. 예를 들어 어른을 만나면 배꼽인사를 하거나 공손한 태도로 인사해야 한다는 것, 어른에게 부탁할 때는 "~주세요.", "~해주세요."라는 식으로 자연스러운 존댓말을 쓴다는 것을 관심 있게 배울 나이입니다. 그러니 이런 경우 우선 아이가 다른 사람들에게 갖는 태도에 대해 부모님이 어떻게 지도해 왔는지 점검해봐야 합니다.

'큰 문제'라고 할 수는 없지만 예의를 배운다는 것은 사회의 보편적 가치나 규범들을 익혀가는 과정이고, 이런 경험을 하기에 만 3~6세가 가장 적절한 연령입니다. 따라서 그동안 부모님이 이런 태도를 어떻게 지도해 왔는지, 몸소 모범을 보였는지 되짚어 보면서 아이가 적절한 인사를 할 수 있도록 이제부터라도 지도해주는 것이 좋습니다.

📣 엄마를 위한 행동 코칭

1 **'나' 메시지를 사용해보세요.** "버릇없는 녀석!", "너 왜 그래?", "넌 왜 그 모양이냐?"와 같은 '너' 메시지는 아이의 반발심을 키울 수 있습니다. 이럴 땐 "네가 아주머니에게 인사를 안 하고 그냥 가서 엄마가 당황스러웠어." 등의 '나' 메시지를 사용하면 좀 더 효과를 볼 수 있습니다.

2 **자발적으로 인사했을 때는 꼭 격려해주세요.** 아무리 말을 안 듣는 아이일지라도 바람직한 행동을 할 때가 꼭 있기 마련입니다. 가끔일지라도 이 기회를 잘 활용해야 합니다. 아이가 자발적으로 인사할 때마다 격려해주는 것은 아이가 점차 그 행동을 늘려갈 수 있는 중요한 전환점이 됩니다. 그런데 애석하게도 많은 엄마들이 '내 아이는 못됐나봐.'라는 선입견을 갖고 있다 보니, 아이가 큰맘먹고 인사하는 모습을 보면서도 격려할 때를 놓칩니다. 바로 이 기회를 잡으시기 바랍니다. 아이가 수줍음과 불편감을 견디며 공손하게 인사를 시도할 때 "우리 ○○이가 인사하네!", "와, 우리 ○○이가 배꼽인사도 할 줄 알아~"라면서 격려해주는 게 좋습니다. 바람직한 행동에 주목하면 바람직한 행동의 뿌리는 점점 튼튼해집니다. 말을 잘 듣지 않는 아이에게 정말 필요했던 것은 '내가 그런 바람직한 행동을 할 수 있구나.'라고 자신의 장점을 발견하고 인정해보는 경험입니다.

3 **부정적인 행동은 무시하고 긍정적인 행동은 격려해주세요.** 두 번째 방법과 동시에 사용해야 할 방법입니다. 아이가 '못하는 것'은 부모 눈에 자꾸 보입니다. 이때 지적하고 싶은 엄마의 마음을 잠깐만 참아주세요. 어른에게 인사를 안 할 때마다 일일이 지적하고 훈계하는 방법은 신기하게도 효과를 보지 못합니다. 특히 반항적인 아이들은 꾸중과 비난을 들으면 바람직한 행동을 더 하지 않곤 합니다. 따라서 아이가 10번 중 1~2번이라도 적절한 태도로 인사했을 때 충분히 격려하고, 동시에 인사하지 않을 때는 그냥 엄마가

아무 말 없이 지나가는 두 가지 방법을 교차적으로 사용해보는 것도 효과적입니다.

4 한계설정 3단계를 적용해보세요. 초등학교 입학 전후까지 아이가 예의에 맞지 않는 행동들을 보인다면 공감적이고 부드러운 훈육을 통해 예의를 키워줄 수 있습니다. "걸어가다가 갑자기 아는 사람을 만나면 왠지 쑥스럽지. 인사해야 한다는 걸 알면서도 자꾸 쑥스러워서 인사하기 어렵고(1단계). 하지만 인사를 안하고 지나가면 다른 사람들이 너를 오해할 수도 있어. 네가 자기를 싫어한다고 생각할 수도 있고(2단계). 그러니 용기 내서 인사해볼 수 있겠지?(3단계)"라고 해주세요. 부모가 이 방법을 사용하면 아이는 비난 받았다거나 재촉 받지 않았다고 느끼기 때문에 자기 마음을 잠시 들여다보고, 엄마의 생각과 주변상황을 잠시 생각해 보면서 '그럼 인사를 해보자.'라고 다시 마음먹을 수 있습니다.

자기가 먹은 것을 아무데나 버려요

어려서부터 엄마가 하나부터 열까지 일일이 해주었던 아이라면, 7~8세가 되어도 스스로 할 수 있는 것이 별로 없는 경우가 많습니다. 예를 들어 밥도 떠먹여주고, 옷도 입혀주고, 양치질도 시켜주고, 심지어 아이가 먹은 과자 껍질까지 늘 엄마가 대신 버려줬던 아이는 그동안 일상생활 속에서 자신의 욕구를 해결하기 위해 스스로 할 수 있는 행동이 별로 없었을 겁니다. 스스로 수저를 들고 먹기도 힘들고, 옷 벗고 입기도 늘 부담스러울 테고, 자신이 먹은 과자의 껍질이나 음료수의 뚜껑을 어디에 어떻게 버리고 처리해야 할지 떠오르지 않습니다.

자기가 하고 싶은 것을 하기 위해 스스로 필요한 것들을 찾아보고, 방법을 궁리해보고, 직접 내 몸을 움직여서 해보고, 잘 안되면 다른 방법을 찾아보는 경험은 자기와 주변관리를 하는 데 매우 중요합니다. 특히 이런 능력은 유치원을 다니는 시기에 얼마나 경험하고 연습했느냐에 따라 달라집니다. 초등학교 입학 전에 이런 훈련과 습관이 안 되어 있다면 다른 사람들에게 피해를 주게 됩니다. 만약 아이가 아이스크림 껍질을 여러 사람들이 앉는 벤치나 의자에 버리고 간다면 그 껍질들과 쓰레기들은 누가 처리해야 하나요? 다른 사람들이 기분 좋게 산책 나왔다가 불쾌감을 느낄 수도 있습니다.

'예의가 바르다.'는 것은 단지 어른 앞에서 인사를 잘하고 다소곳하게 행동하는 것만을 뜻하는 것이 아닙니다. 오히려 '예의'란 내가 선택할 수 있는 행동 중에 가장 적절한 행동을 함으로써 다른 사람에게도 피해를 주지도 않고, 내 욕구도 충족할 수 있는 것을 뜻합니다. 맛있게 먹고 싶은 자신의 욕구 충족만을 위해 다른 사람이 편하고 기분 좋을 수 있는 권리를 침해한다면 그게 바로 예의 없는 행동이며 넓은 의미로는 도덕성이 부족한 겁니다.

CASE 1

저희 아이는 초등학교 1학년이에요. 예전엔 몰랐는데 최근 놀이터에서 놀다가 아이스크림이나 과자를 먹은 후 봉지를 아무데나 놓고 가는 걸 봤어요. 아이의 행동을 처음 봤을 땐 '놀기 바빠 그랬겠지.'하고 지나쳤는데, 그 후에도 계속 그러는 모습을 보니 걱정이 되네요. 아마도 제가 몰랐을 뿐이지, 아주 오래 전부터 습관적으로 그렇게 버렸겠구나 싶더라고요.

CASE 2

저는 요즘 다른 아이가 그러는 것을 보게 됐어요. 요즘 환절기고, 독감도 유행이라 애들 데리고 소아과를 자주 갔어요. 그런데 초등학교 2~3학년쯤 되어 보이는 아이가 다 마신 우유팩을 대기 의자에 그대로 놓고 가버리는 거에요. 알만한 아이가 그런 행동을 하는 게 놀라웠지만 제가 "쓰레기통에 버리고 가야지."라고 했더니 '왜 부르냐?'는 표정을 지으며 휑하니 나가는 모습은 더욱 가관이었어요. 마치 자신이 아무 행동도 안 했는데 왜 자기를 부르는지 이해할 수 없다는 표정이었거든요.

우리 아이 마음 터치

만약 초등학생이 사례의 행동을 취했다면 문제가 있는 것으로 봐야 합니다. 초등학교 2~3학년 정도 되면 안 되는 일과 되는 일을 구분하고, 현실에 맞게 자기행동을 규제할 내적능력이 있어야 하기 때문이죠. 내 행동으로 인해 다른 사람에게 피해를 준다면 그 행동은 '해선 안 되는 일'입니다. 다른 사람에게 어떤 식으로든 피해를 주는 행동은 '자기조절능력이 부족하다는 신호'일뿐만 아니라 '다른 사람을 고려하는 능력도 없는 것'이기 때문에 '예의 없다.'고 볼 수 있습니다. '먹는 건 내 일'이고, '버리고 처리하는 것은 남의 일'이라는 생각으로 행동했다면 그게 바로 예의 없는 행동이자, 넓은 의미로는 도덕성 발달이 순조롭지 않다는 신호입니다.

그러나 보통 12~36개월의 아이가 위와 같이 행동했다면 엄마들은 그러려니 합니다. 만 3~6세의 아이가 사례처럼 행동했어도 큰 문제로 보기는 다소 어렵습니다. 이 연령대의 아이들이 쓰레기를 한두 번 두고 갔다고 해서 모두 '예의 없는 아이'는 아닙니다. 그러한 사회적 행동은 보통 유치원이나 어린이집을 다니면서 배우기 시작하기 때문에 아이에 따라서는 충분히 습득되지 않았을 수도 있습니다. 또한 간혹 그럴만한 상황적 이유가 있기도 합니다. 예를 들어 '친구들이 모두 저쪽으로 뛰어 가는데 나도 같이 가려다 보니 버릴 시간이 없어.'라고 생각했을 수도 있습니다. 이런 경우는 상황적 이유가 있는 것이므로 아이 마음을 이해해주되 다음부터는 미리 버릴 수 있는 방법을 알려주거나 신속하게 방법을 찾아볼 수 있다고 독려해주어야 합니다.

엄마를 위한 행동 코칭

1 3단계 훈육방법을 사용하세요.
▶ 만 3~6세의 경우

이 연령대의 아이들은 사람들이 어울리면서 벌어지는 상황에서 보편적으로 어떻게 행동하는지 배워가는데, 이는 도덕성이나 예의와 관련되며 자기조절능력과도 직결됩니다. 하지만 부모가 아이를 너무 다그치게 되면 위축되거나 과도한 죄책감을 느낄 수 있습니다. 죄책감이란 건강한 도덕적 판단을 돕기 위한 정도로만 발생하는 것이 좋습니다. 늘 어떤 일이 있을 때마다 죄책감을 과도하게 느끼게 되면 성격발달에 좋지 않습니다. 아이가 어떤 행동을 충분히 습득하지 못해서 생긴 실수에 대해 '나쁜 짓'이라고 비난하면서 훈계하거나 심하게 처벌하는 것은 그다지 도움이 되지 않습니다.

다음과 같이 부드럽고 명확하게 지도해주세요. "버려야 되는 건 알았지만 친구들이 모두 저쪽으로 가는 바람에 너도 그냥 갔다는 거지(1단계: 아이 입장이나 욕구 알아주기)? 하지만 껍질을 그냥 놔두고 가면 다른 사람이 너 대신 버려야 하거든(2단계: 자신의 행동으로 인해 벌어질 현실적인 결과 알려주기). 다음부터는 주머니에 넣었다가 휴지통에 버리자(3단계: 자신과 주변 상황에 맞는 적절한 대안 제시해주기)."라고 차근차근 3단계로 훈육할 수 있습니다.

▶초등학생의 경우

초등학교 3학년이 넘도록 아이가 이런 행동을 고치지 못한다면, 부모님은 앞의 3단계 훈육을 더욱 꾸준히 실시해야 합니다. 하지만 1~2달을 사용해도 아이가 달라지지 않았다면 전문가를 찾아가보는 것이 좋습니다. 통상적으로 효과를 보는 3단계 훈육방법을 엄마가 사용했을 때 효과를 보지 못한다는 것은 뭔가 다른 심리적 변수가 작용하고 있다는 신호입니다. 그 변수가 무엇인지를 찾기 위해선 전문가의 소견을 반드시 들어보는 것이 좋습니다. 또한 같은 지도 방법일지라도 엄마가 사용했을 때보다 전문가가 사용했을 때 아이가 변화를 보였던 경우들도 꽤 많습니다.

2 **부모님의 과보호를 반드시 줄여야 합니다.** 아이에게 책임감과 예의를 키워주기 위해선 부모님의 과잉보호나 과잉허용의 태도를 줄이는 것이 도움이 됩니다. 내가 할 일을 남에게 미루는 행동은 아이가 얼마든 할 수 있는 일을 부모나 양육자가 대신해줬던 경험이 쌓이고 쌓여서 일어나기도 합니다. 예를 들어 아이가 정리정돈 하는 것이 너무 힘들 것 같아 부모가 늘 대신 정리해주다 보면 아이는 스스로 사용한 것들을 스스로 정리한다는 책임감, 그리고 정리정돈의 기술을 키울 기회가 없어집니다. 더불어 내 행동이 다른 사람들에게 어떻게 피해를 줄지에 대해 생각하는 능력도 키우지 못합니다.

엄마와 약속한 시간을 지키지 않아요

컴퓨터나 휴대폰 사용이 대중화된 요즘, 아이들은 종종 놀이나 오락의 용도로 이것들을 사용하고 싶어 합니다. 무작정 말릴 수는 없는 노릇이니 아이가 처음 컴퓨터나 휴대폰을 접할 때 적절한 용도로 정해진 시간만큼만 사용해야 한다는 개념과 태도를 갖출 수 있게 가르쳐주는 것이 중요합니다. 시간을 지킨다는 것은 현실에 수긍해 자신의 욕구를 절제하고, 행동을 조절하려는 노력입니다. 더 중요한 일들을 위해 재미있고 계속 하고 싶다는 욕구를 잠시 미뤄두는 것입니다. 소망, 욕구를 억제 및 지연시킬 수 있으면 자연스레 행동도 조절할 수 있습니다. 그러나 '덜 좋아하는 것'을 하기 위해 '더 좋아하는 것'을 중단한다는 것은 아이에겐 더없이 힘든 결단입니다. 엄마는 아이의 입장이나 소망을 공감해주면서 적절한 선을 그어줘야 합니다. 또한 아이가 약속을 지키려 애쓸 때 반드시 격려해줘야 합니다.

CASE

우리 아이는 초등학교 1학년 남자아이인데 친구들과 집에서 놀 때마다 컴퓨터 앞에 모여 게임만 하네요. 그걸 막으려고 놀이터에서 놀게 했더니 휴대폰을 가져온 친구 중심으로 모여서 또 게임 화면만 보는 거예요. 더 큰 문제는 게임하는 시간을 정해놓지 않고 하염없이 한다는 거죠. 시간을 겨우 합의해서 정해놓아도 지키는 일이 거의 없어요. 아이가 너무한 것 같아서 며칠 동안 아예 컴퓨터에 비밀번호를 걸어 못하게 해놓고, 핸드폰도 뺏어버렸지요. 그랬더니 아이가 안절부절 못하고 게임 할 방법만 궁리하는 거예요. 다른 공부나 놀이는 할 생각이 전혀 없는 아이 같아요. 도대체 얘가 왜 이러는 건가요?

우리 아이 마음 터치

엄마와 함께 정한 시간 계획을 잘 지키거나 "게임을 끝낼 시간이다." 라는 말에 컴퓨터나 핸드폰을 중지하려고 노력하는 아이들은 이미 자기조절력이 있는 것입니다. 한편 늘 그랬던 아이는 아니지만 특정 시기에 게임을 하는 빈도가 유독 늘어났다면 일단 지켜보면서 아이가 게임에 빠진 이유가 무엇인지 면밀히 살펴야 합니다. 예를 들어 친구 중에 게임에 대해 많이 아는 친구가 있는데 멋있어 보여서 자기도 그러고 싶은 것인지, 스트레스가 많아져 힘든 감정을 풀거나 잊고 싶은 것인지, 컴퓨터나 휴대폰 게임을 했을 때 친구들의 관심을 더 받는다고 생각하는지 등 이유가 될 만한 것들을 다 살펴봐야 합니다. 그러나 이런 모습을 보일지라도 학교 수업 태도가 적절하고, 정해진 일과들을 무난히 따르며 친구들과도 잘 어울린다면 최근 얼마 동안 컴퓨터 게임을 많이 하는 것이 꼭 문제라고 할 수는 없습니다. 단, 컴퓨터나 휴대폰 게임이 아니더라도 다른 놀이를 통해 또래들과 더 즐겁게 지낼 수 있음을 아이가 깨닫는 것이 중요합니다.

사례의 경우는 친구들과 있을 때뿐만 아니라 평소 대부분의 시간을 컴퓨터나 휴대폰만을 갖고 놀려 하고, 정해진 시간도 지키지 않은 채 하염없이 게임만 하는 상황이기 때문에 문제 행동으로 볼 수 있습니다. 또 컴퓨터 게임을 할 시간을 전혀 주지 않았을 때 아이가 다른 일과들을 하지 못하고 안절부절 하면서 컴퓨터 게임을 할 궁리만으로 시간을 보내는 것도 마찬가지입니다.

📣 엄마를 위한 행동 코칭

1 컴퓨터 및 핸드폰 게임에 대해서는 전적으로 자율권을 주지 않습니다. 아이에게 전적으로 자율권을 주면 어린 나이에 컴퓨터에 노출되는 시간이 많아져 유치원이나 학교에서 필요한 다양한 태도를 익히는 데 방해가 됩니다. 예를 들면 선생님이나 부모님과 한 약속은 꼭 지켜야 한다는 생각, 선생님이 내준 숙제는 꼭 해야 한다는 생각, 계획을 세우고 기억했다가 지키는 태도, '해야

할 일'을 하기 위해 '하고 싶은 일'을 적정시간 미룰 수 있는 태도, 아이다운 놀이를 통해 촉진되는 집중력이나 문제해결력, 차분히 살펴보거나 깊이 생각해보는 태도 등을 키우기가 어려워지는 거죠. 따라서 아이가 컴퓨터나 휴대폰 게임을 하는 시간에 대해서만큼은 부모님이 관여할 필요가 있습니다.

2 컴퓨터나 휴대폰으로 무엇을 하고 싶은지 이야기를 나눠보세요. 컴퓨터나 휴대폰 사용을 무조건 금지하면 아이는 '컴퓨터 게임을 하고 싶다.'는 욕구를 억압하다가 점차 엄마 몰래 할 수 있는 기회들을 찾습니다. 하지만 컴퓨터나 휴대폰 게임은 오히려 엄마 시야 내에서 하는 게 더 안전합니다.

아이: 엄마, 나 엄마 휴대폰 좀 하면 안 돼?

엄마: 엄마 휴대폰으로 하고 싶은 게 있나 보네.

아이: 응! 애들은 요즘 쿠키런 하거든. 그거 나도 해보고 싶어.

엄마: 알았어. 쿠키런이 재미있어 보여서 꼭 해보고 싶다는 거지? 그럼 시간 정해서 할 수 있지?

아이: 응! (시간 지킬 자신이 있다는 말투로)나 몇 분 할까?

엄마: 음. 너는 몇 분 하면 딱 좋을 거 같아? 40분? 45분? 50분?(가능하면 1시간 이내에서 선택권을 준다.)

> 아이: 40분? …. (좀 더 생각하더니) 아! 아니, 50분 하고 싶은데…….
> 엄마: 음. (아이를 믿는 마음으로) 그럼 50분 지킬 수 있지?

앞의 대화처럼 아이가 '컴퓨터나 휴대폰을 하고 싶다.'라고 고백했을 때 무엇을 하고 싶은지에 대해 엄마가 경청하고 공감해주면 아이도 엄마로부터 이해 받았다는 느낌이 듭니다. 그렇게 되면 엄마가 제시한 1시간이라는 현실적인 틀을 더 잘 받아들일 수 있고, 그 약속을 지키려고 노력하게 됩니다.

즉, 부모는 1시간이란 틀을 세워 아이에게 해가 되는 것들을 차단해주고, 아이는 그 틀 안에서 만족할 만한 결정을 스스로 해볼 수 있습니다. 이때 엄마는 1시간이라는 틀을 정한 이유를 설명해주는 것이 좋습니다. "네 나이에는 컴퓨터를 한 번에 1시간 이상 하면 두뇌랑 심장의 온도가 올라가서 건강에도 안 좋대. 마음도 흥분될 수 있고 말이야. 그래서 1시간 안에서 하는 게 너희 나이에 적당하대."와 같이 자세하게 설명해주는 것입니다. 이런 대화를 나눔으로써 아이는 엄마 몰래 컴퓨터나 휴대폰을 하고 싶은 충동이나 유혹을 줄여갈 수 있고, 게임을 하고 싶더라도 솔직하게 말하고 엄마와 의논하여 현실적 대안을 찾게 됩니다.

또한 아이들 사이에 유행하는 애니메이션 동영상이나 어린이용 홈페이지들을 엄마가 잠시 같이 보거나 관심을 가져주면 아이는 컴퓨터에서 본 내용을 엄마와 더 이야기 나누고 싶어 합니다. 간혹 2인이 할 수 있는 아동용 게임이 있다면 시간을 정해놓고 아이와 함께 즐겨보는 것도 한 방법입니다.

3 시간을 지켰을 때는 충분히 격려해주세요. 아이들마다 오후 일과가 각기 달라 '컴퓨터를 몇 시간 하라.'는 지침을 주긴 어렵지만 보통 10살까지는 하루에 1시간을 넘지 않을 것을 권장합니다. 또한 아이들에 따라 월·수·금이 바쁠 수도 있고 화·목이 바쁠 수도 있으므로 시간의 여유가 있는 날 1시간 이내로 컴퓨터 하기(ex. 화요일과 목요일 낮에 1시간씩 하기 등) 계획을 정해볼 수 있습니다.

그리고 아이가 이 계획을 지켰거나 지키려고 노력한 점을 격려해주면 아이는 행동조절능력을 훨씬 더 잘 키워갈 수 있습니다. 어떤 경우는 게임을 한 번 하는 데 계획한 시간보다 조금 더 걸릴 수도 있습니다. 예를 들면 계획한 시간이 10분 남았는데 지금 하고 있는 게임이 끝나려면 20분 정도가 더 걸릴 것이라고 아이가 말하는 경우, 부모가 '얘가 시간을 어기려고 한다.'고 부정적으로 생각할 것이 아니라 이번 게임까지만 하고 끝내려는 아이의 의도에 초점을 맞추어 격려해줘야 도움이 됩니다.

> 아이: 엄마! 이 축구게임 후반전을 끝내려면 20분 정도 더 걸릴 수도 있어요. 시간이 10분 남긴 했는데… (약간 갈등하는 표정으로) 이걸 끝내야 하거든요.
>
> 엄마: 너도 10분 남은 건 지키고 싶은데 지금 하던 게임을 끝내려면 20분 정도 더 걸릴 것 같다는 거지? 그럼 계획된 시간보다 10분을 넘게 되네. 음… 그 게임이 다 끝나면 컴퓨터는 끌 수 있지? (아이가 후반전이 끝나면 진짜로 컴퓨터를 끌 것이라고 믿어주며 질문한다.)
>
> 아이: (이해 받았고, 엄마가 자신을 믿어준다는 느낌에 기분이 좋아짐) 네! 그럼요!

물론 아이의 마음은 두 가지일 수 있습니다. 시간을 넘긴 김에 더 하고 싶을 수도 있고, 반면 지키고 싶을 수도 있죠. 이럴 땐 긍정적인 의도 쪽에 초점을 맞추고 아이를 믿어준다면 아이는 더 바람직하게 행동하곤 합니다.

4 게임 하는 시간을 점차 줄여나가되, 아이가 좋아할만한 다른 놀이나 활동을 허용해줍니다.

이미 게임에 푹 빠져 3시간, 4시간을 써버리는 아이들의 습관을 급하게 고치기 위해 컴퓨터를 아예 금지시키면 오히려 역효과가 나기도 합니다. 아이는 유일한 '낙(樂)'을 뺏기는 격이니 그 기회를 잃지 않으려고 수단과 방법을 가리지 않고 게임을 더 하려 합니다. PC방에 가거나, 친구의 휴대폰을 빌리거나, 문방구나 오락실 기계 앞을 더 많이 기웃거리게 되죠. 이럴 땐 컴퓨터 게임을 자꾸 하고 싶어 하는 아이의 마음을 이해해주면서 컴퓨터 게임을 계속 하면 몸과 마음에 매우 해롭다는 것을 알려주어야 합니다. 그리고 컴퓨터를 할 수 있는 시간을 정하고, 일정 기간이 지나면 게임 하는 시간을 점차 줄여나갑니다.

물론 이런 엄마의 계획을 아이에게 설명해주는 것도 중요합니다. 예를 들어 1주일 동안은 매일 2시간씩 할 수 있도록 허용해주고, 그 다음 주에는 1시간 30분으로 줄여볼 것이라는 계획을 아이에게 알립니다. 2시간이나 1시간 30분 이내라는 '커다란 틀'을 부모가 정해주는 것인데 아이에게 해를 적게 줄 수 있는 범위를 정해 놓고, 그 범위 내에서 아이가 시간을 선택하게 합니다. 그렇게 되면 아이가 시간을 지키려는 횟수는 점차 늘어나게 될 겁니다. 그리고 시간을 지켰다면 부모는 확실하게 격려해줘야 합니다. 부모의 격려를 받다 보면 '나는 내가 정한 시간을 지킬 수 있는 아이구나.'란 긍정적인 자아개념이 늘고, 정서적으로도 긍정적인 변화가 옵니다. 정서가 편안해진 아이들은 관심을 갖는 활동과 놀이범위도 넓어지며, 또래 관계나 학업에 대한 새로운 시도들이 생기게 되고, 자연스레 컴퓨터에 빠져 있는 시간이 줄어듭니다. 물론 이러한 변화는 엄마 혼자 해내기엔 아주 많은 노력과 융통성, 인내심이 필요하기 때문에 전문가의 상담을 받아가며 시도하는 게 더 안전합니다.

추가로 아이가 계획한 시간을 잘 지켰을 경우, 아이가 좋아하는 놀이를 더 할 수 있는 특별한 시간을 제공해줍니다. 이를 '활동적 보상'이라고 하는데, 고쳐야 할 행동을 어렵게 해냈을 때 그 노력에 대한 보상으로 아이가 좋아할만한 활동시간을 주는 것입니다.

5 공개된 공간에서 컴퓨터를 하도록 합니다. 부모의 시야를 벗어나 컴퓨터를 하는 일이 늘어나면 시간을 지키는 행동 조절 습관은 키울 수 없고 결국에는 중독되기 쉽습니다. 초등학생이라면 거실 같이 공개된 공간에 컴퓨터를 놓고 사용할 것을 권장합니다. 만약 컴퓨터가 방에 있다면 방문을 열어놓고 하도록 규칙을 정하거나 방문을 열었을 때 컴퓨터의 화면이 보이게끔 배치하세요. 아이 표정이 보이는 방향으로 컴퓨터를 놓는 것도 좋습니다. 부모 입장에서는 아이가 컴퓨터로 무엇을 하는지 관찰할 수 있어서 좋고, 아이는 컴퓨터가 숨어서 하는 것이 아닌 '공개된 자리에서 해야 하는 활동'이라고 인식하게 됩니다.

성

성 문제는 아동기뿐만 아니라 전 생애에 걸쳐 대두되는 것으로 사회적으로도 꽤 심각한 문제입니다. 그중에서도 특히 아동기의 성에 초점을 두는 이유는 이 시기에 올바른 성교육을 접해야 청소년기, 성인 이후에 발생할 성 문제를 줄일 수 있기 때문입니다. 그리고 아동기에 나타나는 성 문제는 성인의 성 문제와는 달라 다르게 접근해야 한다는 점도 아동기의 성에 초점을 두는 이유입니다.

자녀의 성 문제에 적절하게 대처하기 위해서는 무엇보다 부모가 아이에게 성을 어떻게 이해시키고 교육할지에 대한 공부가 우선되어야 합니다. 지금부터 소개될 사례들을 통해 각 상황마다 부모가 어떻게 대처해야 하는지를 자세히 살펴보겠습니다.

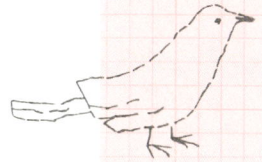

자위행위를 해요

아이들은 우연히 재미있는 것을 발견하면 그것을 지속하고자 하는 욕구가 생깁니다. 아이들의 자위행위는 하나의 기분 좋은 신체자극입니다. 청소년기나 성인 이후의 자위행위는 성욕의 해소이지만 아이들의 자위행위는 우연히 성기에 무언가가 닿았을 때 좋은 느낌이 들었고, 이를 유지하고자 자주 반복하다 보니 습관으로 굳어지게 되는 것입니다.

우리는 누구나 갖고 있는 습관이 있습니다. 어떤 사람은 머리를 만지거나, 손을 입에 갖다 대거나, 다리를 떨거나, 소리를 내는 등 저마다 다양합니다. 모두 자신도 모르게 무의식 중에 하게 되는 행동들입니다. 아이들의 자위행위 역시 마음이 허하거나 재미있는 것이 없거나, 심심하거나 할 때 습관처럼 나타나는 행동입니다. 따라서 자위행위를 하는 아이의 심리상태를 이해하는 것이 필요합니다. 우리 아이의 자위행위를 멈추기 위해 부모는 어떻게 해야 할까요?

CASE

44개월 된 여자아이입니다. 자위행위를 시작한 게 정확히 언제인지는 모르겠지만 대략 10개월 정도된 것 같습니다. 제가 평소 무릎을 세우고 그 위에 양팔을 교차해서 앉아있습니다. TV를 볼 때는 아이를 팔 위에 앉혀 놓곤 합니다. 아마 그때부터 딸아이는 자기 성기에 무언가 닿으면 느낌이 좋다는 걸 알았던 것 같습니다. 그 후로 제 딸은 자주 그렇게 앉혀달라고 요구했고, 아무것도 몰랐던 저는 그렇게 해주었습니다. 그런데 하루는 아이가 땀을 흘리며 용을 쓰고 있지 않겠습니까. 그제서야 알아채고 그 뒤로는 절대 그렇게 앉혀주지 않았습니다. 그러자 아이는 의자 모서리에 비비는 행동으로 바뀌었습니다. 자신의 성기를 갖다 대고 땀을 흘리는 모습을 보고 전 그 자리에서 넘어갈 뻔 했습니다. 너무 당황스러웠고 어린 아이가 어떻게 저럴 수 있을까 싶어서 야단도 치고 매도 들었습니다. 제가 온종일 아이 옆에만 붙어 있을 수도 없고, 집안일도 해야 하고, 둘째 아이도 낳게 되어서 신경을 써줄 수가 없는 상황입니다. 어린이집에서도 그런 행동을 하는 것 같고 화장실 변기에서도 그렇게 합니다. 심지어 다른 사람들이 있을 때도 그런 행동을 하니 정말 부끄럽습니다. 오늘도 결국 매를 들고 말았는데 자는 모습을 보니 너무 안쓰럽고 마음이 아픕니다.

우리 아이 마음 터치

2세부터 아이들의 자위행위가 나타나기 시작하며 4~5세 즈음하여 좀 더 많은 아이들의 자위행위가 보고됩니다. 사춘기 이전의 자위행위는 자기위안 행동입니다. 특히 연령이 어릴수록 더 그렇습니다. 엄마와의 관계에서 충족되지 않은 심리적인 결핍을 위안 행동으로 채우고 싶거나, 심심하거나, 따분하거나, 재미없는 상황에서도 많이 나타납니다. 이러한 부분이 충족되었는데도 3개월 이상 자위행위가 지속된다면 부모의 노력만으로는 한계가 있는 것이니 전문가의 도움을 받아야 합니다. 게다가 지금까지 지속된 기간이 1~2년 이상이었을 경우도 전문가의 도움이 필요합니다.

📢 엄마를 위한 행동 코칭

1 **아이에게 긍정적인 관심을 줍니다.** 자위행위의 가장 중요한 원인은 심리적 공허함입니다. 자위행위를 하는 많은 아이들은 연령이 낮을수록 엄마와의 애착에 어려움을 갖고 있는 경우가 많습니다. 엄마가 아이를 심리적으로 사랑해주고, 좋은 느낌을 많이 전달한다면 아이는 심리적으로 안정되며 가슴이 채워집니다. 그렇게 되면 애착 관계가 잘 맺어지게 돼 자신에게 집중하기보다는 외부로 관심이 넓어지게 되고, 또래와 관계를 맺고자 하는 욕구도 많아지게 됩니다. 아이를 향한 긍정의 관심은 아이를 보면 많이 웃어주고 행복한 표정을 보여주며 언어적·신체적 표현을 진심으로 해주는 것입니다. 엄마는 아이의 거울입니다. 아이를 바라보는 엄마 얼굴이 행복하

면 아이는 '내가 엄마를 행복하게 하는 존재'라고 생각하지만, 엄마가 화내고 짜증내고 힘이 없거나 아파한다면 아이는 '나는 엄마를 아프게 하고, 힘들게 하는 존재'라고 인식합니다. 따라서 신체적으로 따뜻한 스킨십과 사랑한다는 표현을 많이 해주는 것이 중요합니다.

2 아이와 즐거운 시간을 보냅니다. 심심하거나, 친구가 없거나, 재미가 없거나, 할 일이 없을 때 아이들은 자위행위에 몰두합니다. 이 모든 것들이 해결되면 굳이 일부러 자위행위를 하지 않게 될 것입니다. 친구들과 신나게 놀면서 자위행위를 하는 아이는 없고, 즐거움이 가득한 상태에서 자위행위를 하는 아이도 물론 없습니다. 아이가 자위행위를 할 때 다그치거나 혼을 내게 되면 오히려 부모가 안 보는 곳에서 자위행위가 더 강력해질 수 있습니다.

아이의 관심을 자연스레 전환시키는 것이 좋습니다. 아이가 좋아하는 종이접기, 블록놀이, 인형놀이, 소꿉놀이, 악기 연주 등의 놀이를 제안하여 자연스럽게 관심을 옮길 수 있게 해야 합니다. 아이가 심심해하거나 무료하다는 표현을 한다면 자위행위를 하기 전에 엄마가 민감하게 알아채서 아이가 할 수 있는 놀이나 활동을 제시해주세요. 자위행위 말고도 더 즐거움을 느낄 수 있는 것이 있다면 아이는 그 행동을 지속할 것입니다. 따라서 아이가 즐거움을 갖고 할 수 있는 것이 무엇인지 찾는 것이 중요합니다. 훈육만으로는 절대 아이의 자위행위를 중단시킬 수 없습니다.

3 **아이와 자위행위에 대해 이야기를 나눕니다.** 자위행위로 혼이 나면 오히려 숨어서 구석에서 행위를 즐기게 되며, 부모는 아이와 자위행위에 대해 이야기를 나눌 기회를 놓치게 됩니다. 따라서 자위행위를 언제 하고 싶은지, 하루에 얼마나 생각이 났는지, 자위행위를 하고 싶을 때 무얼 하면 그 생각을 멈출 수 있는지 등 아이와 자위행위를 줄이기 위한 실질적인 이야기를 나누어 보는 것이 좋습니다.

이성의 몸에 관심이 많아요

아이가 4세 즈음이 되면 성에 대해 왕성한 호기심이 생겨납니다. 프로이트는 4~6세 시기를 '성기기'라 명했고, 이때의 모든 에너지는 '성'에 머무른다고 했습니다. 이 시기의 아이들은 "나는 어디에서 태어났어?", "난 왜 고추가 없어?", "여자는 왜 앉아서 오줌을 눠야 돼?", "아기는 어떻게 생겨?", "아빠는 왜 수염이 있어?" 등의 성에 관한 많은 질문들을 쏟아내게 됩니다. '성'이란 남성과 여성이 다르다는 의미이며, 그에 따른 '성 역할'이 다르다는 뜻입니다.

대부분의 부모들은 아이들이 성에 대해 물으면 우선 당황하고 대답하는 데 있어 어색해합니다. 우리 역시 자랄 때 올바른 성교육을 경험하지 못했기 때문입니다. 부모의 반응으로부터 아이들의 성 개념이 시작됩니다. 성이란 '성기', '성행위'를 의미하는 것이 아니며, 어디까지 알려줘야 하는지 고민하기보다는 아이가 궁금해하는 만큼의 정보만 주세요. 각 시기마다 이해의 수준이 다르므로 아이의 발달

연령에 맞게, 쉽고 정확하게 설명해주시기 바랍니다. 성교육은 부모가 해주는 것이 가장 자연스럽고 이해가 쉬우며, 동성의 부모가 해주는 것이 좀 더 편합니다. 또한 아이는 부모와 함께 목욕을 하면서도 자연스럽게 남녀의 차이, 성인과 아이의 차이를 경험하게 됩니다. 부모의 역할을 통해서 남녀의 성 역할 차이도 알게 되죠. 만약 성교육이 너무 어렵게 느껴진다면 연령에 맞는 성교육 책을 함께 읽는 것도 좋습니다. 어떤 방법으로든 아이가 성에 대해 정확히 이해할 수 있도록 도와주는 것이 중요합니다.

CASE

6세 남자아이입니다. 4세부터 아빠 고추나 제 가슴을 만지면서 좋아하고 웃곤 했지만 당시에는 대수롭지 않게 여기고 지나갔습니다. 그런데 최근에는 성에 대해 관심이 부쩍 많아진 것 같아요. 친구들과 놀 때 주사를 놓는다며 팬티를 아래까지 내리게 하거나 자기가 환자가 되면 엉덩이를 내놓으면서 놉니다. 어제는 아이를 친구 집에 잠깐 맡겼는데 제 친구가 방문이 닫혀있길래 열었더니 우리 아이가 멋쩍게 웃고 있고, 친구의 딸아이는 팬티를 내리려고 하고 있었대요. 딸아이에게 뭐 하는 거냐고 물었더니 ○○가 엉덩이를 보고 싶다며 팬티를 내려보라고 했다는 군요. 작년에는 남자친구와 노는데도 침대에서 아이 친구가 팬티를 벗고 누워 있길래 뭐하느냐고 물었더니 우리 아이가 의사놀이 한다고 팬티를 벗으라고 했다고 해서 민망했던 적이 있었습니다. 그럴 때마다 무척 당황스럽고 어떻게 해야 할지를 잘 모르겠어요.

 우리 아이 마음 터치

4~6세에 성에 대한 관심이 증가하는데 이때 올바른 성교육을 받지 못한 아이들은 그 이후의 시기까지 성의 궁금증이 해결되지 않습니다. 이 아이들 중에는 이성에 대한 관심이 증가하게 되는 사춘기 시기가 되면 성 문제 행동이 나타나기도 합니다. 사춘기가 시작되는 초등학교 4학년 이후 아이가 야한 동영상에 너무 몰두한다면 성교육에 문제가 있었다는 신호입니다.

또 초등학교 저학년과 유치원 시기의 아이들은 성에 대한 질문을 많이 하게 되는데, 그 내용이 너무 사실적이거나 구체적이라면 내 아이가 성에 노출된 경험이 없었는지 반드시 확인해 보시기 바랍니다.

 엄마를 위한 행동 코칭

1 남자와 여자의 신체적 차이를 설명해주세요. 첫 질문부터 잘 대처해야 합니다. 아이의 질문에 부모가 잘 반응했다면

아이들은 궁금할 때마다 부모에게 다시 질문을 하게 됩니다. 그러나 만약 "크면 다 알게 돼.", "몰라도 돼."와 같은 대답을 하거나 상황을 회피했다면 '이런 질문은 하면 안 되나 보다.', '이건 뭔가 비밀스러운 건가?'라는 생각으로 더 집착하게 되고, 부정적인 생각을 갖게 됩니다. 남자와 여자는 태어나면서부터 다른 몸을 갖고 태어나게 되며, 남자아이는 커서 아빠가 되고 여자아이는 커서 엄마가 된다고 알려주세요. 사춘기가 되면 점점 어른의 몸과 비슷해지기 위해 몸이 변화하기 시작하는데, 남자는 어깨가 넓어지면서 수염이 나며 몸에 털이 나기 시작해 점점 아빠의 몸처럼 되고, 여자는 가슴에 몽우리가 생기면서 부풀어 오르며 몸 안에 있는 아기집이 준비되면서 생리를 시작하고 점점 엄마의 몸처럼 된다고 알려주시기 바랍니다.

2 **아기가 어떻게 생기는지 쉽게 설명해주세요.** "엄마, 나는 어디서 왔어?"라는 질문에 "다리 밑에서 주워왔지."라는 대답은 아이에게 어떠한 도움도 되지 않습니다. 이는 부모가 성에 대한 불편함으로 질문을 회피하기 위한 것일 뿐 아이에게는 존재에 대한 부정적인 감정을 갖게 하고 불안을 느끼게 합니다. 따라서 문화적으로 과거부터 지속되어왔던 이 대답은 우리가 멈춰야 합니다. 그렇다면 내 아이에게 어떤 대답을 해줘야 할까요? 유치원생 아이에게는 "엄마 몸 속에 아기가 사는 방이 있는데, 아빠 몸 속에 있는 아기 씨가 엄마 몸 속으로 들어오면 아기 방에 아기가 생기게 돼."라고 말해줍니다.

반면 초등학생 아이에게는 정확한 용어를 사용해서 정보를 주어야 합니다. 정자와 난자에 대한 설명을 해준 뒤 정자와 난자가 만나야 아이가 되는데 그 과정은 아빠의 음경에서 정자가 나와 엄마의 질 속으로 들어오게 되면 기다리고 있던 난자와 만나서 수정이 되고, 수정된 수정체가 자궁에 잘 들어오면 아이가 된다고 설명해주시기 바랍니다. 이때 부모가 어색해하거나 장난스럽게 이야기하기보다는 진지하게 설명해주는 것이 중요합니다. 성이란 것은 소중한 것이기 때문에 절대 장난으로 여겨지면 안 됩니다.

3 스스로 자신의 몸을 관리하도록 가르칩니다. 최근 아동 성폭력이 증가하면서 여자아이뿐만 아니라 남자아이를 둔 부모님들도 긴장하고 있습니다. 내 아이가 피해자 또는 가해자가 되지 않도록 미리 준비시켜야 합니다. 자신의 몸은 엄마가 목욕을 도와주거나 목욕탕을 가는 것을 제외하고 누군가에게 보여주어서는 안 되며, 손이 닿으면 안 되는 곳이고 혀가 닿는 입맞춤은 안 된다는 것을 알려주세요. 만약 누군가가 성기나 가슴, 입에 입맞춤을 하거나 손으로 만진다면 소리를 지르거나 부모에게 달려와 몸을 보호해야 한다고 알려줍니다. 또한 내 몸이 소중한 만큼 다른 사람의 몸도 소중하므로 다른 사람의 몸을 만지는 행동을 해서는 안 된다고 알려주시기 바랍니다.

성추행을 당했어요

최근 급격히 증가한 성폭행, 성추행 사건으로 인해 부모님들의 걱정이 날로 깊어지고 있습니다. 일반적으로 성 관련 문제의 피해자는 여성이 많은 비율을 차지하지만 아동의 경우, 남자아이 역시 피해 대상이 되고 있기 때문에 모든 부모가 관심을 기울여야 합니다. 성폭력은 부모의 관심과 노력으로 해결될 수 있는 사안이 아닌 만큼 성폭력 전문기관에 도움을 요청하는 것이 좋습니다. 그러나 성추행은 '아는 사람이니까', '그렇게 큰일이 아니니 괜찮겠지.'라는 생각으로 전문적인 도움을 받지 않고 지나치는 경우가 흔하죠. 아이에게는 성추행도 성폭행만큼 큰 심리적 외상을 입힐 수 있습니다. 따라서 가벼운 성추행이라 할지라도 아이와 상황에 대해 이야기를 나누는 것이 중요합니다.

종종 유치원에서 남자아이가 여자아이를 성추행 했다는 보고가 있습니다. 이때 부모들은 마치 남자아이를 가해자 취급하며 상황을 더 심각하게 끌고 가는 경향이 있죠. 하지만 어린 아이들이기 때문에 두 아이 모두 피해자로 인식해야 합니다. 여자아이는 상황에 대한 피해자이며, 남자아이는 성교육을 제대로 못 받아서 잘못된 행동을 하게 된 피해자입니다. 따라서 두 아이 모두에게 성에 대한 교육을 해주어야 합니다. 성추행의 경험을 너무 사소하게 혹은 너무 크게 받아들인다면 사건보다 그 뒤에 오는 심리적인 문제가 더 커질 수 있습니다. 따라서 성추행 상황에 대해 정확하게 이해한 후 아이들이 성교육에 대해 무지해서 나타난 행동이었다면 아이들을 교육해야 하고, 어른에 의한 성추행이었다면 법적인 절차를 밟아야 합니다. 무엇보다도 이 과정에서 성추행 피해 아동이 자신의 잘못이라 느끼지 않도록 하는 것이 무엇보다 중요합니다.

CASE

저는 7세 딸아이를 둔 엄마입니다. 유치원이 끝나면 바로 미술학원을 가는데 같이 다니는 남자아이가 유치원 차 맨 뒷자리에서 팬티를 벗겨서 보고 만지고 했다는 군요. 그리고 학원에서 화장실을 가는 데 따라가서는 서서 오줌을 누라고 하고, 옷이 다 젖자 팬티를 짜주었다고도 하고요. 우리 딸은 체격이 왜소하며 발달이 조금 늦는 편이고 순진해서 친구들이 하자는 대로 따르는 편이에요. 반면에 남자아이는 똑똑한 편이고, 말하는 것도 웬만한 초등학생처럼 구사력이 아주 좋다고 합니다. 평소 장난이 짓

> 굵고 좋아하는 여자아이를 많이 괴롭히기도 하는 것 같고요. 그 아이는 보통 7세보다는 생각하는 것도 좀 성숙한 편이고, '성'에 대한 눈도 빨리 뜬 것 같습니다. 제가 이 상황에서 어떻게 대처해줘야 할지 잘 모르겠어요.

💗 우리 아이 마음 터치

아이들은 경험한 것을 놀이를 통해 표현합니다. 병원을 다녀온 아이들이 병원 놀이를 하고, 유치원에 다니기 시작하면서 선생님 놀이를 하게 되는 것처럼 말이죠. 성추행을 겪은 아이들 역시 놀이를 통해 당시의 감정이나 상황을 표현하곤 합니다. 그런데 놀이 내용에서 매우 직접적인 묘사나 명확한 단어를 사용한다거나 좀 더 성행위적인 표현이 나온다면 이는 성추행이 아닌 성폭행일 가능성이 더 큽니다. 이럴 경우에는 반드시 전문기관을 방문해야 합니다.

성추행 경험 역시 부모가 잘 다뤄줄 수 없다면 반드시 전문기관을 찾아가세요. 사례처럼 여자아이가 늦되거나, 타인에게 매우 순응적이라면 성추행과 성폭행에 노출될 위험이 매우 커집니다. 이런 아이를 둔 가정이라면 성교육을 더 중요하게 가르쳐야 하고, 평소에도 세심하게 관찰해야 할 것입니다.

 엄마를 위한 행동 코칭

1 **아이가 죄책감을 느끼지 않도록 합니다.** 성추행을 경험한 많은 아이들은 자신의 상황과 행동에 대해 어리둥절해 하거나 아니면 그냥 생활 속 하나의 경험으로 생각합니다. 그런데 여기서 부모가 크게 놀란다거나, 갑자기 눈물을 보이거나, 화를 내는 등의 강렬한 심리적 반응을 보인다면 아이들은 성추행의 경험과 부모의 심리적 반응을 연합해서 자신의 행동이 매우 잘못된 것으로 지각하고, 성적인 행동을 자신이 했든지 당했든지 간에 모두 자신이 잘못한 것으로 인식합니다. 그렇게 되면 그 이후에는 같은 상황이 발생하더라도 밖으로 이야기하면 안 되는 것으로 인식하게 되고, 성추행이라는 하나의 상황은 아이의 가슴 속에 묻히게 됩니다.

따라서 부모가 아이의 성추행 경험을 잘 다뤄주기 위해서는 그 사실을 알게 된 즉시 아이와 상황에 대해 이야기를 나누는 것이 좋습니다. 아이가 어쩔 수 없었던 부분에 대해 이해해주고, 다시는 그런 일이 일어나지 않도록 아이가 해야 하는 노력에 대해서 제시를 해주세요. 예를 들면 자신의 몸을 엄마가 아닌 다른 사람에게 보여주어서는 안 되며, 혹시 그런 경우가 발생하면 소리를 지르고 사람이 많은 곳으로 뛰어가라는 등의 방법을 알려주는 것입니다.

2 **부모의 상황과 분리합니다.** 가끔 부모가 겪었던 과거의 성추행 경험으로 인해 아이의 사소한 경험을 큰 사건으로 지각하

는 경우도 있습니다. 예전부터 많은 여자아이들이 성추행의 대상이 되어 왔습니다. 그 시기에 성추행 경험을 잘 해결하지 않은 아이들이 부모가 되었을 때는 사소한 신체적 노출이나 터치에 민감하게 반응하게 됩니다. 예를 들어 병원을 갔다 온 아이는 보통 엉덩이에 주사를 놓거나, 옷을 들어 올리고 배와 가슴에 청진기를 대는 놀이를 하게 됩니다. 이런 경우 대부분의 부모는 "병원에서는 진짜로 하지만 놀이에서는 옷 위에다 하는 거야."라고 말해주거나, "친구들한테 몸을 보이는 건 부끄러운 거야." 정도로 이야기해줄 수 있습니다. 그러나 성추행과 관련된 경험이 있던 부모라면 화가 나서 소리를 지르거나 매우 당황하게 되지요. 즉, 부모 자신의 성추행 경험이 잘 해결되지 않았다면 아이의 일반적인 놀이 행동도 성추행의 행동으로 인식할 수 있으므로 부모가 자신의 경험과 아이의 경험을 다른 시각으로 바라봐야 한다는 것을 기억해야 합니다. 그러기 위해서는 부모의 심리적 외상(성추행)에 대한 심리치료 역시 시급합니다.

학습

학습이라고 하면 대부분 교사가 가르치는 것을 학생이 배우고 받아들이면 되는 과정이라고 생각하는 경우가 많습니다. 그래서 교육열이 높은 부모님의 경우, 자녀가 한참 어린데도 불구하고 외부의 교육기관을 데려가거나, 선생님을 집으로 모셔오거나, 혹은 직접 자녀와의 공부시간을 정해서 교육을 시키기도 합니다. 반면 자녀가 적정 연령이 되어 기관이나 학교에 가게 되면 자연스럽게 다 배울 수 있을 거라 판단해 집에서는 별다른 교육적 자극을 제공하지 않는 경우도 있습니다.

학습은 기본적인 지각적 발달이 정상적으로 이루어지고, 더불어 부모, 자녀간의 긍정적인 관계가 뒷받침되어야 성공적으로 이루어질 수 있습니다. 그렇지 않을 경우 여러 가지 학습의 문제가 발생하게 됩니다. 지금부터 대부분의 부모님들이 흔히 호소하는 학습 문제들의 실제 사례들을 살펴보고, 이 문제를 어떻게 이해하고 집에서는 어떻게 대처해줘야 하는지 알아보도록 하겠습니다.

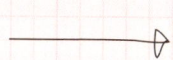

글씨를 거꾸로 읽어요

한글을 어느 정도 익혔음에도 책을 소리 내어 읽게 하면 순서를 바꾸어 읽거나 비슷한 의미의 다른 단어로 바꾸어 읽는 경우가 간혹 나타납니다. 때로는 왼쪽에서 오른쪽이 아닌 오른쪽에서 왼쪽으로 읽는 경우도 있죠. 이때 부모님은 아이가 뭔가 잘못된 것이 아닌지 걱정하게 됩니다. 하지만 이런 현상은 아직 한글이나 숫자에 대한 완전한 습득이 이루어지지 않은 정상발달 만 4~6세의 아이에게서 자주 나타날 수 있는 것입니다. 훈육이나 교육의 방식이 아닌 자연스럽고 부드러운 방식으로 틀린 부분을 수정해주고 기다려주면 자연스럽게 올바른 방식의 글 읽기를 발달시킬 수 있습니다. 때로는 산만한 아이들에게 이러한 현상이 나타나기도 하는데, 이것은 현재 자신이 읽고 있는 과제에 부분적으로만 주의를 기울이거나 혹은 지루함을 참지 못해 성급하게 읽기 때문일 수도 있습니다.

하지만 위와 같은 경우가 아니라면 읽기에서의 손상을 보이는 특정학습장애(Specific Learning Disorder with impairment in reading, DSM-5)를 고려해봐야 합니다. 평균적인 또래 아이들과 유사한 교육과정을 거쳤고 이에 비교적 충실했으며, 측정된 지능을 통해서는 별다른 문제가 없는 것으로 나타나지만 특정 영역, 즉 읽기나 쓰기 혹은 수리 계산의 영역에서 기본적 발달 및 성취가 이루어지지 않는 경우가 이에 해당됩니다. 이는 양육과정에서의 문제보다는 신경학적인 문제에 기인한 것이라고 알려져 있습니다. 이런 문제를 가지고 있는 아이들은 대부분 초등학교 입학 전에 구체적인 걱정을 할 정도로 읽기·쓰기 혹은 수리 계산과 같은 특정 영역의 발달에 어려움을 보이며, 초등학교에 입학 후에는 친구들보다 부진한 성취를 보이기 마련입니다.

대부분의 아이들은 만 3~5세경에 주변의 글자를 보면서 무엇이라 읽는지, 혹은 자기 이름은 어떻게 쓰는지 묻는 질문을 많이 하게 됩니다. 부모나 양육자들은 이러한 아이의 요구에 응해주게 되고, 그 과정에서 자연스럽게 문자에 대한 감각을 익히며 습득하게 되죠. 하지만 영유아기에 이러한 인지적 자극이 적었던 아이라면 적절한 읽기나 쓰기 발달에 문제가 발생할 수도 있습니다. 또한 아이의 산만함으로 인해 외부의 자극이나 정보를 적절한 방식으로 받아들이지 못했을 경우에도 읽기나 쓰기의 습득이 느려지기도 합니다. 지적능력의 부진 역시 학습 문제를 야기하게 됩니다. 그러나 인지적 자극의 부족이나 아이의 산만함, 그리고 지적능력에 아무런 문제가 없었음에도 여전히 읽기나 쓰기에 어려움을 보인다면 학습장애를 의심해

보아야 합니다. 학습장애는 아이가 정규적인 학습과정을 경험한 이후에 좀 더 정확히 진단할 수 있습니다.

CASE

우리 아이는 올해로 7살이 됐습니다. 6살에 처음 글자카드를 봤는데 너무 힘들어 해서 시간을 끌다가 그냥 자모의 조합방식을 알려주는 것으로 비교적 쉽게 글자를 터득했습니다. 그후 약 8개월이 흐른 지금, 아이는 글자의 좌우상하를 바꿔 쓰거나, 읽을 때 행을 반복하거나 누락하고, 방금 읽은 동화의 내용을 문장으로 얘기하지 못합니다. 그리고 책을 싫어합니다. 지금까지는 너무 자극을 주는 데 소극적이어서 그런 거라 노력하면 금방 따라갈 것이라고 생각했는데, 최근에는 걱정이 됩니다. 인지 자극에 소홀해서 아이가 못 따라가는 것인지, 아니면 다른 문제가 있는 것은 아닌지 염려됩니다.

💗 우리 아이 마음 터치

만 3~5세의 아이가 주변의 글자를 보면서 어떻게 읽는지 묻지 않거나, 매일 친숙하게 보는 글자에 대해 물어봐도 별다른 관심을 가지지 않는다면 읽기 발달 능력이 취약할 가능성이 있습니다. 책을 읽어주면 싫어하고 신체적 놀이만 하자며 조르는 아이의 경우에도 비슷

합니다. 또한 쓰기 장애가 있는 아이의 부모님들은 어렸을 때 자신의 이름이나 자신이 좋아하는 그림을 따라 그리려는 욕구가 거의 없었다고 보고를 하는 경우가 많습니다. 이 아이들은 특정한 학습과 관련된 활동을 할 때만 아프다고 한다거나 유독 산만해지고, 자신이 특정 영역에서 부진하다는 것을 스스로 알아차리고, 자신의 부족함을 잘 드러내지 않기 위해 다양한 방법을 사용합니다. 예를 들면 자신이 잘 못하는 과제를 수행해야 하는 상황이 오면 갑자기 산만해지고 딴청을 피우거나, 배나 머리가 아프다고 호소하는 것이 대표적입니다. 목이 마르다거나 화장실에 가고 싶다며 상황을 이탈하는 경우도 있습니다. 간혹 아주 소심한 태도를 보이면서 과제 수행을 하지 않고 버티기도 합니다. 아이들이 이렇게 행동하는 이유는 자신이 과제를 수행함으로 인해 나타나는 부진한 결과를 타인에게 알리고 싶지도, 그리고 자신이 확인하고 싶지도 않기 때문입니다.

초등학교에 입학하면 각 영역에 대한 성취 결과가 드러나기 마련입니다. 그 결과들이 과목별로 유사하지 않고 편차가 큰 경우, 그리고 그 편차가 1~2년 이상 반복적인 패턴으로 유지되고 있다면 학습장애가 아닌지 확인해보아야 합니다. 한편 같은 국어영역이더라도 읽기는 잘 못하나 쓰기는 잘하는 경우도 있으니 부진한 과목이라면 영역별로 수행수준과 습득수준을 잘 살펴볼 필요가 있습니다.

 엄마를 위한 행동 코칭

1 아이가 좋아하는 것을 사용해 글자에 접근하도록 도와줍니다. 대부분의 아이들은 적절한 수준의 자극과 교육을 통해서 글자를 습득할 수 있지만 그렇지 않은 아이라면 그 아이가 좋아하는 물건이나 장면, 혹은 도구를 사용해서 글자를 습득할 수 있도록 도와줄 수 있습니다. 만약 블록놀이를 좋아하는 아이라면 블록을 이용해 자신의 이름을 만들어 보는 방식으로 글자에 관심을 가지게 하는 것입니다.

2 소근육을 발달시켜 주세요. 소근육이 발달하면 글씨 쓰기를 좀 더 원활하게 할 수 있고, 쓰기 관련한 문제가 발생하는 것도 줄어들 수 있습니다. 보통은 쓰기 문제와 읽기 문제를 동시에 가지고 있는 아이들이 많습니다. 이처럼 쓰기와 읽기는 밀접한 연관이 있기 때문에 어느 한쪽의 발달이 다른 쪽의 발달을 촉진시킬 수 있습니다.

3 부진한 부분을 다른 방식으로 보완해줍니다. 읽기에 어려움이 있는 아이는 읽기 그 자체에 모든 에너지를 소진하여 자신이 읽고 있는 내용을 이해하기 위한 에너지가 남아있지 않을 수 있습니다. 그렇기 때문에 읽기와 동시에 내용을 이해하라고 요구하는 것은 아이에게 너무 힘든 일일 수도 있죠. 그러므로 읽기를 할 때

에는 글자를 읽는 것에만 집중을 할 수 있도록 도와주고, 내용 이해를 위해서는 보호자가 읽어주는 시간을 갖는 것도 필요합니다. 자신이 읽을 내용을 미리 듣고 내용을 이해하고 나면 글자 읽기가 더 수월해지기도 합니다.

4 많은 연습을 통해 어느 정도는 보완할 수 있습니다.
학습장애는 신경학적 문제 중 하나지만 약물이나 수술을 통해 해결할 수 없는 문제이기도 합니다. 하지만 반복 연습을 거듭하면 우리의 뇌는 이에 조금씩 적응하고 변화될 수 있습니다. 즉, 읽기나 쓰기 연습을 많이 하면 조금씩 발전할 수 있다는 것이지요. 그렇다고 어느 날 갑자기 또래 아이들과 동일한 수준의 결과를 나타내는 것은 아니므로 장기간 인내심 있는 접근이 필요합니다. 또한 연습과정에서 불필요하게 정서적인 어려움을 가지게 되는, 즉 보호자와 싸우거나 지나치게 혼나서 연습에 대한 흥미를 잃어버린다면 거부감을 가지게 될 수도 있으므로 주의해야 합니다.

열심히 하는데도
성적이 안 나와요

학습전략의 문제

　학교나 학원 과제, 수업에 충실하고 시험공부도 열심히 하는 것 같은데 막상 내용을 물어보면 잘 이해하지 못하고 있거나 성적이 잘 나오지 않는 경우가 있습니다. 이때는 지능이 정상인지, 학습장애의 문제는 없는지, 산만한 것은 아닌지 먼저 잘 살펴볼 필요가 있습니다. 만약 그러한 문제들이 없다면 학습 방법이나 전략을 살펴봐야 합니다. 대부분의 아이들은 공부를 하고 시험을 보는 과정을 거치면서 나름대로의 학습 방법이나 전략을 가지게 됩니다. 특별히 누구에게 배워서가 아니라 시행착오를 통해 자신에게 적합한 방법을 조금씩 찾아나가기도 하고, 다른 사람의 공부 방법을 보면서 따라 해보기도 합니다.

　그러나 간혹 자신에게 가장 적합한 공부 방법을 찾아내지 못하는 아이들이 있습니다. 그런 아이들은 대부분 수동적인 방식으로 공부를 해왔던 경우가 많습니다. 중학교 1학년까지는 학원이나 보호자가 지시하는 방식대로 공부하면 적절한 성과가 나올 가능성이 있었겠지만 학년이 높아지고 학업 난이도와 양이 증가하면서 주관적인 부담감이 늘어나는 데다가 이는 청소년기에 접어들면서 부모·자녀 간의 감정 문제로 발전하기도 합니다. 따라서 스스로 결정하고 계획할 수 있는 능력을 기르는 것이 중요합니다.

    아이가 공부를 하는 데 있어 특정한 방법이나 전략은 없는 것 같으나 과제를 해내고 시험을 보는 데 별다른 문제가 없다면 굳이 아이의 학습 방법이나 학습 전략을 확인해 볼 필요는 없습니다. 하지만 스스로 자신만의 방법과 전략을 발견해내지 못한다면 약간의 팁을 알려주는 것이 도움이 될 수 있습니다. 그러나 부모님 생각에는 좋은 학습 방법이라고 여긴 것이 막상 아이에게는 잘 안 맞을 수도 있다는 점을 염두에 두어야 합니다. 또 새로운 방법을 알려주는 과정에서 감정적인 불편이 발생할 수도 있으니 주의하도록 하세요.

CASE

중학교 2학년 아들을 둔 엄마입니다. 우리 아이는 초등학교 때는 늘 성적이 좋았습니다. 그때는 제가 시키는 대로 잘 따라와 주었고, 학교나 학원에서도 모두 모범적이라는 이야기를 들었습니다. 성적도 잘 나와서 친구 엄마들에게 부럽다는 말을 늘 들었고요. 그런 아들이 믿음직스러웠고, 중학생이 되면서부터는 좋은 학원을 알아봐주는 것 말고는 많이 시키지는 않았습니다. 아이도 항상 열심히 하는 모습을 보였고요. 그래서 안심을 하고 있었는데 문제는 성적이 생각만큼 잘 나오지 않는다는 것입니다. 중학교 공부가 어려워져서 그럴 것이라고 생각하고 기다렸는데, 계속 성적이 오르지 않습니다. 머리가 나쁘다는 생각은 한 번도 해보지 않았는데 갑자기 걱정이 됩니다. 아이도 나름대로 스트레스를 많이 받는 것 같고요. 특히 시험 때가 되면 말수가 부쩍 적어지고 의기소침해 보입니다. 열심히 공부하는 것 같아서 혼낼 수도 없고, 결과는 생각만큼 나오지 않아서 속상합니다. 제가 뭘 어떻게 해주어야 할까요?

우리 아이 마음 터치

매우 성실한 학생으로 보이며 실제로 공부도 열심히 하고 문제도 열심히 푸는 것 같은데 성적이 오르지 않는 경우가 있습니다. 이런 경우엔 지켜보는 부모님도 안타깝고 아이 본인은 깊은 좌절감에 빠지게 됩니다. 자신감이 떨어질 수도 있으며 궁극적으로는 공부에 대한 흥미를 잃고 우울감이 심화될 수도 있습니다. 이런 경우에는 먼저 지능수준이 낮은 것은 아닌지 과제에 집중하지 않고 딴 생각을 하는 시간이 많은 것은 아닌지, 아니면 지나치게 강박적인 성격으로 인한 것은 아닌지 등을 먼저 살펴보아야 합니다. 이 모든 것에 해당하지 않는다면 효율적인 학습 방법을 모르는 것입니다.

자신이 공부하고 있는 내용이 잘 이해가 되지 않으면 무조건 암기하면 된다고 생각하는 아이들이 있습니다. 실제로 많은 학생들이 이 방식으로 공부하고 있지요. 물론 원리를 이해하기보다는 암기하는 것이 더 효과적인 과목도 있습니다. 역사적 사실은 이해해야 하는 원리보다는 암기해야 하는 것이 더 많으니까요. 그러나 간혹 역사적 사실도 맥락을 알게 되면 더 쉽게 암기되기도 합니다. 학습 시 원리를 알려 주거나, 이해를 도와주거나, 맥락을 알게 해주는 것은 주로 교수자입니다. 여기서 교수자란 학교나 학원 선생님이 될 수도 있지만, 참고서나 부모님이 될 수도 있습니다. 이러한 자원들이 적절히 가동되지 않고 있는지 살펴보아야 합니다.

분명 열심히 암기했는데 막상 시험칠 때는 기억이 안 나거나 암기 자체가 잘 되지 않는다고 호소하기도 합니다. 이러한 경우 대부분의 부모님들은 다 외웠는데 왜 생각이 나지 않느냐며 다그치거나 열심히 하지 않아서 그렇다며 비난하기도 합니다. 그러나 이는 암기하는 방법을 잘 모르거나 혹은 1~2번 암기한 것으로 완벽히 암기했다고 생각하기 때문일 수 있습니다.

📣 엄마를 위한 행동 코칭

1. **암기는 여러 번 반복해야 합니다.** 어떤 내용을 한 번 완벽하게 외웠다고 해도 한 시간이 지나면 절반을 망각하고, 하루

가 지나면 약 30% 정도만 남게 됩니다. 그리고 처음 공부한 내용이나 마지막에 공부한 내용은 비교적 오랫동안 잘 기억할 수 있는 반면, 중간에 있는 내용은 잘 기억이 나지 않는 경우가 많습니다. 그러나 반복적으로 공부하고 암기하다 보면 오랫동안 기억에 남습니다. 따라서 오늘 암기한 내용을 내일 다시 한 번 암기하고, 이틀 후에 다시 한 번 암기하는 것과 같이 시간 간격을 두고 반복 학습을 하는 것이 좋습니다.

2 암기도 작전입니다. 무작정 외우기보다는 여러 가지 전략을 사용하는 것이 좋습니다. 예를 들어 앞 글자만 연결하여 암기하는 방법이 있습니다. 조선왕조 왕의 이름을 외울 때 "태정태세..."로 외우던 것이 대표적인 방식입니다. 두 번째는 무리를 지어 외우는 방법입니다. 010-2345-6789라는 전화번호를 외워야 할 때 '010', '2345', '6789'의 세 부분으로 무리지어 외우면 더 잘 기억할 수 있습니다. 그림을 그려 위치를 표시하거나 도표나 연대표를 만들어 중요한 부분을 메모할 수도 있습니다. 어느 한 가지 방법을 사용하는 것이 아니라 암기해야 할 내용과 자신의 특성에 맞은 방법을 사용하면 됩니다.

3 과목 별로 공부하는 방법이 다릅니다. 수학과 영어를 같은 방법으로 공부할 수는 없습니다. 수학은 원리를 알고 문제를 많이 풀어 보면서 그 원리를 적용해보는 것이 중요하지만 영어는 단

어를 암기하고 글을 많이 읽는 것이 중요한 과목이며, 과학은 이해를 해야 하는 부분이 많습니다. 따라서 각 과목이 가지고 있는 특성에 따라 공부를 해야 합니다. 이해가 필요한 과목에서 이해가 안 된다면 교수자를 바꾸어 보거나 참고서의 도움을 받는 것, 아니면 최근에 많이 활성화되고 있는 방송 강의나 인터넷 강의를 들어보는 것도 도움이 될 수 있습니다.

4 계획을 세워 시간 관리를 합니다. 책상 앞에 오래 앉아 있는 것만이 능사는 아닙니다. 오늘 해야 할 것들에 대한 목록과 시간을 정해보는 것이 도움이 됩니다. 그러나 계획을 늘 실천할 수는 없으므로 약간의 여유를 주는 것이 좋습니다. 주말이나 휴일에는 계획을 잡지 말고 주중에 하지 못한 것을 보충할 수 있는 시간으로 사용하는 것이죠. 불필요한 부모·자녀간의 감정적 대립을 없애고, 성취감을 높일 수 있는 방법이 될 수 있습니다.

Q49 금방 끝낼 수 있는 일인데 몇 시간 걸려서 해요

주의력 문제

산만한 성격의 아이, 주의력결핍 과잉행동장애(ADHD) 진단을 받은 아이, 정적인 활동을 유독 힘들어 하는 아이들은 양이 적고 금방 끝낼 수 있는 과제를 오랜 시간 붙들고 꾸물대곤 합니다. 아이의 능력에 비해 과제가 너무 어렵거나 혹은 너무 쉽거나 지루한 문제로 가득하다면, 또 즐겁게 하던 일을 억지로 중단하고 책상에 앉은 경우라면 과제하기가 싫겠죠. 아이가 금방 끝낼 수 있을 것 같은 과제를 물고 늘어지고 있다면 혹시 위와 같은 상황이 있었는지 살펴봐야 합니다. 상황을 보고 난이도를 조정해주거나, 주의를 환기시켜 주거나, 하던 일을 마저 마치고 과제에 집중할 수 있게 도와준다면 쉽게 해결되는 경우가 많습니다. 어른의 입장에선 아이들의 과제가 쉽고, 양도 얼마 안 되는 것 같겠지만 아이들이 체감하는 것은 어른과 다르다는 사실을 염두에 둬야 합니다.

과제할 때 집중하기 싫어도 부모님이나 다른 보호자가 약간의 도움만 주면 다시 과제에 집중이 가능한 아이들은 큰 문제가 없습니다. 문제는 과제를 하려고만 하면 핑계를 대거나, 시작한지 5분도 채 안 되어 화장실을 간다고 하거나, 배가 아프다는 등 쉽게 엉덩이를 들썩거리는 아이들입니다. 이런 경우 보호자가 아이를 다루는 데 어려움을 느끼게 되고, 아이를 훈육하려는 마음에 혼을 내거나 억지로 자리에 앉아 있게끔 감시하게 됩니다. 하지만 이런 방식을 너무 자주, 강하게 사용한다면 부모·자녀 간의 관계는 나빠지게 되고 아이에게 정서적인 문제가 생길 수도 있습니다. 실제로 학습의 효율성도 전혀 개선되지 않습니다.

CASE

초등학교 2학년 남자아이입니다. 놀 때는 오랜 시간 동안 잘 놀고 만화책을 볼 때면 집중해서 오래 보는 편인데, 공부할 때만 유독 딴 생각을 많이 합니다. 오늘도 3시간 30분 동안 책상에 앉아서 한 것이라곤 딸랑 일기 1장, 학습지 1장입니다. 옆에서 지켜보고 있으면 하다가도 제가 잠깐 자리를 비우면 이내 만화책을 보거나 다른 행동을 하고, 저와 눈이 마주치면 얼른 하는 척 합니다. 뭐하고 있냐고 물으면 생각하고 있다고 합니다. 빈둥거리거나 멍청하게 다른 생각을 할 때 자꾸 야단치고 때리기도 하는데 그때 뿐이더군요. 맞고 울다가도 시간이 조금 지나면 다시 같은 행동을 합니다. 너무 속상하고 답답합니다. 어떻게 하면 좋을지 알려주세요.

💗 우리 아이 마음 터치

아이가 과제를 하게끔 하기 위해 부모님들이 '앉아라.', '시작해라.', '빨리 해라.' 등의 말을 자주 해야만 하는 경우가 있습니다. 여기에 더해서 정작 과제 수행은 10분이면 되지만 자리에 앉아서 과제를 시작할 때까지의 시간이 1시간도 넘게 걸린다며 어려움을 호소하는 부모님들도 많습니다. 과제를 시작할 시간임을 알려주어도 "잠깐만, 이 것만 하고."라고 말하며 지나치게 미적거린다는 것입니다. 또 시간이 지난 뒤 다시 한 번 시간을 알려주면 "알았다고."라고 대답은 하지만 여전히 과제를 시작하지 않은 채 한참을 있어 결국 아이에게 화를 내고 말죠. 결국 부모와 자녀 모두 기분이 상할 데로 상한 상태에서 시작하게 되므로 과제보다 감정 싸움에 더 많은 에너지를 쏟게 됩니다.

우여곡절 끝에 겨우 자리에 앉혔으나 물을 마시겠다거나, 화장실을 가겠다거나, 혹은 배가 고프다거나 등의 여러 가지 이유를 대며 금방 자리에서 일어나 버리고, 자신의 볼일을 본 후에도 이런 저런 주변 일에 참견하면서 다시 자리로 돌아오기까지 시간이 오래 걸리는 경우도 많습니다. 설령 볼일을 본 후 금방 자리로 되돌아왔더라도 조금 있다 다시 다른 이유를 대며 일어나버립니다. 어떤 경우는 오랜 시간 동안 앉아서 과제를 하는 것처럼 보였으나 한참 뒤 확인해 보면 매우 적고 쉬운 과제였음에도 불구하고 다 끝내지 못하고 있기도 합니다. 아이가 오랫동안 뭔가에 열중하는 것 같아서 흐뭇하게 바라보다가 간식을 챙겨서 가보면 해야 하는 과제는 제쳐두고 그림을 그린다거나, 딴 책을 본다거나, 아니면 멍하게 딴 생각을 하고 있는 경우가 관찰되는 경우도 있습니다.

📣 엄마를 위한 행동 코칭

1 **시간예고제를 사용해보세요.** 시간예고제란 시작할 시간을 미리 알려주거나, 아니면 끝낼 시간을 미리 알려주는 것을 말합니다. 예를 들어 아이가 먼저 놀고 나서 과제를 하겠다고 말하는 경우, 몇 시부터 과제를 시작할 수 있을 것인지에 대해 먼저 상의를 합니다. 상의 결과 4시부터 과제를 하기로 했다면 3시 30분경에 30분이 남았음을 알려주고, 3시 50분에는 10분이 남았음을, 그리고 3시 55분에는 5분이 남았음을 알려줍니다. 또 다른 방식은 마감시한을 정하는 것입니다. 과제를 미루는 아이에게 몇 시까지 끝낼 것인지를 정하게 한 후 과제의 양에 따라 1시간 전, 혹은 30분 전에 미리 예고를 해주는 것입니다.

2 **과제의 양을 조금씩 나눠주세요.** 끝마쳐야 하는 분량이 너무 많다고 생각되면 그날 해야 할 양을 조금씩 나눠서 수행하도록 할 수도 있습니다. 예를 들어 하루에 수학 문제를 20문제를 풀어야 한다면 난이도에 따라서 2~3문제씩 나누는 것입니다. 2~3문제만 풀고 쉴 수 있다고 생각하면 그 정도는 빨리 풀어버릴 수도 있

습니다. 덧붙여 2~3문제를 푸는 시간을 측정해 준다면 생각보다 자신이 과제를 빨리 할 수 있다는 것을 알게 되어 다음 2~3문제를 푸는 것에 대한 부담이 줄어들게 됩니다.

3 해야 할 시간을 조금씩 나눠줍니다. 공부를 너무 많이 하는 바람에 놀 시간이 없다고 생각하는 아이들에게 사용하면 좋은 방법입니다. 이제까지 경험상 10분이면 끝날 과제를 아이가 미적거리는 바람에 1시간이 걸려야 끝낼 수 있었다면, 그 과제에 대해 부모는 10분짜리 과제라고 생각하지만 아이는 1시간짜리 과제라고 생각하기 마련입니다. 이럴 때 초등학생 이하인 경우는 3분 이내, 중학생은 5분 이내, 고등학생 이상은 8분 이내의 시간을 지정해 준 후 일단 그 시간 동안만 과제를 한 후 쉬도록 해주세요. 이때 시간은 아이가 짧은 시간이라고 생각할만한 시간으로 정해주는 것이 좋습니다. 예를 들어 3분 동안 과제를 하고 나면 그 시간 동안 자신이 예상한 것보다 많은 양의 문제나 과제를 할 수 있었음을 알게 됩니다. 그러면 자신이 해야 할 과제가 생각보다 시간이 오래 걸리지 않는다는 생각에 부담이 줄어들 수 있습니다.

공부가 가장 큰 걱정거리라고 해요

학습효능감의 문제

 구체적인 학업 기술의 문제가 아닌데도 잠재력에 비해 학습 능력이 낮은 경우를 '학습 부진'이라고 합니다. 학습 부진의 이유는 심리사회적 환경에서 찾아볼 수 있습니다. 학습 부진 아동의 상당수는 환경의 압박으로 인해 우울, 불안, 무력감을 함께 느끼므로 아이의 학습이 부진하다면 그 이유를 면밀히 탐색하는 일이 매우 중요합니다.

 먼저 학습에서 가장 중요한 것은 동기와 행동의 유지능력, 그리고 학습에 대한 효능감이라고 볼 수 있습니다. '동기'는 행동개시를 위해 필요할 뿐 아니라 지루한 작업을 유지해가는 동력을 제공합니다. '효능감'이란 유능감과는 달리 '노력한 만큼의 결과를 얻어 낼 수 있다는 신념'입니다. 한편 '행동의 유지능력'이란 어떤 행동을 꾸준히 유지할 수 있는 힘을 말하는 것입니다. 이것은 일정 부분 기질적으로 타고나며 어떤 아이는 한 가지를 가지고 신물이 날 때까지 놀이를 지속하지만 어떤 아이는 수시로 새로운 자극을 찾아 관심이 이동하기도 합니다. 이런 기질적인 성향을 잘 조형할 임무를 지닌 것이 바로 부모입니다. 특히 학습이라는 지루하고 반복적인 작업을 유지하도록 하기 위해서는 부모의 현명한 행동 조형 전략이 필요합니다. 이런 전략 중 하나가 동기와 효능감을 적절히 키워주는 것이라고 볼 수 있습니다.

안타깝게도 우리나라의 많은 아이들은 어려서부터 과도한 학습 자극에 노출되어 스스로 동기를 찾을 기회가 턱없이 부족합니다. 이런 상황에서 학습의 동기를 논하는 것은 어물전에서 육고기를 찾는 꼴과 같겠죠. 그렇지만 분명 아이의 효능감을 키우는 방법들은 있습니다. 먼저 '아이에게 가장 중요하게 가르치고 싶은 것은 재미와 연합시키라.'라는 말이 있습니다. 그렇지 못한 대다수의 경우 학습에 혐오감을 느끼거나, 학습은 싫지만 어쩔 수 없이 해야 하는 것으로 생각하는 경우가 많습니다. 결과적으로 아이가 커갈수록 학습에 대한 반감은 커지고 의욕은 사라져 무기력해지게 됩니다. 또 이것이 부모의 기대와 충돌하여 부모와의 갈등도 커지게 되는 거죠. 만약 갈등 상태가 지속된다면 학습 문제로 인한 정서 문제까지 이어질 수 있습니다. 이런 경우 학습과 연합된 짜증, 지루함, 무기력감과 결별하기 위해서는 일정한 유예 기간이 필요합니다.

CASE

12살인 우리 아이는 책상에 앉으면 멍하니 시간을 보내기 일쑤입니다. 공부를 안 하려고 하는 건 아닌데 공부하기까지가 너무나도 힘든 거죠. 시험 기간에는 엄마 눈치를 보면서 공부를 해야 한다는 압박감에 시달리지만 30분 공부를 위해서는 1시간 동안 엄마와 미묘한 실랑이를 하게 돼요. 한숨을 쉬면서 '왜 내가 공부를 해야 하는지.', '공부를 해도 성적이 안 나올 것 같다.'며 걱정을 하고 '왜 내가 대한민국에 태어나서 이렇게 죽도록 공부를 해야 하는 팔자를 타고 났는지.'에 대한 한탄으로 엄마와 설전을 벌입니다. 하기 싫다는 말을 반복하고 한 문제를 푸는 데도 세월아 네월아 허송세월을 할 뿐 아니라, 그런 자기를 보는 엄마에게 "내가 못해서 한숨 쉰 거지?"라며 민감하게 반응하고, 꾸짖기라도 하면 반발하면서 시간을 버립니다. 그러면서도 정작 공부에 달려들어 열중하지는 못합니다. 시험이 아니라 보통 때도 숙제를 하려고 하면 오만가지 잡일을 먼저 해야 합니다. 물 마시러, 바람 쐬러, 화장실 오가기가 수십 번이어서 20분이면 할 것을 3시간을 후딱 넘겨 버립니다.

💗 우리 아이 마음 터치

사례의 아이는 '학습회피형'입니다. 생각은 있으나 실행이 뒤따르지 않는 경우지요. 학습회피의 원인은 먼저 학습을 지나치게 재미없고 어려운 것으로 인식해 직면하기 싫어하는 것입니다. 과제가 조금만 어려워져도 아예 시도하지 않고 포기하며, 틈만 나면 핑계를 대 싫은 상황을 모면하려 합니다.

이런 아동의 경우 학습에 대한 효능감이 낮아서 해도 안 된다는 식의 무력감이 깊게 각인되어 있을 수 있고, 결과적으로 어려운 과제에 직면하지 않으려는 몸부림이 학습회피로 나타날 수도 있습니다. 또 부모님 역시 과수용적이거나 허용적인 양육태도를 보이는 경우가 많습니다. 영국의 정신분석학자인 위니캇은 '충분히 좋은 엄마(good enough mother)는 99%를 다 해주는 엄마가 아니라 50%를 아이가 할 수 있도록 남겨주는 엄마'라고 했지요. 과보호적이고 과허용적인 부모일수록 아이에게 기회를 주지 않아 아이의 성장을 가로막는 경우가 많습니다. 특히 기질적으로 불안 성향이 높은 아동은 과보호적인 부모님의 양육태도와 상승작용을 일으켜 긴장을 유발하는 도전과제는 회피하자는 식으로 대처하게 됩니다. 결국 낯설고 어려운 과제에 대한 노출이 적었던 탓에 노력하면 할 수 있다는 효능감을 키우지 못하는 것이지요.

📢 엄마를 위한 행동 코칭

1 '결과'가 아니라 '노력'하는 것에 칭찬해줍니다. 아이들이 학습에 대한 효능감을 갖지 못하는 데는 '학습완수감'을 느끼지 못한 것과 관련됩니다. 재미없고 지루한 행동을 유지하게 하기

위해서는 부모님이 행동유지를 위한 동력을 제공해야 합니다. 그 동력 중 가장 접근이 쉬운 방법이 '칭찬'입니다. 칭찬은 '무엇'을 칭찬을 하는지가 중요합니다. 부모님들은 결과에 초점화하여 성과에 대해 칭찬하고 그 과정인 과제를 유지하는 행동은 간과하기 쉽습니다. 중요한 것은 꾸준하게 학습을 유지하는 과정에 초점을 맞춰 칭찬하는 것입니다. 또 아이들이 목표 달성한 것은 당연시하고 이를 초과하여 기대를 높여 버린다면 아이들은 완수감을 느끼기 매우 어려워집니다. 이럴 경우 우리 아이들은 성패를 알길이 없는 끝없는 지루함과 싸움을 지속해야 한다는 압박감에 압도되기 쉽습니다.

2 아이가 좋아하는 것과 학습을 연합을 시켜줍니다. 저학년의 경우 아이가 좋아하는 것들을 간단하게 목록으로 작성하여 학습 후 또는 학습 전에 목록에 있는 것들을 해보는 것도 좋습니다. 이전에는 행동에 대해 강화하는 것을 중요하게 다루었으나, 최근에는 행동이 일어나기 전 환경이 더 중요하게 작용한다는 경험적 논의가 일어나고 있습니다. 예를 들어 긴장 수준이 높고 생각이 많은 아이의 경우, 긴장을 유발하는 상황에 좀처럼 뛰어들기 어려워합니다. 이럴 경우 아이와 함께 새로운 의례를 만들도록 합니다. 간단한 쉼 호흡과 같은 의식 행동을 통해 아이가 학습에 진입하기 전에 잠깐의 위안 행동을 할 여유를 주는 것도 방법입니다. 또는 학습 후에 아이가 좋아하는 코코아 한 잔 마시기 등을 강화물로 사용할 수 있습니다. 중요한 것은 회피 행동을 강화하지 않는 것으로 아이가 투덜

거리면 공부를 피할 수 있다는 생각을 허락하지 않도록 해야 합니다.

3 **학습습관은 엄마와 함께 다집니다.** 많은 엄마들이 아이에게 공부를 하라고 말로 명령만 하는 경우가 많습니다. 그러나 아이에게 가장 좋은 모델은 엄마입니다. 어린 아이의 경우 아이의 학습 시간에 엄마가 책상에 앉아 함께 하는 모습을 보인다면 가장 좋은 모델링 효과를 기대할 수 있습니다.

엄마를 포식자라고 생각해요

부모와의 갈등

학습부진의 이유를 부모와의 관계에서부터 풀어야 하는 경우가 있습니다. 아이가 공부하는 데 써야 할 에너지를 부모와의 신경전에 먼저 다 쓰기 때문이지요. 흔히 청소년기를 '반의존(counter-dependence)의 시기'라고 합니다. 여태껏 부모에게 절대 의존해 왔던 방식에서 벗어나 부모와 독립적인 자기정체성을 확인해가려는 시기라는 뜻입니다. 청소년 전기라 할 수 있는 초등학교 고학년부터 아이들은 이전처럼 엄마의 기대에 자기를 맞추는 고분고분한 존재만은 아닌데, 부모님은 여전히 품 안의 자식으로만 생각하고 아이의 행동을 좌우하려 든다면 자녀와의 갈등은 커질 수 밖에 없게 되죠. 이런 경우 부모님은 아이를 개별적 존재로 인정하고 받아들이기보다는 무의식 중에 본인 욕망의 대행자로 여기고 아이를 대하는 것은 아닌지 생각해보아야 합니다.

CASE

초등학교 6학년 여자아이를 둔 엄마입니다. 어려서는 아이가 순하고 말도 잘 듣고, 제가 하라는 어떤 것도 거스른 적이 없어요. 경필대회나 미술, 영어 말하기, 피아노 콩쿠르 등 시키면 시키는 대로 따르고, 하는 것마다 특출나게 잘 해서 제가 큰 아이에겐 특별한 기대가 있기도 했고요. 어려서부터 학원 스케줄이 좀 빡빡하긴 했지만, 군말 없이 잘 따라와 뭐가 돼도 될 줄 알았죠. 그런데 5, 6학년이 되면서 제 눈치를 보고 점점 공부에도 꾀를 부리는 것 같더니 요즘은 대놓고 반항을 하기 시작하는 것 같아요. 공부하는지 살펴볼라치면 책상에 앉아 만화를 그리거나 휴대폰을 갖고 친구들이랑 문자 보내는 데 여념이 없어요. 하루는 답안지 체크를 하는데 아이가 문제를 제대로 풀지 않고 답안지를 그대로 베껴서 저한테 검사를 맡는다는 걸 알게 되었어요. 또 요즘은 인터넷 소설에 정신이 팔려서 공부는 하는 둥 마는 둥 해요. 문제집 한 쪽을 풀라고 하면 한숨부터 쉬고 짜증을 내서 정말 이렇게 해서까지 아이를 붙들고 공부를 시켜야 하는지 모르겠어요. 그럴 때마다 아이는 자기를 죄인 취급하며 일거수일투족을 감시한다고 소리를 지릅니다. 집안은 온통 쑥대밭인데 이렇게 방학을 다 보내도 되는 건지 하는 생각에 가슴이 답답해집니다.

우리 아이 마음 터치

▶ 엄마

사례는 아이와 엄마 사이의 기대수준에 괴리가 있는 경우입니다. 아이가 엄마의 기대대로 따라주지 못하는 경우, 또는 너무 잘 따라주는 경우에 엄마가 적절하게 기대수준을 조정하지 않으면 아이와의 관계에서 화를 부를 수 있습니다.

엄마의 뜻대로 되지 않는 아이를 보면서 느끼는 좌절과 실망으로 인한 참담한 감정의 찌꺼기를 고스란히 아이에게 전가시키게 되는데, 이런 경우 엄밀히 말하자면 아이의 학습태도보다는 엄마의 욕심이 문제의 근원인 경우가 많습니다. 이런 엄마들은 아이의 적성이나 개별성은 관심 밖이며, 본인의 욕구에 맞춰 아이를 재단하려 듭니다. 정해진 스케줄과 목표에 아이가 따르도록 강요할 뿐 아니라 자기 뜻에 따르지 않는 아이에게 "그 정도로 하면 창피하지 않니?", "그래서 어떻게 대학을 가겠니?"라는 식으로 죄책감과 불안을 주입하기도 합니다. 죄책감과 불안, 수치심 등을 자극하여 아이를 교묘하게 조정하고 통제하는 것을 심리적 통제라 합니다. 이런 식의 심리적 통제는 아이의 주체성과 자율성을 포식하는 행위입니다.

아이를 위한다지만 심리적인 통제는 엄마 내면의 욕구에 의한 경우가 대부분입니다. 이 경우 엄마 자신의 문제를 먼저 되돌아보는 일이 필요합니다. 엄마의 성취 욕구나 열등한 엄마의 모습을 아이에게 투사하고 있지 않은지, 아이를 추동하는 이유가 정말 아이를 위해서 그런 것인지, 엄마의 불안을 잠식시키기 위한 것은 아닌지 자문해보아야 합니다. 또 이런 엄마의 경우, 아이가 공부하고 있지 않으면 불안하고 자신의 뜻대로 따르지 않으면 화가 치미는 경우가 잦으며, 늘 주변의 누군가와 비교하여 아이를 안달나게 하기도 하지요. 처음에는 엄마가 교묘하게 아이의 마음을 통제하고 조종·장악할 수 있으나, 아이가 커가면서 부모·자녀 간 갈등을 초래하기 쉽습니다. 아이는 자신의 자율을 침해하는 엄마에게 반항하고, 엄마는 통제를 벗어나는 아이에게 분노하면서 관계는 악순환됩니다.

▶아이

사례와 같이 엄마의 지나친 통제에 지친 아이들은 다음과 같은 3가지 단계의 적신호 현상을 보이게 됩니다.

1단계 학습과 관련한 눈속임이 시작됩니다. 학습을 회피하기 위해 행하는 아이들의 자구책은 '거짓말'입니다. 학원에 가지 않고도 갔다고 하거나 과제물을 다 마치지 않고도 다 했다고 하는 것이 그 예죠. 사소하게는 공부 시간에 물을 마신다거나 화장실에 간다며 학습 공간을 이탈하는 것, 선생님이 오는 시간에 아프다고 하는 행동 역시 모두 학습을 회피하기 위한 핑계로 사용되는 거짓말입니다.

2단계 눈에 띄게 짜증이나 반항이 늘어납니다. 갈등과 투쟁의 단계로 아이가 싫은 감정을 적극적으로 표현하게 되면서 엄마와의 대립이 늘게 됩니다. 대놓고 학원에 가지 않는다거나 숙제를 하지 않고 버팁니다. 엄마와는 늘 학습 문제로 전쟁을 치르게 되며, 모자 관계에서는 승자와 약자가 갈리게 되고 승자의 강압대로 일이 진행되기 시작합니다.

3단계 행동적인 면에서 꼼짝하지 않거나 학습 외의 다른 무언가에 몰두합니다. 무기력한 단계로 아무것도 하려 하지 않거나 의욕이 저하된 모습이 뚜렷하게 나타날 수도 있습니다. 또한 학습 외에 인터넷, 휴대폰, 게임, 드라마 등에 몰두하는 행동을 보일 수도 있습니다. 모두 현실적인 과제를 대하기에는 버거워 다른 중독 행동으로 잠시 과제를 잊거나 회피하려는 기제에서 나오는 것입니다.

엄마를 위한 행동 코칭

1 칭찬이라는 보약을 적재적소에 활용합니다. 흔히 부모님들은 아이가 공부를 하는지 안 하는지를 감독하며, 놀 때만 주목해 공부를 하지 않는 것을 벌하는데 익숙하죠. 정말로 학습에 취미를 붙이게 하려면 아이가 공부하지 않을 때를 찾아 들여다보기보다는 공부하는 때를 놓치지 말고 칭찬해주는 것이 중요합니다. 결과(점수)보다는 과정(공부하는 때)에 주목해야 한다는 것입니다. 잘한 것에만 칭찬해주는 보상체계는 오직 잘하게 되기만을 목표로 하는 것이기 때문에 아이가 자신이 없는 과제에는 아예 도전하려 하지 않는다는 병폐를 낳게 됨을 명심하세요.

2 해결의 실마리는 엄마와의 관계에서부터 시작됩니다. 앞의 적신호 1단계 행동이 나타난다면 내 아이가 구원을 요청하는 것입니다. 아이의 미세한 수준의 구원 요청을 알아차리고

중재안을 내는 민감성과 지혜가 필요합니다. 이 경우 아이와 충분한 대화를 통해 학습량과 시간을 조종하거나 일종의 학습 유예기간을 둘 필요가 있으며, 이런 조치만으로 충분히 해결 가능한 시기입니다.

3 **갈등이 지속될 경우 엄마 안에 있는 불안을 먼저 살핍니다.** 앞의 적신호 2단계는 엄마의 응급처치가 해결책이 되지 못한 경우입니다. 학원이나 학습 시간을 조종한 학습 유예기간을 견디지 못하는 엄마라면 사태는 더욱 악화되기 일쑤죠. 이런 엄마의 태도는 부모·자녀 관계를 더욱 악화시키게 됩니다. 특히 불안한 엄마는 잠시도 아이를 자신의 레이더망에서 벗어나지 못하게 해서 아이와 갈등적이고 강압적인 상호작용이 굳어지게 됩니다. 문제의 원인을 아이 탓으로 돌리기보다는 엄마 내면에 있는 불안과 마주해야 합니다.

4 **무력감의 늪에서 빠져 나올 적극적인 방법을 찾습니다.** 앞의 적신호 3단계 아이는 이미 학습된 무기력감에 빠져든 상태입니다. 엄마와의 갈등도 포기가 된 상태로 이런 상태를 지속할 경우에는 무기력감과 동기, 의욕상실이 생활 전반으로 일반화될 수 있습니다. 전문가의 도움이 절실히 필요합니다.

시험기간이 되면 아이의 불안이 극도로 심해져요

시험 때마다 배가 아프다거나 몸살을 앓는 경우는 또래의 아이들에게서 자주 일어나는 일입니다. 시험으로 인한 과도한 긴장은 내부 장기와 근육계에 모두 영향을 줄 수 있습니다.

그런데 이런 긴장이 지나치다면 전환장애를 앓을 수도 있습니다. 전환장애란 심리적인 이유로 인해 급작스런 신체적인 질환을 앓는 것입니다. 감각을 상실하거나 마비가 오는 것, 기절하는 것 등이 모두 포함됩니다. 심리적인 문제를 신체 증상을 통해 드러내는 경우, 당면한 문제를 회피할 수 있어 긴장을 감소시킬 뿐 아니라 주변의 보호와 지지를 얻을 수 있게되니 이런 기제가 강화되기 쉽습니다.

CASE

13살 된 여자아이의 엄마입니다. 두 살 위 언니는 전교에서 이름난 수재여서 공부며, 미술이며, 음악이며 할 것 없이 다재다능한 아이였지만 동생인 ○○이는 늘 누구의 동생 소리를 듣고 다녔어요. 아이가 고학년이 되면서 언니만큼 못해낸다는 생각이 들었어요. 이해력도 썩 좋은 것 같지 않아 별로 학습부담을 갖지 않게 하려고 예체능을 시켜보기도 했어요. 혼자 너무 애를 써서 시험이면 꼭두새벽까지 공부를 하는데 생각만큼 성적이 안 나와요. 최근에 와서는 시험을 볼 때마다 망치는데, 시험 보는 중에 화장실에 가겠다고 해서 아예 뒤의 문항은 풀지도 못하고 백지로 내는 식이에요. 하루는 선생님께 연락이 왔는데 수업시간에 쪽지 시험을 보는데 화장실에 가겠다고 하고는 아이가 안 와서 가봤더니 화장실에서 나오지 못하고 있었다고 해요. 왜 그랬냐고 물었더니 "오줌이 자꾸 마려워서 화장실 밖으로 나올 수가 없었다."고 했다네요. 머릿속이 하얘져서 아무것도 생각이 안 난다면서 거의 백지로 낸 일도 있었어요. 일주일간 자기주도학습 캠프를 보냈더니 첫날에 고열이 난다고 연락이 와 갔더니 도저히 못하겠다고 해서 그냥 되돌아왔어요. 아이가 스트레스를 받는 것 같아서 중학교 입학 전에 재능이 있는 예체능 쪽으로 방향을 전환하자고 떠봤는데 곧 죽어도 공부를 해야 한다네요.

우리 아이 마음 터치

완벽주의적인 성향이 자기를 해하는 유형입니다. 시험에 대한 불안으로 전환장애가 나타나거나 공황수준의 불안이 엄습하기도 합니다. 이 경우 자존감이나 자아상이 매우 낮고 부정적이며, 이와 관련한 2차적인 정서 문제를 갖는 경우가 많습니다. 엄마의 기대수준이 아니라 자기의 기대수준이 높은 아이로 기대에 못 미치는 자기에게로 분노의 화살이 향한 경우입니다. 이 아이의 불안 증상은 시험을 망치고 못 보게 함으로써 점수가 낮아도 체면이 설 평계를 만들어 내고 있습니다. 이런 회피 행동은 낮은 자존감을 방어해주는 역할을 하는 경우가 많습니다.

또 이런 아이의 경우 스스로 자기를 채근하고, 남과 비교하며 열등감을 느끼는 행동이 잦으며 작은 실패도 곱씹어 생각하는 면이 강합니다. 사실 이런 완벽주의적 성향은 사소한 실수나 약점도 수용하지 못하는 자기위안능력의 부족에서 파생된다는 점을 인식해야 합니다.

엄마를 위한 행동 코칭

1 **존재감을 회복시켜주세요.** 근본적으로는 아이의 자존감, 존재감에 대한 치유가 필요하며, 무엇보다도 존재감의 회복이 가장 중요합니다. 가까이 있는 누군가의 빛에 가려져 그림자처럼 느

껴졌기 때문에 같은 방식을 통해 자기도 존재감을 확인 받고 싶었던 것입니다. 사례의 경우 사람들의 찬사가 언니에게 주목되는 경험을 어려서부터 겪어왔기 때문에 관심의 대상이 되기 위해서는 어떠해야 한다는 상을 자동적으로 형성한 것 같습니다. 자기 존재를 그림자 모드에서 빛 모드로 전환해야 할 때입니다. 무엇보다도 부모님의 무조건적인 수용이 필요합니다. 아이를 있는 그대로 수용하고 아끼는 부모님의 태도만이 아이의 존재감을 회복시킬 수 있을 것입니다.

2 **시험에 대한 불안감을 덜어주세요.** 아이의 행동 이면의 심리를 들여다보면 학습능력에 자기를 걸고 사투를 벌인 상황이라고 볼 수 있습니다. 아이가 시험 상황에서 보이는 머릿속이 백지장이 되는 경험이나 내장 계통의 문제는 극심한 불안에서 따르는 인지 및 신체 증상입니다. 이럴 경우에는 시험 불안을 낮추기 위한 개입이 필요합니다. 먼저 시험에 대한 압박감을 줄여주는 것입니다. 부모님들은 흔히 성적이 중요하지 않다고 격려해주지만 실제 아이에게 언어적으로 전달되는 것은 8%에 불과하다고 합니다. 나머지는 부모님의 일상적인 태도와 가치, 몸의 언어로 전달되는 것이지요. 시험에 대해 압박을 줄이는 것 외에 그 아이가 갖고 있는 다른 재능에 주목하는 것도 중요하겠습니다.

3 **이완훈련으로 몸의 긴장을 덜어주세요.** 긴장과 이완은 같이 있을 수 없는 기제입니다. 이완훈련을 지속적으로 하다 보

면 자연히 긴장이 몸을 지배할 기회가 줄어들게 됩니다. 아이들은 단순한 호흡법이나 근긴장을 풀어주는 활동에 흥미를 잘 느끼지 않습니다. 간단한 마사지도 아이를 이완시키는 좋은 방법입니다. 예로 발바닥 마사지와 같은 신체 접촉은 아이의 심리, 몸의 긴장을 이완시킬 뿐 아니라 부모님과의 애착 증진을 위해서도 좋습니다.

참여 저자 및 도움
이영애, 유재령, 이지선, 김혜진, 김지은, 문가현, 정현숙, 전성희, 이지연, 손정아, 장희정, 왕보현

엄마가 모르는 아이 마음

초판 1쇄 발행 2015년 5월 5일
초판 2쇄 발행 2016년 1월 10일

지은이 원광아동상담센터
펴낸이 김영조
편집 김민정
마케팅 김종문
경영지원 정은진
외부스태프 design group ALL
펴낸곳 싸이프레스
주소 서울시 마포구 어울마당로 3길 5(합정동, 영광빌딩 201호)
전화 02-335-0385
팩스 02-335-0397
이메일 cypressbook@naver.com
홈페이지 www.cypressbook.co.kr
페이스북 www.facebook.com/cypressbook
블로그 blog.naver.com/cypressbook
인스타그램 @cypress_book
트위터 @cypressbook
출판등록 2009년 11월 3일 제2010-000105호

ISBN 978-89-97125-75-3 13590

· 책값은 뒤표지에 있습니다.
· 파본은 구입하신 곳에서 교환해 드립니다.

이 도서의 국립중앙도서관 출판시도서목록(CIP)은
e-CIP홈페이지(http://www.nl.go.kr/cip)에서
이용하실 수 있습니다.(CIP 제어번호: 2015011128)